Das Ingrid Früchtel

Vollkorn Kochbuch

Rat und Rezept-Ideen zum Kochen und Backen von Vollwertkost

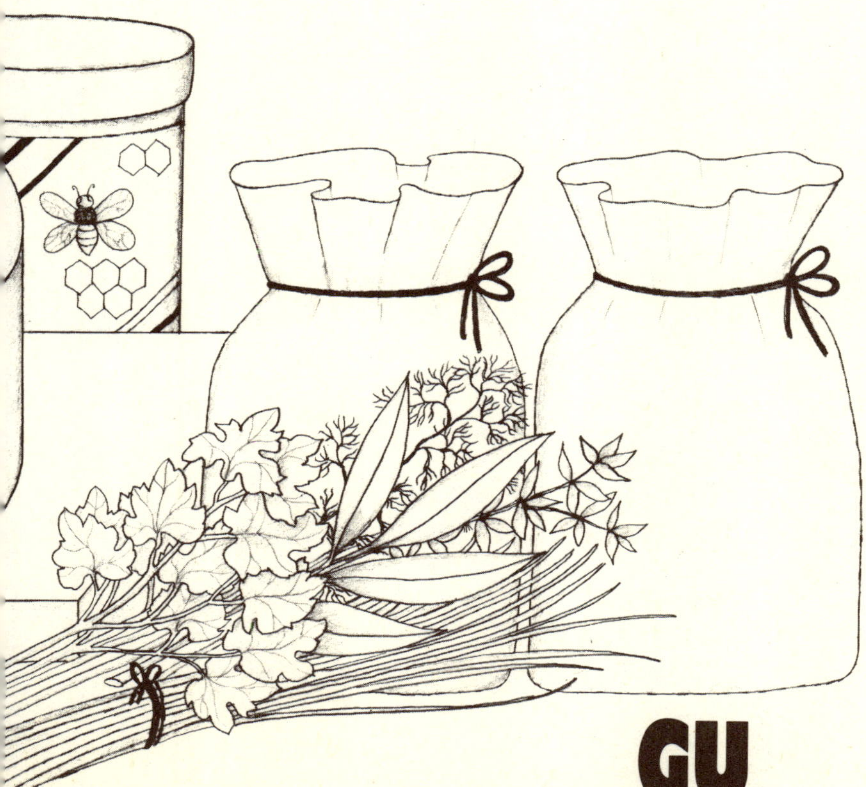

GU

Gräfe und Unzer

Die Farbfotos auf dem Einband zeigen:
Mazedonischer Dattelkuchen, Rezept Seite 96
Gebackener Mais, Rezept Seite 53
Frischkornmüsli, Rezept Seite 35
Norwegisches Fladenbrot, Rezept Seite 113

CIP-Kurztitelaufnahme der Deutschen Bibliothek

Früchtel, Ingrid:

Das Ingrid-Früchtel-Vollkorn-Kochbuch: Rat u. Rezept-Ideen zum Kochen u. Backen von Vollwertkost. – 7. Aufl. – München: Gräfe und Unzer, 1985.
Bis 6. Aufl. u.d.T.: Früchtel, Ingrid: Das große Vollkorn-Kochbuch

ISBN 3-7742-2011-5

7. Auflage 1985
inhaltlich unveränderte Neuauflage des früheren Titels »Das große Vollkorn Kochbuch«

Farbfotos: Studio Teubner, Füssen
Zeichnungen: Ingrid Schütz
Redaktion: Antje Schunka
Einbandgestaltung: Heinz Kraxenberger
Satz und Druck des Textteils: Wagner GmbH, Nördlingen
Druck des Farbteils und Bindung: Graphische Werkstätten Kösel, Kempten

ISBN 3-7742-2011-5

Die Autorin
Ingrid Früchtel, in Rostock geboren, verbrachte ihre Jugend im Schwarzwald, war nach ihrer Ausbildung zum Bankkaufmann in mehreren Banken und in der Industrie tätig und studierte anschließend Betriebs- und Volkswirtschaft. Sie heiratete bald nach dem Staatsexamen und versorgt heute Familie, Haus mit Garten, 10 000 qm Grund mit altem Bauernhaus und großem Obstbaumbestand. Dieser eigene große Garten und Hinweise auf den Wert der Getreideernährung in der Reform-Rundschau gaben den ersten Anstoß zur Beschäftigung mit gesunder Ernährung, speziell Getreidekost. Der Erfolg in der Praxis stellte sich bald ein, Zivilisationskrankheiten verschwanden zum Erstaunen des Arztes, schwerste Arbeit wird heute mühelos bewältigt. Um die schmackhaften Ergebnisse, die in vielen Jahren in ihrer »Getreideküche« entstanden waren, Freunden und vor allem der eigenen Tochter zugänglich zu machen, schrieb sie ihr großes Vollkorn-Kochbuch. Es wurde ein voller Erfolg! Es beantwortet Fragen zum Thema Getreideernährung und bietet reizvolle Rezept-Ideen für eine abwechslungsreiche und sehr schmackhafte Vollwertkost.

Inhalt

Inhalt

Inhalt

Ein Wort zuvor

Kochen und Backen mit Vollkorn – die neue Art, wirklich vollwertig zu essen. Das naturbelassene Getreidekorn, auf dem die Vollkornkost beruht, ist für eine wachsende Zahl von Menschen das A und O der optimalen Ernährung geworden. Dieses große Vollkorn-Kochbuch bringt Ihnen die umfassende Information in allen Fragen der Vollkornküche: Es beweist, daß man mit Vollgetreide und naturbelassenen Lebensmitteln ganz besonders gut kochen und backen und dabei immer wieder etwas Neues bieten kann. Neu bearbeitet und bebildert, ist das erfolgreiche Kochbuch jetzt noch aktueller und schöner geworden.

Aus meiner langjährigen Erfahrung habe ich Ihnen hier meine besten Rezepte für herzhafte und süße Speisen aus den verschiedenen Getreidearten zusammengestellt, wie sie beinahe täglich auf unseren Tisch kommen. Meine Rezepte für Vollkornbrot und -brötchen, für süßes Gebäck und pikante Spezialitäten werden Sie schnell davon überzeugen, daß auch das Backen mit Getreide viel Vergnügen macht und gar nicht schwierig ist.

»Zurück zur Natur« könnte das Motto dieses Kochbuches heißen, denn die Natur bietet uns alles, was gesund, schlank und fit erhält: das ganze Getreidekorn, Gemüse und Obst, Milch und Quark, naturbelassene Pflanzenöle und Fette, Nüsse und Honig. Diese »Naturheilmittel« aus der Küche schützen uns wirksam vor den Zivilisationskrankheiten der heutigen Zeit. Eine naturgemäße, vollwertige Ernährung schenkt uns neue Vitalität und Lebensfreude.

Jahrtausendealte Erkenntnisse unserer Vorfahren werden von der modernen Ernährungswissenschaft bestätigt: das unzerstörte Getreidekorn ist ein natürlicher Speicher lebenswichtiger Vitamine und Mineralstoffe. Es ist eine Quelle der Gesundheit und sollte deshalb auf unserem Küchenzettel an erster Stelle stehen.

Wichtig für eine wirklich vollwertige Getreidekost ist es, daß das Korn frisch gemahlen verarbeitet wird, denn nur dann bleiben alle kostbaren Wertstoffe erhalten. Wer einmal probiert hat, wie einfach es ist, mit Vollkorn zu kochen und zu backen, und wie köstlich die Ergebnisse schmecken, der wird sich ohne Zweifel eine entsprechende Getreidemühle anschaffen wollen. Genaue Informationen hierzu finden Sie auf Seite 27. Rezepte, für die eine Mühle notwendig ist, sind mit einem kleinen »Mühlen-Symbol« gekennzeichnet. Für eine ganze Reihe von Rezepten dieses Buches braucht man aber keine Mühle, so daß Sie auch ohne diese schon Vollwertkost zubereiten können.

Auch Säuglingen und Kleinkindern bekommt die Vollwerternährung mit Getreide und Vorzugsmilch von Anfang an sehr gut. Ausführliche Anleitung dazu finden Sie in dem Buch von Dr. U. Renzenbrink »Ernährung unserer Kinder«.

Unsere Freunde fragen uns manchmal, ob wir denn überhaupt kein Fleisch mehr essen. Wir haben zwar Fleisch und Wurst nicht ganz von unserem Speiseplan gestrichen, aber die Getreidegerichte sind so aromatisch und wohlschmekkend, daß unser Fleischverbrauch ganz von selbst immer geringer wurde, ohne daß wir das Gefühl hatten, auf etwas verzichten zu müssen. Deshalb finden Sie in diesem speziellen Vollkorn-Kochbuch auch keine Rezepte für Fleischgerichte. Ärzte, die für eine gesunde Ernährung plädieren, ermuntern uns immer wieder, auch einmal fleischlose Menüs auf den Tisch zu bringen. Meine Rezepte bieten Ihnen dazu eine Fülle von Möglichkeiten, und Sie werden sehen, daß man mit Vollgetreide sehr schmackhaft und abwechslungsreich kochen kann.

Nun aber versuchen Sie selbst mit Vollgetreide zu kochen und zu backen, es wird sicher ein wahrer Genuß – und Reue werden Sie dabei nie empfinden!

Das wünscht Ihnen

Ihre Ingrid Früchtel

Dieses »Mühlensymbol« kennzeichnet alle Rezepte, für die eine Getreidemühle nötig ist.

Erfahrungen mit der Vollkornkost

Bericht des Familienvaters

Wenn wir Gäste haben, denen wir selbstverständlich die Erzeugnisse unserer Küche vorsetzen, werden wir oft gefragt, wie wir zur Vollwertkost mit Getreide gekommen sind. Um diese Frage zu beantworten, müßte ich eine längere Geschichte – die Geschichte der »Entwicklung« unserer Ernährung – erzählen, die ich hier nicht in allen Einzelheiten schildern kann. Eines soll aber erwähnt werden: unsere Familie hat sich nicht plötzlich zu dieser Kost »bekehrt«, sondern ist langsam mit der neuen Ernährungsweise vertraut geworden. Das half besonders, meine anfängliche Skepsis zu überwinden. Denn bei solch einer Umstellung muß die ganze Familie mitmachen, damit die »Gemeinsamkeit des Tisches« erhalten bleibt.

Ausgangspunkt für unsere Hinwendung zur Vollwertkost waren Überlegungen über die chemischen Zusätze in der Nahrung und schließlich der Wunsch, im eigenen Garten Gemüse und Obst ohne Kunstdünger und Schädlingsbekämpfungsmittel anzubauen. Bald stießen wir auf die Möglichkeit, auch mit »gesundem« Vollgetreide kochen zu können. Hinzu kam nach kurzer Zeit eine von Hand zu betreibende Getreidemühle für das Morgenmüsli. Sie wurde bald von einer elektrischen Mühle abgelöst, weil wir uns schnell mit der Getreidekost angefreundet hatten und das weiße Mehl ganz aus unserer Küche verbannten. Wir dachten auch daran, selbst Brot zu backen. Und nun begann für uns eine Zeit des Experimentierens. Wir entdeckten, daß unser Essen und unsere Kuchen mit Vollkornmehl viel besser schmeckten. Wenn wir uns zwischendurch auf die herkömmliche Weise ernährten, stellten wir fest, daß sich die Geschmacksnuancen der einzelnen Nahrungsmittel immer mehr einem »Einheitsgeschmack« näherten, was uns wiederum besonders beim Brot auffiel. Ebenso glaubten wir, daß auf dem Markt gekauftes Obst und Gemüse immer weniger Eigenaroma habe. Unsere Feststellungen fanden dann durch die Untersuchungen von Professor H. D. Belitz, dem Leiter der Deutschen Forschungsanstalt für Lebensmittelchemie in Garching, eine wissenschaftlich fundierte Bestätigung.

Im Laufe der Zeit gewannen wir durch die Vollkornernährung ein feineres Geschmacksempfinden, und die Kochkunst entwickelte sich zu einer wahren Kunst der »Schmeichelei des Gaumens«, wie Platon diese »Geschicklichkeit« nennt, »die die Leibeslust zum Ziele hat«. Das Essen muß man nämlich unbekümmert genießen können, und wir sind nie von einem schlechten Gewissen geplagt worden, wenn wir an die Waage dachten! Freilich, das Kochen allein tut es nicht, das tägliche Brot muß schon hinzukommen. Aber das läßt sich leicht herstellen. Wer allerdings von der Vollkornkost eine allgemeine Schlankheitskur erwartet, der muß Geduld haben. Er wird erst nach einer längeren Zeit zum Ziel gelangen. Wer schneller Erfolg haben will, der muß noch die Bewegungstherapie hinzunehmen.

Die Vollkornernährung und die tägliche ausgiebige Bewegung haben bei unserer ganzen Familie eine Festigung der Gesundheit und eine Steigerung der Leistungsfähigkeit mit sich gebracht, die wir früher kaum für möglich gehalten hätten. So hoffen wir, daß die Ergebnisse unserer Experimente auch anderen helfen werden, fröhlich essen zu können und dabei der eigenen Gesundheit zu dienen.

Die Grundelemente der Nahrung

Die Hauptnährstoffe Eiweiß, Fett und Kohlenhydrate, die Vitalstoffe und die Ballaststoffe sind die Grundelemente unserer Nahrung. Sie liefern unserem Organismus die lebensnotwendige Energie und halten ihn gesund, vorausgesetzt, daß wir bei der Zusammenstellung unserer Kost die richtige Auswahl treffen. Dazu soll dieses Kochbuch eine Hilfe sein.

Eiweiß

Tierisches Eiweiß ist in Milch und Milchprodukten, Eiern, Fleisch und Fisch enthalten. Pflanzliches Eiweiß liefern uns vor allem Hülsenfrüchte (besonders Sojabohnen), Getreide, Nüsse, Mandeln und, in geringerem Umfang, Kartoffeln, Obst und Gemüse.

Heute hat die Wissenschaft erkannt, daß pflanzliches Eiweiß ebenso wertvoll ist wie tierisches, besonders dann, wenn verschiedene pflanzliche Lebensmittel wie Vollgetreide und Salate oder rohe Gemüse miteinander kombiniert werden. Ergänzen wir unsere Mahlzeiten noch durch Milch und Sauermilchprodukte, erhöht sich ihr biologischer Wert. Tierisches und pflanzliches Eiweiß sind sehr hitzeempfindlich. Schon bei 40–50° C wird die Struktur der meisten Eiweißstoffe stark verändert. Durch Hitze denaturiertes Eiweiß ist eine schwere Belastung für die Leber, die es in einem komplizierten Prozeß verarbeiten muß. Auch wenn heute eiweißreiche Kost vielfach empfohlen wird, um den Stoffwechsel anzuregen und damit dem Übergewicht zu begegnen, sollten wir uns vor einem Zuviel an Eiweiß hüten. Wie Professor Wendt, Frankfurt, feststellte, ist die Eiweißüberernährung (gemeint ist hier vor allem tierisches Eiweiß) unter anderem die Ursache vieler Zivilisationskrankheiten wie Bluthochdruck, Diabetes oder Herzinfarkt.

Wenn wir unsere Ernährung hauptsächlich auf Vollkorn und pflanzlicher Kost aufbauen, vermeiden wir die Gefahr eines Eiweißüberkonsums, weil Pflanzen weniger Eiweiß enthalten als zum Beispiel Fleisch oder Fisch.

Fett

Sowohl tierische als auch pflanzliche Fette sind Bestandteile unserer Nahrung. Alle Fette sind sehr energiereich – 1 g Fett enthält etwa 37 Joule (9 Kalorien). Doch Fett selbst macht nicht dick, wenn wir es in naturbelassener Form und in vernünftigen Mengen verwenden. Das gesündeste und bekömmlichste Fett ist die Butter. Neuere Forschungen bestätigen, daß sie keinesfalls schuld ist am Herzinfarkt und anderen Zivilisationskrankheiten. Auch kaltgepreßte, naturbelassene Pflanzenöle enthalten viele lebensnotwendige Vitalstoffe. Die übrigen Speiseöle und Fette sind durch Erhitzen und chemische Bearbeitung denaturiert und belasten auf die Dauer den Stoffwechsel.

Kohlenhydrate

Alle unsere Nahrungsmittel enthalten Kohlenhydrate, die für den Körper unentbehrlich sind. Die wertvollsten Kohlenhydrat-Lieferanten sind pflanzliche Lebensmittel. Wichtig ist, daß sie als natürliches Ganzes noch mit allen ihren Vitalstoffen (siehe Seite 11) verbunden sind. Bei Obst, Gemüse, Kartoffeln und Vollgetreide ist das der Fall. Das gesteigerte Luxusbedürfnis und die technischen Möglichkeiten unseres Industriezeitalters verführten jedoch dazu, die wertvollsten Bestandteile des Getreidekorns, den Keim und die Randschichten, zu entfernen. Damit wurde dem Getreide der größte Teil der lebenswichtigen Vitalstoffe (vor allem die B-Vitamine) entzogen. Übrig blieben die »isolierten« Kohlenhydrate in Form von hellen Weizen- und Roggen-Auszugsmehlen, Stärkemehlen und poliertem Reis. Diesen Produkten fehlen alle jene Stoffe, die für unsere Gesundheit wichtig sind.

Auch der Zucker ist ein »isoliertes« Kohlenhydrat! »Zucker ist ein Gesundheitsmörder«, stellte Professor Mommsen, der bekannte Kinderarzt, fest. Und in seinem Buch »Krank durch Zucker« weist Dr. M. O. Bruker nach, daß Industriezucker eine der Hauptursachen vieler Zivilisationskrankheiten ist. Doch nicht nur der weiße Haushaltszucker ist damit gemeint – auch alle anderen isolierten Zuckerarten wie Milchzucker, Kandiszucker, brauner Zucker, Traubenzucker und Fruchtzucker sind ebenso gesundheitsschädlich! Deshalb sollten wir auch auf diese Zuckersorten ganz verzichten, selbst wenn sie uns manchmal als »gesund« und »kräftigend« angepriesen werden. Warum macht Zucker krank? Die verschiedenen Zuckerarten sind auch in vielen natürlichen Lebensmitteln vorhanden. Doch sind sie hier noch mit den zu ihrer Aufschließung notwendigen Vitalstoffen verbunden. Bei der Herstellung des Industriezuckers werden die Vitalstoffe aus ihrer natürlichen Bindung gelöst und vernichtet. Übrig bleibt der reine Zucker, der keinerlei Vitamine, Mineralstoffe oder Spurenelemente mehr enthält. Um den Zucker abzubauen, braucht unser Organismus unter anderem Vitamin B1, Kalk und weitere Mineralstoffe, die der Normalkost ohnehin fehlen. (Im Vollgetreide sind sie reichlich vorhanden.) Der Körper muß also auf seine Reserven zurückgreifen!

Die schlimmen Folgen einer »Mangelernährung« mit Auszugsmehlen und Industriezucker zeigen sich meist erst nach Jahren: Karies, Übergewicht, chronische Verstopfung, Darmkrebs, Venenleiden, Krampfadern und Hämorrhoiden, Arteriosklerose, Diabetes und viele andere ernährungsbedingte Krankheiten sind in unserer zivilisierten Welt an der Tagesordnung. Demgegenüber konnte der englische Arzt Dr. Burkitt nachweisen, daß diese Erkrankungen bei der afrikanischen schwarzen Bevölkerung, deren ursprüngliche Kost noch aus Getreide, Früchten und Gemüse besteht, so gut wie unbekannt sind. Typische zivilisationsbedingte Gesundheitsstörungen treten bei den Afrikanern erst dann auf, wenn sie sich nach europäischer Art ernähren.

Ballaststoffe

Ballaststoffe sind die unverdaulichen Bestandteile pflanzlicher Lebensmittel. Sie finden sich in Obst, Gemüse, Leinsamen und vor allem in den Randschichten des Getreidekorns, der Kleie. Wie wichtig die Ballaststoffe für unsere Gesundheit sind, wird immer wieder durch neue wissenschaftliche Erkenntnisse bewiesen. Dank ihrer hohen Quellfähigkeit füllen sie Magen und Darm, machen schneller und für längere Zeit satt und regen den Darm zu stärkerer Aktivität an. Die feinfaserigen weichen Ballaststoffe des Getreides quellen im Darm besonders stark auf und fördern die Entwicklung einer gesunden Darmflora. Deshalb kann durch Vollkornkost selbst eine seit Jahren bestehende Stuhlverstopfung innerhalb kurzer Zeit geheilt werden. Ballaststoffreiche Vollkornnahrung beugt auch dem Dickdarmkrebs vor. Sie bindet die im Darm befindlichen Gifte und passiert die Verdauungswege 2–3mal so schnell wie die »verfeinerte« ballaststoffarme Zivilisationskost, so daß die Giftstoffe gar nicht erst vom Körper aufgenommen werden können.

Vitalstoffe

Zu den Vitalstoffen zählen eine ganze Reihe von Wirkstoffen: Vitamine, Mineralstoffe, Spurenelemente, Fermente und Aromastoffe. Damit der Körper die Hauptnährstoffe Eiweiß, Fett und Kohlenhydrate in der richtigen Weise aufnehmen kann, müssen die Vitalstoffe in unserer Nahrung in ausreichender Menge und in einem ausgewogenen Verhältnis zu den Hauptnährstoffen vorhanden sein. Bei nicht denaturierten Lebensmitteln wie Vollgetreide, Obst und Gemüse, Kartoffeln und Milchprodukten ist das der Fall, nicht aber bei der heute üblichen Normalkost. Durch künstliche Vitamin- und Mineralstoffpräparate kann dieser Mangel nicht behoben werden. Auf die Dauer führt eine vitalstoffarme Ernährung zu Gesundheitsschäden. Die immer häufiger auftretenden Zivilisationskrankheiten sind der beste Beweis dafür. Eine vollwertige natürliche Kost kann den ernährungsbedingten Krankheiten vorbeugen oder zu ihrer Heilung beitragen.

Eine vollwertige Ernährung

Die Grundlagen unserer vollwertigen, gesunden Ernährung sind Obst und Gemüse, Kartoffeln, Milch und Milchprodukte, naturbelassene Pflanzenöle und Butter, Honig und Trockenfrüchte – und das Vollgetreide: Nackthafer, Roggen, Weizen, Grünkern, Nacktgerste, Hirse, Mais, Vollreis und Buchweizen.

Obst und Gemüse

Obst und Gemüse sollten möglichst ungekocht auf den Tisch kommen, denn durch das Erhitzen wird nicht nur das Pflanzeneiweiß geschädigt, auch die meisten Vitamine, Mineralien, Fermente, Duft- und Aromastoffe werden zerstört. (Es ist also kein Wunder, wenn wir dem gekochten Gemüse durch Kräuter und Gewürze erst wieder Geschmack geben müssen!) »Laßt eure Nahrung so natürlich wie möglich!« – diese Forderung Professor Kollaths wird bei unserer Ernährungsweise ganz groß geschrieben! Obst, grüne Salate aller Art und Gemüserohkost stehen deshalb auf unserem Speisezettel an erster Stelle. Auch milchsaure Gemüse wie Sauerkraut vom Faß (nicht aus der Konservendose!), rote Bete oder Karotten schmecken als Rohkostsalate hervorragend. Ideal ist es, wenn wir Obst und Gemüse kurz vor dem Essen aus dem Garten holen können, denn je frischer die Zutaten sind, desto wertvoller sind sie auch. Licht und Sauerstoff zerstören lebenswichtige Vitamine und Fermente schon nach kurzer Lagerdauer.

Rohkost schmeckt nicht nur gut, ihre Geschmacksstoffe regen auch die Verdauung an, so daß die Nahrung besser aufgenommen wird. An grünen Salaten und rohen Gemüsen können wir uns nach Herzenslust sattessen, denn 100 g haben nur etwa 84–210 Joule (20–50 Kalorien)! Ihr Reichtum an Vitalstoffen und Ballaststoffen aktiviert den ganzen Organismus. Rohkost ist das einfachste und sicherste Mittel, um den Körper zu entschlacken und die Blutgefäße von schädlichen Ablagerungen zu befreien.

Pflanzliche Antibiotika schützen vor vielen Infektionskrankheiten. Kresse, Meerrettich, Knoblauch, Senf, schwarzer Rettich, Kapuzinerkresse und viele Gewürzkräuter sind reich an solchen bakterienfeindlichen Stoffen. Auch Menschen mit empfindlichem Magen vertragen Rohkost sehr gut, wenn sie ihre Ernährung auf Vollkorn umstellen und den Zucker in jeder Form meiden.

Kartoffeln

Kartoffeln sind ausgesprochene »Schlankmacher«, denn 100 g enthalten nur etwa 300 Joule (72 Kalorien). Die Kartoffel versorgt uns nicht nur mit leicht verdaulicher Stärke und hochwertigem Eiweiß, sondern auch mit einer Fülle von Vitaminen, Mineralien (vor allem Kalium) und Spurenelementen. Ihre wertvollen Inhaltsstoffe bleiben am besten erhalten, wenn man die sauber abgebürsteten Kartoffeln im Dampf gart und mit der Schale verzehrt. Dämpfeinsätze gibt es – passend für jede Topfgröße – in Haushaltswarengeschäften zu kaufen. Auch Schalenkartoffeln, die in Alufolie oder auf dem Blech gebacken wurden, schmecken hervorragend. Kartoffelsalat wird aufgewertet, wenn wir ihn mit naturbelassenem Pflanzenöl und frischen Kräutern zubereiten. Für Kartoffelpüree (aus Pellkartoffeln) muß die Milch nicht gekocht werden. Es wird genauso locker und luftig, wenn man sie lauwarm unter die heiße Kartoffelmasse schlägt.

Milch und Milchprodukte

Frischmilch und die verschiedenen Sauermilcherzeugnisse sowie Quark und Käse sind eine wertvolle Ergänzung der Vollkornkost. Sauermilch, Dickmilch, Kefir, Buttermilch und Sanoghurt sind dank spezieller Milchsäure-Bakterien besonders leicht verdaulich und sorgen für eine gesunde Darmflora, während das handelsübliche Joghurt mit Bakterien gesäuert ist, die nicht dem menschlichen Darmmilieu entsprechen. Nach Dr. Schnitzer enthält die rohe, nicht erhitzte Milch sogar einen Schutzfaktor gegen

Karies und Paradontose. Das hochempfindliche Milcheiweiß wird schon bei Temperaturen über 45° C stark geschädigt. Wir bevorzugen daher Rezepte, bei denen die Milch nicht durch Kochen entwertet wird. Durch Erhitzen haltbar gemachte Milchsorten wie pasteurisierte Trinkmilch, H-Milch oder Kondensmilch sowie Trockenmilch, die auch für die Baby-Fertignahrung verwendet wird, sind nicht mehr vollwertig.

Wer keine Möglichkeit hat, rohe Vorzugsmilch zu kaufen oder Kuhmilch vom Bauernhof zu holen, sollte – trotz aller Bedenken – auf pasteurisierte Trinkmilch zurückgreifen, denn sie ist von allen Milchsorten am wenigsten durch Hitze geschädigt. Joghurt, Quark und Käse aus frischer Milch selbst zubereitet sind eine Delikatesse!

Pflanzenöle und Butter

Nach Ansicht der Ernährungswissenschaftler sollen unsere Nahrungsfette reichlich mehrfach ungesättigte Fettsäuren (Polyensäuren) enthalten, weil der menschliche Organismus diese Stoffe nicht selbst aufbauen kann. Sie intensivieren den Stoffwechsel und verhindern die Bildung von Schlacken im Körper. Sonnenblumenöl, Distelöl und Leinöl haben den höchsten Gehalt an Polyensäuren. Am gesündesten sind kaltgeschlagene Pflanzenöle, die nur durch hydraulische Pressung gewonnen werden. Bei diesem Verfahren bleiben alle Vitalstoffe, vor allem aber das wertvolle Vitamin E und die Polyensäuren erhalten. Normale Konsumspeiseöle hingegen werden durch Raffination mit Lauge denaturiert, in der Regel anschließend noch gebleicht, geruchfrei gemacht und filtriert. Es ist klar, daß bei dieser »Veredelung« die meisten Wirkstoffe zerstört werden. Aus diesem Grund verwende ich in meiner Küche nur kaltgeschlagene, naturbelassene Pflanzenöle, Pflanzenmargarine aus dem Reformhaus und Butter.

Die beste Wirkung haben Pflanzenöle, wenn man Rohkostsalate kurz vor dem Essen damit anrichtet. Beim Dünsten und Braten darf das Pflanzenöl nicht überhitzt werden. Auf keinen Fall sollte man es in der Friteuse verwenden, die ohnehin nicht in eine gesunde Küche gehört. Licht und Sauerstoff greifen die Polyensäuren an. In Blechdosen oder dunkel gefärbten Flaschen gut verschlossen und kühl aufbewahrt (jedoch nicht im Kühlschrank), hält sich das Pflanzenöl am besten.

Hochwertige Pflanzenmargarinen aus dem Reformhaus werden aus naturbelassenen Pflanzenölen hergestellt. Im Gegensatz zu den übrigen Margarinesorten sind sie nicht chemisch gehärtet und enthalten auch keine unerwünschten Fremdstoffe.

Butter hat zwar nur etwa 5% mehrfach ungesättigte Fettsäuren, doch dafür ist sie reich an Vitaminen und anderen Vitalstoffen. Frische Butter ist ein sehr bekömmliches, hochwertiges Fett, das auch von Magen-, Leber- und Gallenkranken gut vertragen wird. In den vergangenen Jahren wurde sie wegen ihres hohen Cholesteringehalts zu Unrecht verdammt – doch bedenken Sie bitte – 100 g Butter enthalten etwa soviel Cholesterin wie ein Hühnereigelb, nämlich 240 mg, 100 g Schweineleber dagegen 420 mg und 100 g Kalbshirn sogar 2300 mg! Da der Körper selbst Cholesterin produziert, sind sich die Mediziner heute keineswegs einig darüber, ob ein erhöhter Cholesteringehalt im Blut von tierischen Fetten oder aus dem Körperstoffwechsel selbst stammt. Wir brauchen also auf die Butter nicht zu verzichten, wenn wir sie mit Maßen verwenden und uns im allgemeinen vernünftig ernähren. Jede Hausfrau weiß, daß ein Stückchen Butter alle Speisen verfeinert. Und ein Stück Vollkornbrot mit Butter ist ein Genuß!

Honig und Trockenfrüchte

Der Bienenhonig wurde zu allen Zeiten als köstliches Nahrungsmittel und universelles Heilmittel hoch geschätzt. Er besteht zum größten Teil aus Fruchtzucker und Traubenzucker, Vitaminen, Mineralien, Spurenelementen und Fermenten. Er regt den ganzen Stoffwechsel an und ist ein wertvolles Herz- und Nervenmittel. Beim Einkaufen müssen wir darauf achten, daß wir naturreinen, nicht überhitzten Honig bekommen. Jeder naturbelassene kaltgeschleuderte Honig kandiert – je nach seiner Zusammensetzung – nach kürzerer oder längerer Zeit. Er wird wieder flüssig und gewinnt sein volles Aroma zurück, wenn man ihn im Wasserbad vorsichtig, nicht über 40° C, erwärmt.

Beim Backen werden zwar die Wirkstoffe des Honigs teilweise zerstört. Doch sind die in ihm enthaltenen B-Vitamine relativ unempfindlich gegen Hitze, so daß der Honig auch im Gebäck noch wertvoller ist als Zucker. Zum Süßen von Speisen und Gebäck verwende ich seit Jahren nur noch Honig und Trockenfrüchte; denn dies sind die einzigen Süßungsmittel, die keinen Schaden anrichten können, wenn man sparsam damit umgeht und sich nach dem Genuß von süßen Mahlzeiten die Zähne putzt. Es fiel meiner ganzen Familie auch nicht schwer, auf zuckersüße Marmeladen, eingekochtes Obst, Schokolade und andere Naschereien zu verzichten, weil wir finden, daß unsere Küche dafür Besseres bietet.

Das Vollgetreide

Das lebendige, keimfähige Getreidekorn ist eines unserer wertvollsten Lebensmittel. Es enthält in einzigartiger Zusammensetzung alle Nähr- und Aufbaustoffe, die für unseren Organismus unentbehrlich sind: hochwertige Kohlenhydrate, Fette, Eiweiß, Vitalstoffe und Ballaststoffe. Frisch gemahlenes Vollkornmehl hat etwa siebenmal soviel Vitamine, sechsmal soviel Eisen und viermal soviel Kalium und Kupfer aufzuweisen wie helles Auszugsmehl! Das kostbare Vitamin E, das die Durchblutung aller Gefäße fördert, ist im Auszugsmehl überhaupt nicht mehr vorhanden. Die wichtigen B-Vitamine, vor allem Vitamin B 1, befinden sich hauptsächlich in den Randschichten des Getreidekorns und im Keim. Bei der Herstellung von Auszugsmehlen gehen sie zum größten Teil verloren.

Ein Mangel an Vitalstoffen ist aber die Ursache vieler Krankheiten. Eine vitalstoffarme Kost, wie man sie etwa mit Auszugsmehlen und Zucker zubereitet, kann auch dadurch nicht aufgewertet werden, daß man ihr Kleie und Getreidekeime aus dem Reformhaus zusetzt. Denn diese Zusätze müssen durch Erhitzen haltbar gemacht werden. Jahrzehntelange Forschungsarbeit hat bestätigt, daß es nur mit Vollgetreide möglich ist, gesund zu werden und zu bleiben.

Das unscheinbare unzerstörte Getreidekorn ist sozusagen eine »natürliche Konserve«. Auf kleinstem Raum hält es jahrelang alle lebenswichtigen Stoffe frisch und ohne Qualitätsverlust für uns bereit. Doch sobald es gemahlen wurde, ist es weniger haltbar als frische Milch. Sofort nach dem Mahlen beginnen nämlich die empfindlichen Vitalstoffe unter dem Einfluß von Luftsauerstoff zu oxydieren. Die wertvollen Fermente, Vitamine und die Keimöle mit ihren hochungesättigten Fettsäuren werden innerhalb kurzer Zeit zerstört. Schon nach wenigen Stunden sind die würzigen Aromastoffe verflogen. Vollkornmehl läßt sich also nicht lange lagern. Es riecht bald muffig, verliert seinen Wohlgeschmack und schmeckt bitter. (Aus diesen Gründen entfernte man die für unsere Gesundheit unentbehrliche Kleie und den Getreidekeim und erhielt auf diese Weise zwar haltbares, aber nahezu wertloses Auszugsmehl.) Deshalb ist die Getreidemühle unser wichtigstes Haushaltsgerät. Nur sie bietet uns die Möglichkeit, das Getreide unmittelbar vor der Verarbeitung frisch zu mahlen oder zu schroten und alle wichtigen Bestandteile zu erhalten. Näheres siehe Seite 27.

Getreide ist gegenüber Hitzeeinwirkung relativ unempfindlich. Der wichtige Vitamin-B-Komplex wird erst bei Temperaturen von 160° C aufwärts zerstört. Auch wenn wir Kuchen oder Brot bei 200° bis 250° C backen, nimmt unser Vollkorngebäck kaum Schaden; es enthält nämlich sehr viel Flüssigkeit (Wasser), die während des Backens verdampft und dadurch bewirkt, daß die Temperatur im Innern des Gebäcks kaum über 95° C liegt. Einen geringen Verlust an Wertstoffen können wir bei Vollkornkost ohne weiteres hinnehmen, denn unsere Speisekarte enthält ja auch das Frischkornmüsli, bei dem das Getreide roh verarbeitet ist.

Gesund und schlank mit Vollwertkost

Bei Vollwertkost kann man sich satt essen und braucht trotzdem um die schlanke Linie nicht besorgt zu sein. Denn Vollgetreide, Salate, Gemüse und Obst, Pflanzenöle und Pflanzenfette, Milch und Milcherzeugnisse aktivieren dank ihres Reichtums an Vitalstoffen den Zellstoffwechsel und die Verdauungstätigkeit. Sie werden vom Körper aufgenommen, ohne schädliche Rückstände zu bilden. Dagegen fehlen beim Industriezucker, bei Auszugsmehlen und den daraus hergestellten Produkten diese lebenswichtigen Stoffe, die unser Organismus aber unbedingt braucht, um die Kohlenhydrate abzubauen. So belasten die Stoffwechselschlacken der »isolierten« Kohlenhydrate den Kreislauf. Sie werden zu Fett umgebildet, das in den Geweben eingelagert wird. Übergewicht, Stoffwechselstörungen und Darmträgheit sind nur einige Folgen einer solchen falschen Ernährung. Die denaturierte Kost verführt auch dazu, zuviel zu essen, denn unser Instinkt, der uns sagt, wann wir satt sind, versagt bei dieser Ernährungsweise. Dagegen besteht die Gefahr des Überkonsums bei einer vollwertigen Ernährung kaum. Ballaststoffhaltige Nahrung muß nämlich gründlicher gekaut werden; sie füllt infolge ihres Quellvermögens den Magen und macht daher schneller und für längere Zeit satt. Wir kommen mit kleineren Nahrungsmengen aus, ohne deswegen hungern zu müssen.

Wie ein Blick in die Nährwerttabelle zeigt, haben die verschiedenen Getreidearten als volles Korn weniger Joule als die ballaststoffarmen Auszugsmehle. Denn die unverdaulichen Ballaststoffe passieren die Verdauungswege, ohne Nährstoffe abzugeben. Ernährungsfachleute sind sogar der Meinung, daß die Joulewerte für ballaststoffreiche Lebensmittel tatsächlich noch niedriger sind als die in den Tabellen veröffentlichten Zahlen (doch liegen hierüber noch nicht genügend Untersuchungen vor). Wahrscheinlich müßten aus diesem Grund auch bei meinen Rezepten niedrigere Joule-Angaben stehen. Ballaststoffe verlangen vom Körper mehr Verdauungsarbeit als ballaststoffarme Speisen; dabei werden noch weitere Joule verbraucht. Selbstverständlich müssen wir unser Essen nicht dauernd nach Joule- und Nährwerttabellen berechnen. Eine vollwertige, naturbelassene Kost garantiert uns automatisch die optimale Versorgung mit allen lebensnotwendigen Stoffen. Erfahrungsgemäß stellt sich der Körper bei dieser Ernährung von selbst auf kleinere Nahrungsmengen ein. Auch das kommt unserer Gesundheit und der schlanken Linie zugute!

Die Getreidearten

Bild Seite 33

Der Gehalt der einzelnen Getreide an Vitaminen, Mineralstoffen und Spurenelementen ist verschieden. Deshalb hat jede Art eine ganz spezifische Wirkung auf den menschlichen Organismus. Auch der Geschmack ist jeweils recht unterschiedlich. Um die Vorzüge der einzelnen Arten zu nutzen, verwenden wir sie alle in unserer Küche. Damit erreichen wir zugleich, daß unser Speisezettel sehr abwechslungsreich wird.

Hafer

»Habern ist ein nützlich Getreyd für Viehe und Leut«, so urteilt ein altes Kräuterbuch über den Hafer. Viele Jahrhunderte lang war der »Habertalgn« oder »Hafersterz« aus dem entspelzten,

Hafer, Roggen und Weizen sind unsere bekanntesten Getreidearten. Wir verwenden in der Vollkornküche den spelzenlosen Nackthafer.

geschroteten Hafer die tägliche Speise unserer Vorfahren. Man schätzte den Hafer besonders wegen seiner Schmackhaftigkeit und rühmte ihn als Kraftnahrung. Alten Berichten zufolge sollen die »Habertalgn«-Esser sehr kräftige und langlebige Menschen gewesen sein. Neuere Untersuchungen bestätigen, daß der Hafer die körperliche und geistige Leistungsfähigkeit steigert, die Ermüdbarkeit verringert und zu einer gehobenen, fast euphorischen Stimmung beiträgt.

Von allen Getreidearten hat der Hafer den höchsten Gehalt an Polyensäuren. Eiweiß, Kieselsäure, Kalzium, Phosphor und Fluor sind reichlich vorhanden. Wahrscheinlich kann man durch regelmäßigen Genuß von Hafer Gelenk- und Bandscheibenerkrankungen entgegenwirken und die Zähne vor Karies schützen. Außer Vitamin E, B1, B2 und B6 enthält der Hafer auch das seltene Biotin (Vitamin H). Es ist besonders günstig für Haut und Haare – denken wir nur an das glänzende Fell der mit Hafer gefütterten Pferde! Bei Zuckerkrankheit erzielt man mit Haferdiät gute Erfolge, und seit altersher schätzt man den Haferschleim als Heilmittel bei Magen- und Darmverstimmung. Heilbäder aus Abkochungen mit dem kieselsäurereichen Haferstroh empfiehlt Kneipp bei Gelenkleiden, Rheumatismus und Ischias. Der Hafer ist also ein wahres Wundermittel für zivilisationsgeschädigte Menschen!

Den geschälten Spelzenhafer kann man als »Haferkerne« im Reformhaus kaufen. Doch diese »Kerne« sind durch das Schälverfahren geschädigt und nicht mehr keimfähig. Empfehlenswert ist der Nackthafer, eine spelzenlose Hafersorte, die in China schon seit fast 2000 Jahren angebaut wird. Er ist im Reformhaus auch als »Sprießkornhafer« erhältlich. Nackthafer hat übrigens noch mehr Eiweiß, Fett und Vitamin B1 als der Spelzenhafer. Haferflocken werden aus geschältem Spelzenhafer hergestellt. Da das Getreidekeimöl in dem gequetschten Korn sehr schnell ranzig wird und bitter schmeckt, müssen die Haferflocken – wie alle anderen Getreideflokken – durch Erhitzen haltbar gemacht werden. Es ist nicht zu vermeiden, daß dabei wertvolle Wirkstoffe geschädigt oder zerstört werden.

Roggen

Unser Roggen stammt vom Bergroggen, einer ausdauernden wilden Roggenart ab, deren Heimat Kleinasien ist. Schon die Kelten, die Germanen und die Slawen ernährten sich von Roggenbrot, während die Römer der kräftigen Roggenspeise der »Barbaren« wenig Geschmack abgewinnen konnten. Roggen gedeiht auch noch in nördlichen Ländern und in Gebirgsgegenden, wo kein Weizen mehr wächst. Das grau-grüne Roggenkorn enthält reichlich B-Vitamine und Mineralien, vor allem Kalium, Phosphor, Fluor, Kieselsäure und Eisen. Wie wertvoll der Roggen ist, hat sich während des Zweiten Weltkriegs in der Schweiz gezeigt: Auf behördliche Anordnung mußte dort wieder mehr Roggenvollkornbrot gebacken werden, weil anderes Getreide sehr knapp war. Bei der Untersuchung von 700 Testpersonen stellte man fest, daß dank der Roggenkost die Eisenwerte im Blut erheblich angestiegen waren: bei Kindern lagen sie um 27,3%, bei Erwachsenen um 19,3% höher als vorher.

Wie der Weizen enthält auch der Roggen Klebereiweiß; deshalb eignet er sich zum Brotbakken besonders gut. Seinen würzigen, kräftigen Geschmack schätzen wir nicht nur beim Vollkornbrot, sondern auch bei vielen anderen pikanten Gerichten.

Weizen

Unser heutiger Weizen wurde aus den Wildformen Emmer, Einkorn und Zwergweizen gezüchtet. Mehrere tausend Jahre ernährten sich die Menschen von diesen wilden Weizenarten. Im vorigen Jahrhundert fand Heinrich Schliemann bei seinen Ausgrabungen in Troja große Mengen von Einkorn und Emmer. Doch nach Trojas Untergang dauerte es noch lange Zeit, bis es gelang, den Saatweizen, wie wir ihn heute verwenden, zu züchten. In Europa kannte man vorher nur Getreidearten, die dunkleres Mehl lieferten. Und so ist es kein Wunder, daß der helle Weizen mit seinem milden Geschmack die ursprüngliche rauhe Nahrung aus Gerste, Hirse und Roggen immer mehr verdrängte. Da sich der Weizen durch seinen hohen Anteil an sogenanntem »Klebereiweiß« besonders gut zum Backen eignet, bevorzugten ihn schon die Griechen und Römer für ihr feines Gebäck. Ja, sie siebten schon damals die Kleie aus, um noch helleres Brot und zartere Kuchen backen zu können. Doch gerade in der Kleie und im Getreidekeim sind jene Vitalstoffe enthalten, die den Weizen so wertvoll für uns machen: die Vitamine B1, B2, B6 und Karotin (eine Vorstufe des Vitamins A) sowie Kalium, Phosphor, Magnesium und Kieselsäure.

Dinkel und Grünkern

Der Dinkel ist eine alte Kulturform des Weizens. Er hat lange, schlanke, leicht gebogene Ähren, deren Körner von Spelzen fest umschlossen sind. Wahrscheinlich kannten ihn schon die alten Ägypter. Auch die Kelten und die Alemannen kultivierten diese anspruchslose, robuste Getreideart, die noch auf kargen Böden wächst. Alte Ortsnamen lassen darauf schließen, daß der Dinkel früher auch bei uns weit verbreitet war. Inzwischen wurde er von ertragreicheren Weizensorten verdrängt.

Für unsere Ernährung ist der Dinkel deshalb so wertvoll, weil er reichlich Eiweiß, Kalium, Phosphor und Eisen enthält. Brot und Gebäck aus Dinkelmehl haben einen besonders herzhaften, nußartigen Geschmack. Da der Dinkel nur in einigen Naturkostläden und Reformhäusern erhältlich ist, finden Sie in diesem Kochbuch keine speziellen Rezepte. Sie können ihn ebenso wie Weizen zum Kochen und Backen verwenden. Das günstigste Ergebnis erzielen Sie jedoch, wenn Sie 1/3 bis zu 1/2 der angegebenen Weizenmenge durch Dinkel ersetzen. (Bezugsquellen siehe Seite 128).

Für die Grünkernerzeugung wird der Dinkel unreif geerntet und auf speziellen Darren geröstet. Er erhält dadurch ein besonders würziges Aroma und eignet sich deshalb vorzüglich für die Zubereitung von Suppen und Getreidegerichten.

Dinkel, Gerste und Hirse wurden in früheren Zeiten wesentlich häufiger gegessen als heute. Sie kommen in der Getreideküche wieder zu Ansehen.

Gerste

Die Gerste ist eine sehr alte Kulturpflanze. Wahrscheinlich stammt sie – wie die meisten Getreidearten – aus dem Himalajagebiet. Die Griechen betrachteten die Gerste als ein Geschenk der Demeter, der »Getreidemutter«, an die Menschen. Deshalb weihten sie den Göttern Opferkuchen aus Gerstenmehl. Auch im Alltagsleben anderer indogermanischer Völker spielte die Gerste eine Rolle: sie benützten das Gerstenkorn als kleinstes Gewicht und Längenmaß.

Gerstenbrei und Fladenbrot aus Gerstenmehl waren lange Zeit die tägliche Kost unserer Vorfahren. Auch für uns ist die Gerste besonders wertvoll. Sie ist reich an Vitaminen und Mineralstoffen, vor allem Kalium, Kalzium, Phosphor und Kieselsäure. Wahrscheinlich können Bindegewebsschwäche, Krampfadern, Gelenkkrankheiten und Bandscheibenschäden verhütet oder gebessert werden, wenn wir die Gerste rechtzeitig in unseren Speisezettel aufnehmen. Bei Magen- und Darmerkrankungen ist Gerstenschleim heilsam: Frisch gemahlenes Gerstenmehl wird in Wasser bei geringer Hitze langsam ausgequollen. Mit Kräutern und Gewürzen pikant abgeschmeckt oder mit etwas Honig zubereitet, kann das durchaus eine sehr abwechslungsreiche und wohlschmeckende Krankenkost sein. In unserer Küche verwenden wir die spelzenlose Nacktgerste zum Kochen und Backen. Sie ist unter der Bezeichnung »Sprießkorngerste« im Reformhaus erhältlich.

Hirse

Die Hirse wurde schon in der Jungsteinzeit in Asien kultiviert. Von Indien gelangte sie früh nach China und schließlich nach Europa. Alte Ortsnamen, wie zum Beispiel Hirsau (im nördlichen Schwarzwald), weisen daraufhin, daß Hirse früher auch bei uns angebaut wurde. Heute kultiviert man sie vor allem in Asien, Afrika und Südamerika, weil sie zu ihrer Entwicklung viel Wärme braucht. Die Rispen- und die Kolbenhirse sind die wichtigsten Vertreter der viele Arten umfassenden Hirsefamilie. Als Speisehirse wird im allgemeinen die Rispenhirse verwendet, während die Kolbenhirse als Vogelfutter dient.

Wie der Hafer und die Gerste ist auch das Hirsekorn von Spelzen umgeben, die mechanisch abgerieben werden müssen. Aber auch die geschälte Hirse ist noch ein wertvolles Vollkornprodukt, denn im Gegensatz zum Weizen sind ihre Wirkstoffe nicht nur in der äußeren Hülle, sondern im ganzen Korn vorhanden. Von allen Getreidearten ist die Hirse am reichsten mit Mineralien ausgestattet. Sie hat vor allem viel Kieselsäure, die nicht nur dem Knochengerüst, sondern auch der Haut zugutekommt: bei Hautleiden erzielt man seit langem mit Hirsekuren gute Erfolge. Auch Magnesium, Kalium, Phosphor, Fluor und Eisen liefert die Hirse in reichem Maße. Schon mit 50 g Hirse können wir unseren Tagesbedarf an Eisen decken und 100 g Hirse genügen, um uns ausreichend mit Fluor zu versorgen. Die Hirse ist ein leicht verdauliches, sehr schmackhaftes Getreide. Aus vielen Märchen ist uns der süße Hirsebrei als besondere Leckerei bekannt. Doch pikant gewürzt schätzen wir sie noch mehr. Ein Zusatz von frisch gemahlenem Hirsemehl macht Vollkorngebäck noch röscher und knuspriger.

Mais

Den Mais verdanken wir den Indianern in Peru, die ihn aus einer Spelzform gezüchtet haben. Der würzige Maisbrei, die »Mamaliga«, ist in Rumänien und den anderen Balkanländern ebenso beliebt wie der »Kukuruz« in der Türkei und die »Polenta« in Italien. Die goldgelben Maiskörner enthalten viel Kalium, Magnesium, Phosphor, Eisen- und Kieselsäure. Es ist also kein Wunder, daß die Mexikaner, bei denen Maisfladen, die »Tortillas«, zur täglichen Nahrung gehören, ein besonders gutes Gebiß haben. Allerdings fehlen dem Mais bestimmte Vitamine der B-Gruppe. In armen Gegenden, in denen

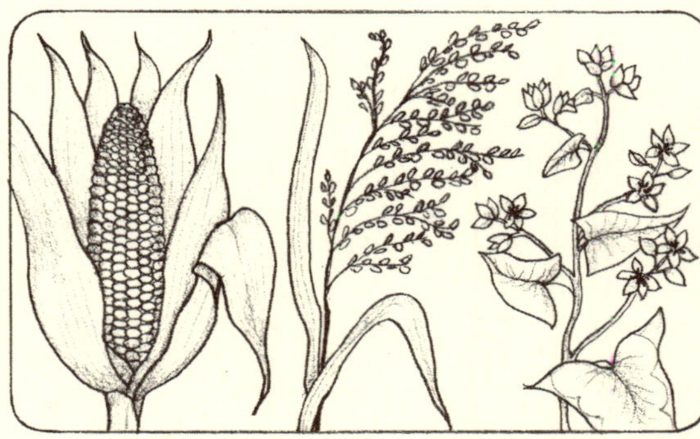

Für die meisten Menschen der Erde sind Mais und Reis die Hauptnahrung. Buchweizen gehört nicht zur Getreidefamilie und dennoch in die Vollkornküche.

man sich ausschließlich von Mais ernährte, litt die Bevölkerung deshalb häufig an der »Pellagra«, einer Krankheit, deren äußerliches Kennzeichen eine besonders rauhe Haut (agra pella) ist. Bei unserer abwechslungsreichen Kost brauchen wir aber keinen Vitaminmangel zu befürchten. Im Reformhaus bekommt man den Mais als »Popcorn« zu kaufen. Die harten Maiskörner können aber nur mit großen Getreidemühlen gemahlen werden. Wer Mais nicht selbst mahlen kann, braucht dennoch auf pikante und süße Maisgerichte nicht zu verzichten: im Reformhaus ist der Mais auch fein gemahlen oder gröber geschrotet zu haben.

Reis

Der Reis ist eine uralte ostasiatische Kulturpflanze. Er ist heute das Hauptnahrungsmittel für mehr als die Hälfte aller Menschen. Von den über 1000 Reissorten ist für uns der Sumpf- oder Wasserreis am wichtigsten. Reis gedeiht nur im tropischen Klima, denn er braucht viel Wärme und Bodenfeuchtigkeit. Das gelblich-weiße Reiskorn ist fest von einer Samenschale umschlossen, die maschinell abgeschält werden muß. Das darunter befindliche Silberhäutchen bleibt dabei unversehrt. Der Naturreis oder Vollreis, den man bei diesem Verfahren gewinnt, enthält viel Eiweiß, Vitamin E und die wichtigen Vitamine der B-Gruppe. Er ist reich an Kalium, Kalzium, Magnesium und Phosphor. Eine kochsalzarme Kur mit Naturreis wirkt stark entwässernd. Sie ist die richtige Diät bei Rheuma, Herz- und Gefäßkrankheiten.

Weil Naturreis nicht sehr lange haltbar ist, werden in der Reismühle das Silberhäutchen abgeschliffen und der Keim entfernt. Um dem weißen Reis ein schöneres Aussehen zu geben, poliert man die Reiskörner anschließend mit Talkum. Es ist klar, daß dadurch der größte Teil der wertvollen Vitamine und Mineralstoffe verlorengeht. Ostasiatischen Völkern, die sich hauptsächlich von poliertem Reis ernähren, fehlen diese wichtigen Vitalstoffe. Deshalb leiden sie häufig an der Beriberi-Krankheit, einer Vitaminmangel-Erscheinung.

In unserer Küche verwenden wir ausschließlich den wertvolleren Naturreis. Er schmeckt nicht nur viel würziger, sondern bleibt auch beim Kochen körniger als polierter Reis.

Buchweizen

Der Buchweizen ist eigentlich gar kein Getreide. Er gehört zur Familie der Knöterichgewächse. Die kleinen, dreikantigen Samen erinnern in ihrer Form an Bucheckern – daher auch der Name »Buchweizen«. Ursprünglich stammt der Buchweizen aus Mittelasien. Die Tataren und die Türken brachten ihn bei ihren Feldzügen zu uns in den Westen. Man nannte ihn deshalb auch »Tatarenkorn«, »Türkenkorn« oder »Heidenkorn«. Heute wird er hauptsächlich auf den Heideböden Norddeutschlands und der Niederlande, in Nordrußland und in Frankreich angebaut.

Das Buchweizenkorn enthält eine Fülle von Mineralien, besonders Eisen und Phosphor, aber auch Kalium, Kalzium, Magnesium, Fluor und Kieselsäure; außerdem die Vitamine B1, B2, B6 und sehr viel Lezithin. Im Gegensatz zum Getreide enthält das Buchweizeneiweiß reichlich Lysin, eine für uns wichtige Aminosäure, die zum Knochenwachstum und zu anderen biochemischen Reaktionen notwendig ist. Buchweizen ist leicht verdaulich. Man kann ihn genau wie Getreide zum Kochen und Backen verwenden.

Ein Blick in die Geschichte

Die Getreideernährung hat eine lange Geschichte. Ihre Anfänge reichen bis in jene Zeiten zurück, als die Menschen von Jägern und Sammlern zu seßhaften Bauern wurden. Zuerst wurden die Samen der wildwachsenden Gräser und Kräuter nur gesammelt, später kultivierte man sie und züchtete im Laufe von Jahrtausenden immer ertragreichere Sorten daraus.

Vom Mörser zur Dampfmühle

Damit die Getreidekörner für den Menschen genießbar wurden, mußte zuerst ihre äußere Hülle, die Spelze, abgelöst werden. Dazu wurde das Getreide angefeuchtet oder längere Zeit in Wasser gequollen und danach zwischen heißen Steinen oder im Ofen geröstet. Dabei verlor die Spelze die feste Verbindung mit dem Korn. Anschließend wurden die Körner durch stundenlanges behutsames Stampfen von den Spelzen befreit. Bei diesem Stampfprozeß erwärmte sich das Getreide, es veränderte sich und wurde gleichsam schon aufgeschlossen und für den Menschen leichter verdaulich gemacht. (Dr. A. Gamerith gibt uns in ihrem Buch »Lebendiges Ganzkorn« ein anschauliches Bild von der früheren Art der Getreideaufbereitung.) Das gedörrte, entspelzte Getreide war jahrelang haltbar und wurde erst bei Bedarf zu Schrot zerkleinert oder zu Mehl vermahlen. Anfangs benützte man dazu Mörser oder primitive Handmühlen und Reibsteine, wie sie von manchen Naturvölkern heute noch verwendet werden. Mit diesen Mühlen konnte man das Getreide allerdings nur schroten, aber noch kein feines Mehl mahlen. Die mühsame Arbeit der Getreideaufbereitung war übrigens zunächst ausschließlich eine Aufgabe der Frauen und Mägde sowie der Sklaven! Später wurden die Handmühlen immer mehr verbessert und schon vor 2000 Jahren bauten die Römer Mühlen, die von Eseln und Maultieren angetrieben werden konnten. Auch Wassermühlen wurden zu jener Zeit konstruiert. Windmühlen – wahrscheinlich eine Erfindung der Perser – sind in Europa erst seit dem 12. Jahrhundert bekannt. Wind- und Wassermühlen blieben bis ins 19. Jahrhundert die einzige Möglichkeit, größere Mengen von Getreide zu mahlen. Die erste Dampfmühle wurde in London im Jahre 1856 in Betrieb genommen.

Der Brei aus dem gestampften, grob geschroteten Korn war viele Jahrhunderte das Hauptnahrungsmittel der Kulturvölker. Nur die Getreidearten, aus denen er zubereitet wurde, waren in den einzelnen Gegenden verschieden. Die Griechen verwendeten dazu Gerste und Hirse, während die Römer Emmer (eine Spelzweizenart), Gerste und Hirse verzehrten. Auch Graupen aus Gerste oder Weizen kochte man mit Milch sämig oder ließ sie in Wasser ausquellen und mischte Quark, Honig und Eier darunter. Ein Brei aus Hirse, Gerste oder Buchweizen war die Alltagskost der Bauern in Osteuropa bis in unsere Zeit. In Kärnten bevorzugte man den »Habertalgn« oder »Hafersterz«; aus Mais bereitete man den »Türkensterz« und aus Buchweizen den »Heidensterz« zu. Der »Riebel«, ein Brei aus verschiedenen Getreidearten, war in Vorarlberg ebenso beliebt wie die Gerstengrütze in Dänemark. In Italien kommt heute noch die »Polenta« aus Maisgrieß häufig auf den Tisch.

Getreidebrei und Fladenbrot

Den Getreidebrei unserer Vorfahren dürfen wir uns nicht als pappige, klebrige Masse vorstellen, wie wir ihn von Kinderzeiten in Erinnerung haben. Er war entweder sämig gekocht und dünn, also mehr wie eine Suppe, oder er war locker und körnig wie richtig gegarter Reis zubereitet. In allen Fällen ließ man das Getreide nur in Wasser langsam ausquellen. Süße oder saure Milch oder Buttermilch, manchmal auch Butter, kamen erst nach dem Kochen dazu. Für die Mittagsmahlzeit briet man den Sterz auch häufig mit etwas Fett in der Pfanne. Wahrscheinlich wußten die Bauern damals instinktiv, daß Mehlspeisen schwer verdaulich werden, wenn man das Vollgetreide in Milch kocht. Und das entspricht genau den Erkenntnissen der modernen

Ernährungslehre; denn beim Kochprozeß wird die Getreidestärke sofort vom Milcheiweiß umschlossen, welches verhindert, daß das Getreide richtig ausquellen kann.

Erst später wurde der Getreidebrei durch das Fladenbrot ergänzt. Es ist das älteste uns bekannte Gebäck. Das »Rezept« dafür war damals sehr einfach: »Nimm Hirse, Gerste, Hafer oder Weizen und zerreibe die Körner zwischen den Reibsteinen zu Schrot. Alsdann verrühre es mit Wasser zu einem festen Teig, forme dicke Fladen daraus und backe sie in heißer Asche oder auf erhitzten Steinen, bis die Brote fest und knusprig sind.« Solche Fladenbrote konnte man auf Vorrat backen, denn sie waren lange haltbar. Schon in der Steinzeit und in der Bronzezeit kannte man sie – einige davon fand man noch in Pfahlbautendörfern in der Schweiz. Die alten Babylonier nahmen solche Fladen auf Reisen mit. Auch die Nomadenvölker des Orients ernährten sich von diesem einfach herzustellenden Gebäck. In der Schweiz, in Norwegen und in Schweden wurden aus dem Teig flache, tellergroße »Laibe« mit einem Loch in der Mitte gebacken. Die Bauern zogen diese »Lochfladen« auf eine Schnur und hängten sie als Wintervorrat über dem Herd auf. In Milch oder Brühe eingeweicht waren sie eine sehr sättigende Speise. Auch in Lappland, in Rußland und in Polen aß man Fladen aus Gersten- oder Hafermehl. Wie uns Homer berichtet, benützten die alten Griechen die scheibenförmigen Fladen bei ihren Mahlzeiten zuerst als Teller und aßen sie am Schluß des Mahles einfach auf. Ich finde das sehr praktisch, denn mit dem Abspülen gab es keine Arbeit!

Die Entdeckung des Sauerteigs

Wahrscheinlich haben die alten Ägypter den Sauerteig durch Zufall entdeckt. Während die übrige Welt noch pfannkuchenähnliche Fladen verzehrte, kannten sie schon an die 30 verschiedene Brotsorten. Die Ägypter formten das Brot auf verschiedene Arten: es gab Flachbrote, Rundbrote, pyramidenförmige Brote und Bildbrote in Form von Tieren, die man den Göttern opferte. Von den Ägyptern haben die Griechen und die Römer die Kunst des Backens mit Sauerteig erlernt. Zum Brotbacken wurden anfangs verschiedene Getreidearten wie Gerste, Hirse und Emmer, bei den Germanen auch Roggen und Hafer, verwendet. Bei Mißernten und in Notzeiten streckte man das Getreide mit Erbsen- oder Bohnenmehl. In Skandinavien hat man sogar Kiefernrinde im Brot verbacken!

Im Laufe der Zeit verdrängte der Weizen die übrigen Getreidearten immer mehr. In Rom gab es außer groben Schrotbroten aus Weizenmehl auch verschiedene feinere Brotsorten, bei denen die Kleie zum Teil entfernt worden war. Ähnlich wie bei uns würzten die Bäcker das Brot mit Kümmel und Koriander oder sie mischten Mohn, Sesam, Leinsamen oder Honig unter den Teig. Als besondere Leckerei galt damals das Lotosbrot aus Alexandrien; man bereitete es aus den geschroteten Samen des ägyptischen Lotos. Die Brotformen waren so vielfältig wie heute, es gab runde oder ovale Brötchen, lange Stangenbrote oder Rundbrote, die vor dem Backen mit Einschnitten versehen wurden, damit man sie auseinanderbrechen konnte. Ihren Göttern weihten die Römer Brote in Form von Opfertieren.

Kuchenbäcker im Altertum

Die Kuchenbäcker waren im Altertum sehr angesehen und gut bezahlt, denn feines Backwerk war schon damals beliebt. Man bereitete trockene und feuchte Kuchen, Luxuskuchen, die mit Pistazien, Mandeln und Nüssen üppig gefüllt oder mit speziellen Duftstoffen aromatisiert waren. Torten wurden aus mehreren Schichten zusammengesetzt und gefüllt, kleine Küchlein in heißem Fett gebacken, auch Blätterteig war hochgeschätzt. Sesamkuchen, wie er noch heute in Griechenland und im Vorderen Orient gebacken wird, war damals genauso begehrt wie Mandel-, Rosinen-, Anis-, Mohn- und Käsekuchen. Sehr gern mochte man die mit Milch und

Eiern bereiteten Honigkuchen. Weithin berühmt waren die mit Fleisch, Käse und Honig gefüllten, überbackenen Pasteten der Athener. Die Kuchen wurden nicht nur in runden oder viereckigen Formen gebacken. Hausfrauen und Kuchenbäkker flochten auch Zöpfe aus dem Teig oder formten Ringe und Kränze daraus. Opferkuchen und Festgebäck wurden aus kleinen runden Tonmodeln ausgeformt, die mythologische Szenen, Ornamente, Figuren und Tierdarstellungen trugen. Bei öffentlichen Festen verteilte man sie in großen Mengen an das Volk. Die in Süddeutschland heute noch gebräuchlichen reichgeschnitzten Spekulatius- und Springerlemodeln gehen auf diese antiken Vorbilder zurück.

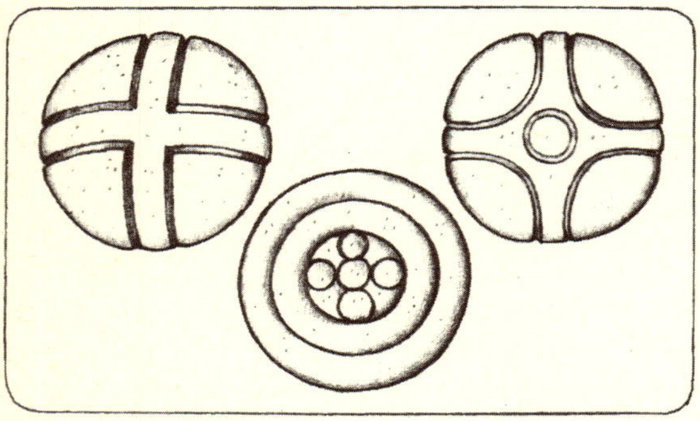

Historische Brotformen: links römisches Rundbrot, 2. Jh., rechts ägyptisches Gerstenbrot, um 1200 v. Chr., in der Mitte ein altbäuerliches Gebäck aus den Dolomiten.

Brot und feines Gebäck wurden anfangs in einer Art Bratpfanne aus Ton oder Metall gebakken, die von einem mit kleinen Löchern versehenen Deckel verschlossen war. (Vielleicht können wir sie uns wie eine Art runden »Römertopf« vorstellen.) Zum Backen wurde dieses Gefäß ins Feuer oder in die heiße Asche gestellt. Der Herd hatte zunächst keinen besonderen Backraum. Die Bäcker legten die Brote einfach auf die heiße Herdplatte und stülpten eine Schüssel oder einen Topf darüber. Später baute man Backöfen mit gewölbtem Backraum, die von unten beheizt wurden. Sehr modern für die damalige Zeit muten uns die Teigknetmaschinen an, die bei Ausgrabungen in Pompeji gefunden wurden.

Im Laufe der Jahrhunderte änderten sich die Ernährungsgewohnheiten. Der Getreidebrei und Brot aus Gerste und Roggen blieben zwar noch das ganze Mittelalter hindurch die Nahrung des einfachen Volkes. Doch wer es sich leisten konnte, bevorzugte Brot und Backwerk aus feinerem, hellem Mehl. Zur Zeit der französischen Revolution trat der Weizen dann seinen Siegeszug durch Westeuropa an. Je üppiger und luxuriöser die Speisen wurden, desto mehr gesundheitliche Schwierigkeiten stellten sich ein. Ein großer Teil unserer Zivilisationskrankheiten hat ihren Ursprung darin, daß der Mensch das, was er ißt, erst einmal denaturiert, statt die Gaben der Natur, auch die Gaben der Demeter, in ihrem ursprünglichen Zustand zu belassen und richtig zu genießen.

Richtig einkaufen

Wir verwenden in unserer Küche nach Möglichkeit nur Obst, Gemüse und Getreide, das auf gesunden Böden, ohne chemische Düngemittel und Insektizide angebaut wurde. Natürlich kann heute nicht jeder Obst und Gemüse im eigenen Garten ziehen. Aber es gibt noch andere Möglichkeiten: Viele Reformhäuser führen bereits Obst und Gemüse aus »kontrolliertem« Anbau. Auch auf dem Wochenmarkt ist es manchmal zu haben, und mancher Gartenliebhaber gibt im Sommer gerne etwas von seinem Überschuß ab.

Viel wichtiger als das schöne Aussehen ist der »innere Wert« der pflanzlichen Erzeugnisse. Wie die Bundesanstalt für Qualitätsforschung pflanzlicher Erzeugnisse unter der Leitung von Professor W. Schuphan in langjährigen Vergleichsversuchen feststellte, enthielt organisch gedüngtes Gemüse erheblich mehr Zucker, Kalzium, Kalium, Eisen, Vitamin C und Eiweiß als Gemüse mit konventioneller Mineraldüngung. Andererseits war es weit weniger mit unerwünschten Stoffen wie Nitrat und Natrium belastet.

In den Reformhäusern sind alle Getreidearten, die wir brauchen, in einwandfreier Qualität zu haben. Größere Mengen Weizen, Roggen oder Nacktgerste kann man im allgemeinen preisgünstig von einem in der Nähe gelegenen Demeter-Bauern bekommen. Auch eine längere Fahrt lohnt sich, wenn man den ganzen Jahresbedarf auf einmal einkauft. In vielen Fällen liefern die Demeter-Bauern auch Kartoffeln, Obst und Lagergemüse wie Blau- und Weißkraut, Möhren, rote Rüben und Sellerie von bester Qualität (siehe Bezugsquellen Seite 128).

Wie man Getreide am besten aufbewahrt

Richtig gelagertes Getreide behält seine volle Keimfähigkeit mindestens 1–2 Jahre. Es darf auf keinen Fall feucht werden, sonst beginnt es zu schimmeln und ist für unsere Ernährung unbrauchbar. Kleinpackungen aus dem Reformhaus, die in kurzer Zeit aufgebraucht sind und immer wieder ergänzt werden, hebt man am besten griffbereit in der Küche auf. Ein größerer Vorrat sollte luftig und trocken gelagert werden. Wir selbst bewahren unser Getreide offen auf dem Speicher auf: es wird auf einem Holzbrett, das einen etwa 15 cm hohen Rand hat, aufgeschüttet. Ein leichtes Tuch dient als Staubschutz. Noch platzsparender kann man die verschiedenen Getreidearten in den Schubladen einer nicht mehr benützten Kommode aufheben. Sie sollten allerdings nicht mit Mottenschutzmitteln in Berührung gekommen sein und müssen vorher gründlich gesäubert werden. Die gefüllten Schubladen werden abwechselnd längs und quer übereinander gestapelt, so daß jede von ihnen leicht zugänglich ist. Damit es gut durchlüftet wird und sich keine Schädlinge darin ansiedeln, sollte man das Getreide öfters wenden.

Besondere Zutaten für die Vollkornküche

Die »besonderen Zutaten« sind in Reformhäusern und teilweise auch in Lebensmittelgeschäften erhältlich. Es gibt Reformversandfirmen (siehe Seite 128), falls Sie – vor allem in der Schweiz – ein Produkt vergeblich suchen.

Apfelessig: Wird durch Vergärung aus ganzen reifen Äpfeln gewonnen. Er enthält viele wertvolle Bestandteile des Apfels, Spuren von Mineralien, vor allem Kalium. Er regt die Verdauungstätigkeit an und macht Speisen bekömmlicher.
Boemboe Nasi Goreng: Eine scharf-würzige Mischung aus getrockneten Zwiebeln und speziellen Gewürzen. Für die Zubereitung der indischen Reistafel, vieler Reisgerichte und Saucen.
Dörrobst: Kaufen Sie Dörrzwetschgen (Backpflaumen), Äpfel, Birnen und Aprikosen möglichst ungeschwefelt. Wenn man viel Obst aus dem eigenen Garten hat, lohnt es sich, selbst zu dörren. Kleinere Mengen können im Backofen bei 60–80° C getrocknet werden. (Die Backofentür einen Spalt breit offenlassen.) Mit einem elektrisch beheizten Dörrapparat (siehe Seite 29) geht es schneller und schonender: Bis zu 10

Drahtsiebe mit vorbereitetem Obst können übereinandergestapelt werden. Die auf 50–60° C erwärmte Luft steigt, durch ein Aluminium-Flügelrad zusätzlich bewegt, nach oben und trocknet das Obst in kurzer Zeit.

Hefeextrakt: Diese würzige Paste dient als pikanter Brotaufstrich und zum Würzen von Suppen, Saucen, Getreide- und Gemüsegerichten. Hefeextrakt ist reich an pflanzlichem Eiweiß, an Aminosäuren und B-Vitaminen.

Hefeflocken: Zum Verfeinern von Gemüsegerichten, für Brotaufstriche und zum Binden von Suppen und Saucen. In der Pfanne etwas geröstet schmecken sie noch würziger.

Kalifornische Weinbeeren: Die dunklen Rosinen aus Kalifornien sind sehr gut verlesen, hygienisch verpackt und (wie auch die Korinthen) ungeschwefelt. Gut zum Rohessen geeignet!

Karkade: Fruchtiges Heiß- und Kaltgetränk im Filterbeutel. Mischung aus Hibiscus-Fruchtkelchen, schwarzen Johannisbeeren, Hagebutten und Äpfeln. (Nur im Reformhaus erhältlich.)

Leinsamen: Ist eiweißhaltiger als Fleisch! Man streut die nußartig schmeckenden bräunlichen oder goldgelben Körner über das Müsli, über Quarkspeisen, Obstsalate und Rohkost. Leinsamen enthält sehr viele hochungesättigte Fettsäuren, Ballaststoffe, Schleimstoffe und Mineralstoffe. Da die essentiellen Fettsäuren vom Luftsauerstoff sehr schnell zerstört werden, sollte man ihn nur frisch geschrotet oder als ganzes Korn verwenden. Leinsamen ist ein vorzügliches Mittel zur Überwindung von Darmträgheit: 3mal täglich 1–2 Eßlöffel voll mit ¼ l Wasser, Tee, Milch oder Saft nehmen; vorher nicht einweichen, denn die zarten Schleimstoffe sollen erst im Darm quellen!

Pastetengewürz: Eine fertige Gewürzmischung, meist in Gewürz- und Fleischereibedarfsläden erhältlich. Wer es nicht bekommt, kann folgende Mischung selbst herstellen: je 1 gestrichener Teelöffel grob gemahlener schwarzer und weißer Pfeffer, ½ Teelöffel Cayennepfeffer, je 2 gestrichene Teelöffel grob gemahlener Kümmel, frisch geriebene Muskatnuß, getrockneter Majoran und Zwiebelgranulat, je 1 gestrichener Teelöffel getrocknete Petersilie und gekörnte Brühe (Reformhaus) sowie 3 gestrichene Teelöffel Glutamat.

Sajoeran Kering: Eine Mischung von getrockneten Gemüsen (Zwiebeln, Kohl, Porree, Sellerie, Ingwer) und Gewürzen aus der indonesischen Küche. Auch Naturreis schmeckt mit dieser Gemüsemischung köstlich. Besonders im Winter zu empfehlen, wenn frisches Gemüse rar ist.

Sanoghurt: Ein Spezialjoghurt aus dem Reformhaus. Es hat einen sehr hohen Anteil an rechtsdrehender Milchsäure, die vom Körper besonders gut aufgenommen wird.

Sesamsamen: Die kleinen weißlichen Samenkörner verwende ich für Konfekt und zum Bestreuen von Brot und Gebäck. Rösten Sie die Samen in einer trockenen Pfanne goldgelb, dann entfalten sie erst ihr nußartiges Aroma.

Sojabohnen: Die kleinen grünen Bohnenkerne lassen sich leicht keimen. Dann schmecken sie knackigfrisch, fast wie junge Erbsen. Zu allen Rohkostsalaten verwenden!

Sojamehl: Enthält viel Pflanzeneiweiß, Lezithin, Vitamine und Mineralsalze. Suppen und Saucen kann man damit binden oder es beim Backen anstelle von Eiern verwenden (1 Eßlöffel Sojamehl in 2 Eßlöffeln Wasser angerührt ersetzt 1 Ei). Fettarmes Sojamehl ist weniger kalorienreich.

Sonnenblumenkerne: Die geschälten Kerne schmecken würziger, wenn man sie in der Pfanne ohne Fett etwas röstet. Ich verwende sie zum Bestreuen von Müsli und Quarkspeisen und zum Brot- und Brötchenbacken.

Vegetabile (pflanzliche) Pasteten: In verschiedenen Geschmacksrichtungen im Reformhaus erhältlich. Sehr vielseitig zu verwenden als Brotaufstrich, zu Pellkartoffeln (auch mit Quark gemischt) und zum Binden von Suppen und Saucen.

Vitam-Steinpilzbrühe: Aus Hefeextrakt, Steinpilzen, Gewürzen und Salz. Suppen, Saucen, Gemüse und Pilze schmecken würziger, wenn man statt Salz Steinpilzbrühe verwendet.

Vollkornbrösel: Statt Semmelbröseln zum Panieren und zum Binden. Die Brösel werden sehr fein und gleichmäßig, wenn das gut getrocknete Vollkornbrot zerkleinert und mit der Getreidemühle gemahlen wird.

Vollkorngrieß: Ist reich an Ballaststoffen und Mineralien. Demeter-Vollkorngrieß mit Schalenteilen ist würziger als gewöhnlicher Grieß.
Zitronen: Möglichst unbehandelt kaufen! Die abgeriebenen Schalen konserviere ich in Honig. Für Zitronenwürzessig je 1 gute Handvoll Zitronenmelisse, Zitronenthymian, Dill und die dünn abgeschälte Schale einer halben Zitrone mit einer Flasche Apfelessig übergießen. 14 Tage ziehen lassen. Sehr gut für Blattsalate und alle Kräutersaucen!

Kräuter am liebsten frisch

»Petersilie, Suppenkraut wächst in meinem Garten . . .« Küchenkräuter haben das meiste Aroma, wenn wir sie frisch aus dem Garten holen und sofort verwenden. Alle Kräuter sind so hübsch, daß man sie auch auf das Blumenbeet pflanzen kann. Durch ihren intensiven Geruch halten sie gleichzeitig die Schädlinge von den anderen Pflanzen fern. Aber auch im Balkonkasten und am Fenster kann man einige von ihnen ziehen. (Ausführliche Hinweise für Anzucht, Pflege und Verwendung in dem GU-Ratgeber »Küchenkräuter selbst gezogen« von Helga Fritzsche.)

Einjährige Kräuter, die jedes Jahr neu ausgesät werden müssen:
Petersilie, Dill, Borretsch (Gurkenkraut), Kerbel, Bohnenkraut (einjähriges), Majoran, Basilikum.
Mehrjährige Kräuter, die alljährlich neu austreiben:
Schnittlauch, Liebstöckel (Maggikraut), Estragon, Zitronenmelisse, Thymian, Zitronenthymian, Bergbohnenkraut, Rosmarin, Oregano, Weinraute, Ysop, Salbei, Bibernelle.

Von Gewürzen und Kräutern

Küchenkräuter und Gewürze verfeinern nicht nur die Speisen, sie regen auch die Verdauung an und haben heilende Wirkungen. Schon in den mittelalterlichen Klostergärten wuchsen viele heilkräftige Gewürzpflanzen. Wie alte Kräuterbücher zeigen, wußte man bereits damals, daß Kümmel und Koriander, Anis und Fenchel schwere Mahlzeiten leichter verdaulich machen, daß Wacholder und Löwenzahnwurzel bei Rheumatismus hilfreich sind und daß Blutreinigungskuren mit Brennessel, Löwenzahn und Birke den Kreislauf im Frühjahr entschlacken. Nach neueren Forschungen sind kräftige Gewürze selbst für Nierenkranke unschädlich, und sogar dem Herzinfarkt kann man durch reichlichen Genuß von frischen Zwiebeln und Paprika vorbeugen.

In meinen Rezepten finden Sie viele Vorschläge, wie man Getreidespeisen, Gemüse und Salate mit Gewürzen und frischen Kräutern delikat würzen kann. Aber variieren Sie auch nach Ihrem eigenen Geschmack, denn es ist sehr reizvoll, das gleiche Gericht mit anderen Würzmitteln zu versuchen – und gerade das Ausprobieren macht am meisten Spaß! Die folgende Auswahl von Gewürzen und Kräutern, die ich in meiner Küche verwende, soll Ihnen einige Anregungen dazu geben.

Gewürze für pikante Gerichte:
Anis, Cayennepfeffer, Curry, Fenchel, Koriander, Kümmel, Muskatblüte, Muskatnuß, Paprika (mild und scharf), Pfeffer.

Gewürze für süße Speisen:
Anis, Fenchel, Ingwer, Kardamom, Koriander, Nelken, Vanille, Zimt.

Spezielle Gewürze und Gewürzmischungen:
Einige empfehlenswerte spezielle Gewürze und Gewürzmischungen der Gewürzmühle Brecht sind in Deutschland und in Österreich nur im Reformhaus erhältlich.
Delifrut: Eine blumig-zarte Gewürzmischung zum Aromatisieren von Süßspeisen, Obstsalaten, Kompott, Plätzchen und Lebkuchen.
Delikata: Würzt feiner als Curry. Für Getreidegerichte, Gemüse, Suppen, Quark, Salatsaucen.
Picata, Nasi-Goreng- und China-Gewürz: Drei pikant-scharfe Gewürzmischungen für die exotische Geschmacksrichtung. Würzen Sie damit

Reis, Suppen, Saucen, Gemüse und Brotaufstriche.
Salat-Gewürz: Diese Kräutermischung ist zu empfehlen für Salatsaucen und Mayonnaisen, wenn keine frischen Kräuter vorhanden sind.
Schabziegerklee: Dieses würzige Kräutlein aus dem Hochgebirge verleiht Käse- und Quarkzubereitungen, Suppen, Saucen und Gemüse ein besonders apartes Aroma. Vielleicht kennen Sie die grünen, konisch geformten Schabziegerkäse aus der Schweiz?
Vanille, gemahlen: Im Reformhaus und manchmal auch in Spezialgeschäften erhältlich.

Einige praktische Würztips

• Getrocknete Kräuter entwickeln mehr Aroma, wenn sie nicht gemahlen, sondern gerebelt, also grob zerkleinert, verwendet werden.
• Grobe Gewürze und Samen (zum Beispiel Anis, Fenchel, Kümmel) sind zum Mitkochen geeignet, alle gemahlenen Gewürze am besten zum Nachwürzen. Gewürzkräuter fügt man den fertigen Speisen erst kurz vor dem Servieren bei.
• Samengewürze (Anis, Fenchel, Kümmel, Pfeffer, Muskatnuß) würzen intensiver, wenn man sie erst kurz vor der Verwendung frisch mahlt (Getreidemühle, Pfeffermühle) oder reibt.
• Frische Kräuter kann man einfrieren, der beste Zeitpunkt ist kurz vor der Blüte, also etwa Anfang Juni. Meine Schnellmethode: Die Kräuter frühmorgens ernten, kurz waschen (falls nötig), mit Küchenkrepp sehr gut trockentupfen. Hakken und – bunt gemischt oder nach Sorten getrennt – in ein Schraubglas füllen. Im Kühlschrank vorkühlen (damit das Glas nicht springt), dann in den Gefrierschrank stellen. Bei Bedarf die gewünschte Portion mit einem sauberen Löffel oder Messer herausstechen.
• Kräuteressig ist die ideale Würze für alle Salate: Ein Schraubglas zur Hälfte mit Petersilie, Zitronenmelisse, Zitronenthymian, Dill, Borretsch, Estragon, Bohnenkraut, Liebstöckel (Maggikraut) und einer Handvoll Himbeeren füllen. Obstessig zugießen. 14 Tage ziehen lassen, gelegentlich schütteln. Danach absieben und zum Würzen verwenden.
• Wildkräuter liefern uns schon im zeitigen Frühjahr das erste vitaminreiche Grün. Wir mischen sie unter Rohkostsalate oder richten sie mit Zitronensaft, kaltgeschlagenem Öl und wenig Kräutersalz an. Im Garten, auf Wiesen und an Wegrändern finden wir die folgenden Kräuter: Brunnenkresse, Brennesseln, Gänseblümchen, Huflattich, Löffelkraut, Löwenzahn, Melde, Sauerampfer, Schafgarbe, Scharbockskraut, Spitzwegerich und Wiesenschaumkraut.

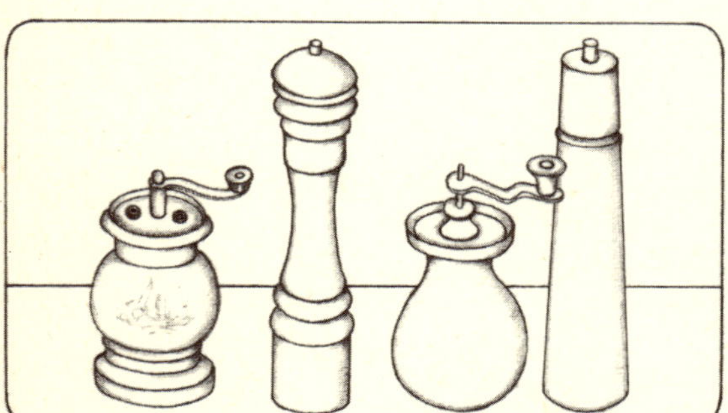

Pfeffer und andere Körner-Gewürze geben ihr Aroma am besten ab, wenn sie frisch gemahlen werden. Für jede Sorte sollte eine eigene Mühle vorhanden sein.

Zuviel Kochsalz ist schädlich

Ein zu großer Kochsalzverbrauch ist – neben anderen Ernährungsfehlern – eine der Hauptursachen für Bluthochdruck. Schon von frühester Kindheit an wird unser Geschmack für Salzhaltiges durch zuviel Salz verdorben: Bereits die Säuglings-Fertignahrung ist unnötigerweise gesalzen, auch andere Nahrungsmittel wie Brot, Wurst und Käse sind meist »versalzen«. Dabei können wir durch das Würzen mit Kräutern und Gewürzen Salz fast entbehren. Empfehlenswerter als reines Kochsalz ist übrigens Kräutersalz (Reformhaus); man salzt und würzt zugleich.

Spezielle Küchengeräte

Für die Vollkornküche brauchen Sie nur einige besondere Küchengeräte:

- Eine Getreidemühle ist für alle Rezepte, die mit gemahlenem oder geschrotetem Getreide zubereitet werden, unentbehrlich.
- Die Moulinette eignet sich gut zum Zerkleinern von ganzen gekochten Getreidekörnern. Sie können zu diesem Zweck aber auch Ihren Fleischwolf verwenden.
- Ein Keimapparat erleichtert das Keimen von Getreidekörnern, Sojabohnen und Kressesamen.
- Ein Dörrapparat zum schonenden Trocknen von Obst und Gemüse ist vor allem den Gartenbesitzern zu empfehlen.
- Weitere Küchengeräte wie ein elektrischer Handmixer, eine Rohkostraspel (handbetrieben oder elektrisch) und eine Küchenwaage sind sicher in jedem Haushalt vorhanden.
- Der chinesische Dampftopf aus Ton ist zwar nicht unbedingt erforderlich, er hat aber gerade auch in der Getreideküche Vorteile zu bieten.

Bezugsquellen für die im folgenden beschriebenen Geräte finden Sie auf Seite 128.

Die Getreidemühlen

Roggen, Weizen, Grünkern, Nackthafer, Nacktgerste, Hirse, Naturreis und Buchweizen mahlen oder schroten alle Getreidemühlen. Mit einigen Modellen kann man außerdem Sojabohnen und Maiskörner verarbeiten, Mohn quetschen und Leinsamen schroten. (Die Prospekte der einzelnen Hersteller geben darüber genauere Auskunft.) Nüsse können mit einer Getreidemühle nicht gemahlen werden. Ganz besonders wichtig ist, daß das Getreide sehr gut getrocknet ist, denn feuchtes Getreide verschmiert das Mahlwerk und macht die Mühle unbrauchbar. Der gewünschte Feinheitsgrad für Mehl oder Schrot kann durch Drehen eines Einstellknopfes oder einer Stellschraube reguliert werden.

Gemahlen wird das Getreide mit

- gegossenen Mahlsteinen (Schnitzer-, Elsässer- und Spessart-Mühle sowie Bösen Getreidemühle System Dr. H. Burggrabe). Diese Mahlsteine mahlen das Getreide vom groben Schrot bis zum feinen Vollkornmehl. Handbearbeitete Mahlsteine aus Naxos-Basalt benützten übrigens schon die Griechen und die Römer.
- einem Kegel-Stahlmahlwerk (System Messerschmidt). Auch damit kann das Getreide je nach Bedarf geschrotet oder zu feinem Vollkornmehl, das sich sehr gut zum Backen eignet, vermahlen werden.
- Stahlmahlscheiben, die das Mahlgut nur zu feinkörnigem Mehl (von grießähnlicher Beschaffenheit) oder zu gröberem Schrot zerkleinern können. Mit einigen dieser Mühlen läßt sich das

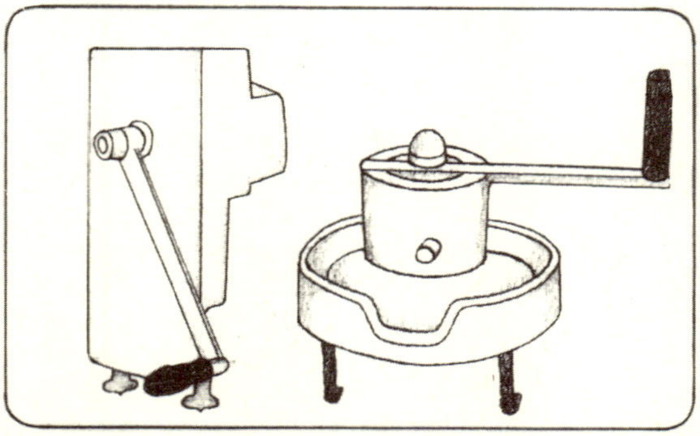

Wenn Sie nur gelegentlich mit Vollkorn kochen oder backen, genügt eine handbetriebene Getreidemühle zum Frischmahlen von Vollkornmehl und -schrot.

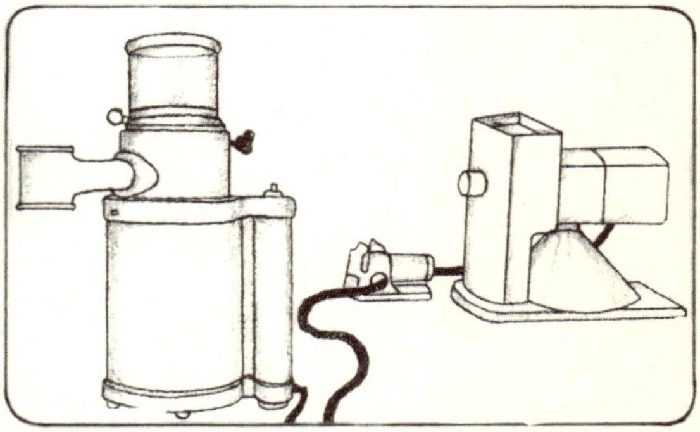

Mit einer leistungsfähigen Elektro-Getreidemühle können Sie größere Mengen Getreide mahlen oder schroten und nach Herzenslust kochen und backen.

Getreide nur schroten, aber nicht mehlfein mahlen.

Die Frage, ob man Getreidemühlen mit Mahlsteinen oder mit Stahlmahlwerk bevorzugen soll, konnte bisher von den Experten nicht eindeutig beantwortet werden. Nach Meinung verschiedener Ernährungswissenschaftler ist das Mahlsystem nicht unbedingt ausschlaggebend. Wichtig ist vielmehr, daß das Getreide erst unmittelbar vor der Zubereitung frisch gemahlen wird.

Haushaltsgetreidemühlen gibt es in verschiedenen Ausführungen:

- Handmühlen (mit Mahlsteinen oder Stahlmahlwerk): Sie werden entweder am Tisch angeschraubt oder mit einer Ansaugvorrichtung auf der Tischplatte befestigt. Pro Minute können – je nach Modell – zwischen 20 und 80 g Getreide geschrotet oder fein gemahlen werden. Schroten läßt sich das Getreide mit einer Handmühle zwar ohne große Mühe. Doch auch mit einer großen Mühle ist es ziemlich anstrengend und zeitraubend, größere Mengen feines Vollkornmehl im »Handbetrieb« zu mahlen. Die harten Getreidekörner sind wesentlich schwerer zu verarbeiten als beispielsweise Nüsse in einer Nuß- oder Mandelmühle.
- Elektrische Mühlen mit eigenem Antrieb. Die meisten Modelle sind mit Mahlsteinen ausgestattet – Mahlleistung zwischen 100 und 200 g feinem Vollkornmehl pro Minute.
- Getreidemühlen als Zusatzgeräte zu den meisten elektrischen Küchenmaschinen. Sie sind erhältlich mit Mahlsteinen (System Schnitzer) – Mahlleistung je nach Modell zwischen 30 und 120 g feinem Vollkornmehl pro Minute, sowie als Mahlwerk-Vorsatz beziehungsweise Mahlwerkeinsatz (System Messerschmidt) – Mahlleistung 50–120 g feines Vollkornmehl pro Minute.

Diese Zusatzgeräte können mit den Küchenmaschinen beziehungsweise den elektrisch betriebenen Fleischwölfen folgender Firmen kombiniert werden: Bosch, Bauknecht, Jupiter, Stiebel, Zyliss, Braun, Moulinex, Starmix, Kenwood, Kitchen-Aid und electro-as.

Überlegen Sie vor dem Kauf gut, wofür Sie die Mühle benützen wollen.

Mit einer Handmühle kommen Sie noch zurecht, wenn Sie täglich Müsli essen und gelegentlich mit Vollkorn kochen und backen wollen. Eine elektrische Mühle ist unerläßlich, wenn Sie häufig Kuchen und Vollkornbrot backen möchten. Getreidemühlen als Ergänzung zu schon vorhandenen elektrischen Küchenmaschinen sind eine sehr praktische und preisgünstige Möglichkeit in allen Fällen, wo die Anschaffung einer teuren elektrischen Mühle mit eigenem Antriebsmotor nicht lohnend erscheint.

Berücksichtigen Sie bei Ihrer Kaufentscheidung auch die unterschiedlich hohe Mahlleistung der einzelnen Modelle. Wenn Sie eine größere Familie zu versorgen haben und häufig Kuchen und Vollkornbrot backen möchten, sollten Sie eine Mühle mit höherer Mahlleistung wählen.

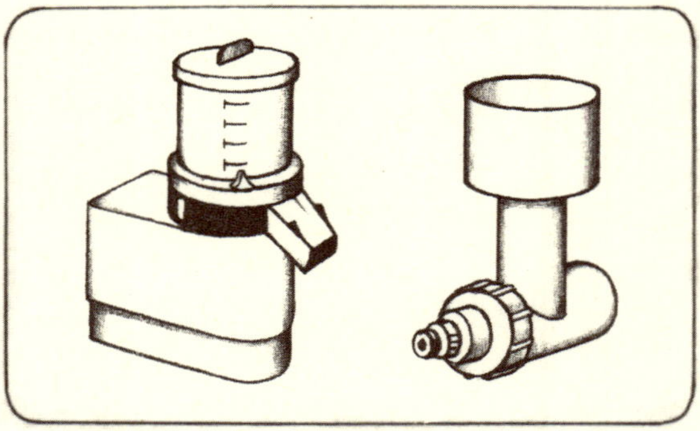

Information über Getreidemühlen und Mahlwerkvorsätze für Küchenmaschinen erhalten Sie von Herstellern und Lieferanten (Adressen auf Seite 128).

Lassen Sie sich vor dem Mühlenkauf außer einem ausführlichen Prospekt auch eine Mahlprobe zusenden, aus der Sie sehen können, wie fein ihre »zukünftige« Mühle bei feinster Einstellung mahlt. Kuchen und Plätzchen, Strudelteig und Nudeln gelingen umso besser, je feiner und gleichmäßiger das Vollkornmehl gemahlen wird.

Getreidemühlen sind in einigen Reformhäusern und Elektrofachgeschäften erhältlich. Weitere Bezugsquellen siehe Seite 128; die hier genannten Getreidemühlen-Hersteller und -lieferanten senden Ihnen Informationsmaterial.

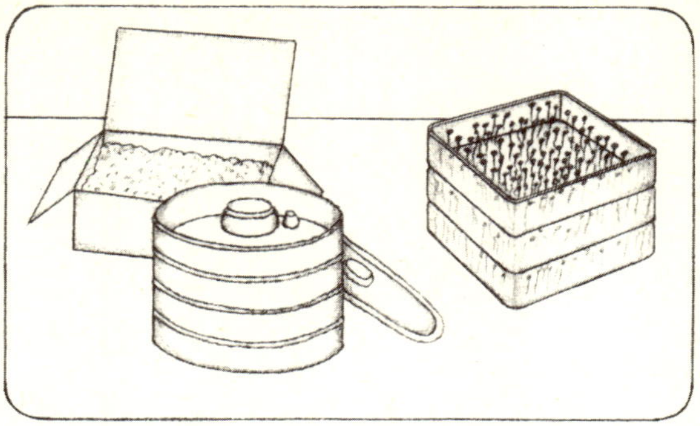

Ein Keimgerät ist ein praktischer Küchenhelfer – und ein idealer »Vitaminspender«.

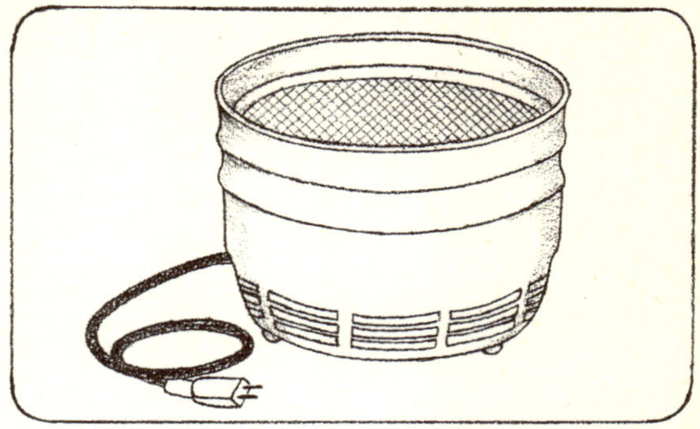

Größere Mengen an wertvollem Obst und Gemüse werden mit dem Dörrapparat zu köstlichem Vorrat.

Die Moulinette

Die »Moulinette«, das Universal-Zerkleinerungsgerät, ist wahrscheinlich den meisten Hausfrauen bekannt. Gekochte ganze Getreidekörner kann man damit ebenso zerkleinern wie Küchenkräuter, Nüsse, Käse und kleine Mengen Gemüse für Rohkostsalate.

Der Keimapparat

Der »Biosnacky«-Keimapparat ist sozusagen ein kleiner Hausgarten, der uns das ganze Jahr über mit vitaminreichem frisch gekeimtem Getreide (Weizen, Roggen, Nackthafer, Nacktgerste oder Buchweizen), frischer Kresse und Sojakeimlingen versorgt (Bezugsquelle siehe Seite 128).

Das Keimgerät von Quelle funktioniert im Prinzip genauso, hat nur eine andere Form. Diese »Hausgärtnerei« macht wenig Mühe: In jeder der 3 Saatschalen verteilt man 1 Portion (etwa 2 Eßlöffel) keimfähigen Samen. Alle 3 Saatschalen werden übereinandergestellt und auf die Wasserauffangschale aufgesetzt. In die oberste Schale gießt man ½ l handwarmes Wasser und deckt alles mit dem dazugehörigen Deckel zu. Das Wasser fließt langsam durch die 3 Saatschalen, benetzt dabei die Samen, und sammelt sich in der Wasserauffangschale. Sojabohnen- und Getreidekeimlinge können wir bei Zimmertemperatur nach 1–3 Tagen und die Kresse nach etwa 7 Tagen »ernten«.

Die Keimlinge werden mit der Samenhülle und den winzigen Wurzelfasern verwendet. Zu groß sollten die Getreidekeime nicht werden, sonst verlieren sie ihren feinen nußartigen Geschmack. Keimfähige Sojabohnen und Kressesamen gibt es in den Reformhäusern. Getreide brauchen wir nicht in teuren Kleinpackungen zu kaufen. Das Vollgetreide aus unserer Küche ist zum Keimen ebensogut geeignet.

Der Dörrapparat

Ein Dörrapparat ist allen zu empfehlen, die Obst und Gemüse billig kaufen können oder im eigenen Garten ernten. Äpfel, Birnen, Zwetschgen, ja sogar Kirschen, kann man damit genauso schonend und einfach trocknen wie Gemüse, Pilze und Küchenkräuter. Dabei ist das Trocknen kinderleicht: Das vorbereitete Dörrgut wird auf den runden Drahtsieben verteilt. Man stapelt sie übereinander auf dem mit einer Heizspirale versehenen Untergestell. Der Strom wird eingeschaltet und je nach Obstart sind innerhalb von 6–20 Stunden die herrlichsten Dörrfrüchte fertig oder natürlich auch andere wertvolle Dörrvorräte. (Bezugsquelle siehe Seite 128.)

Der richtige Kochtopf für die Vollwertküche

Die schonende, werterhaltende Zubereitung der verwendeten Lebensmittel hängt weitgehend von der Wahl des richtigen Kochtopfs ab. Zum gesunden, natürlichen Kochen von Gemüse und Getreide eignen sich moderne Edelstahltöpfe mit einem starken Mehrschichtboden besonders gut: die Wärme wird dadurch gleichmäßig auf den Topfinhalt verteilt und der dicht schließende Deckel verhindert, daß Wasserdampf entweicht. Gemüse und Kartoffeln können also im eigenen Saft, fast ohne Wasserzugabe, bei niedriger Temperatur äußerst schonend gegart werden. So bleiben die wertvollen Vitalstoffe und der feine Eigengeschmack weitgehend erhalten. Deshalb ist auch weniger Kochsalz notwendig, was natürlich viel gesünder ist. Untersuchungen des Instituts für Ernährungsforschung in Rüschlikon-Zürich haben übrigens ergeben, daß das wasserarme Garen allen anderen Kochmethoden – auch dem Kochen im Schnellkochtopf – überlegen ist, weil dabei die Verluste an Vitaminen am geringsten sind. Das zeigt auch die folgende Tabelle (nach Prof. Dr. J. C. Somogyi und Dr. P. M. Kopp, Institut für Ernährungsforschung, Rüschlikon-Zürich):

	Vitaminverluste beim Kochen					
	in kochendem Wasser		im Schnell-kochtopf		*beim wasserarmen Garen*	
	Vit. B_1	Vit. C	Vit. B_1	Vit. C	Vit. B_1	Vit. C
Spinat	59%	66%	33%	35%	18%	18%
Blumenkohl	46%	35%	26%	23%	19%	7%
Rosenkohl	30%	34%	18%	22%	13%	15%

Der chinesische Dampftopf

Kochen Sie gelegentlich auf chinesische Art? Dann wissen Sie sicher, daß das Dämpfen der Speisen in der chinesischen Küche eine besondere Rolle spielt. Man wendet dort diese Methode des »feuchten« oder »direkten« Dämpfens häufig an, um Gemüse, Fleisch, Fisch, aber auch Klößchen und Pasteten schonend zu garen.

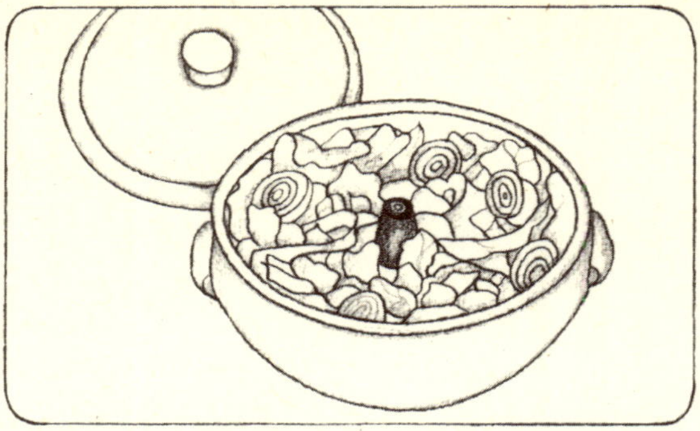

Dämpfen ist besser als kochen, denn die Wertstoffe werden geschont. Der chinesische Dampftopf läßt sich vielfach einsetzen und sieht auch hübsch aus.

Der chinesische Dampftopf (Bezugsquelle Seite 128) ist eine schön geformte bauchige Schüssel aus dickem Ton mit Deckel. Man setzt ihn in einen mit kochendem Wasser gefüllten größeren Topf. Durch einen Mittelkamin steigt der Dampf hoch und zirkuliert im Innern des Topfes um die Speisen. Gerade Getreide und Reis, die nicht in sprudelndem Wasser kochen, sondern nur leise ziehen sollen, werden dadurch teils im Wasserbad, teils durch direkten Dampfkontakt, schonend gegart.

Auch als Auflaufform im Backofen kann man ihn sehr gut verwenden. Durch den Mittelkamin wird die Teigmasse schnell und gleichmäßig erwärmt. Sie geht daher besonders schön auf und bäckt gut durch. Beinahe alle im Kochbuch beschriebenen Gerichte können im Dampftopf zubereitet werden. Die Zubereitungszeit ist etwa gleich lang wie bei der herkömmlichen Methode.

Schmackhaft kochen mit Getreide

Für die Zubereitung von Getreidegerichten gibt es verschiedene Möglichkeiten:

- Die Getreidekörner werden ganz, also unzerkleinert, gekocht,
- das Getreide wird gemahlen oder geschrotet,
- die Getreidekörner werden angekeimt.

Das Kochen von ganzen Getreidekörnern

Damit die harten Körner besser aufgeschlossen werden, sollten sie 6–10 Stunden, also am besten über Nacht, in kaltem Wasser quellen. Dadurch wird die Umwandlung der im Getreide enthaltenen Stärke in Zucker eingeleitet und das Korn selbst wird leichter verdaulich. Durch das Einweichen verkürzt sich auch die Kochzeit. Am nächsten Tag wird das Getreide mit dem Einweichwasser zum Kochen aufgesetzt. Bei schwacher Hitze soll es nur leise wallen, damit die Körner nach und nach aufquellen und sich aufschließen können. (Gelegentliches Umrühren schadet nichts.) Anschließend läßt man es auf der ausgeschalteten Kochplatte oder in einer Kochkiste oder einem Thermosgefäß nachquellen. (Eine Kochkiste kann man leicht selbst basteln, indem man eine Holzkiste oder einen stabilen Karton mit Isoliermaterial auskleidet.) Man verwendet dann entweder die ganzen Körner oder dreht sie durch den Wolf oder zerkleinert sie in kleinen Portionen in einer Küchenmaschine.

Das Mahlen oder Schroten des Getreides

Mit der Getreidemühle, und zwar unmittelbar vor der Verwendung, wird das Getreide gemahlen oder geschrotet. Ich habe dafür in meinen Rezepten die folgenden Feinheitsgrade angegeben: • mehlfein mahlen (stellen Sie dazu Ihre Mühle so fein wie möglich ein), • fein schroten, • mittelgrob schroten, • grob schroten.

Bei allen Mühlen kann durch Drehen einer Rändelschraube oder eines Einstellknopfes der Feinheitsgrad beliebig gewählt werden. Leider fehlen meist die entsprechenden Markierungen von »fein« bis »grob«. Probieren Sie also bitte bei Ihrer Mühle die richtige Einstellung aus und markieren Sie dies mit wasserfestem Filzstift auf der Mühle.

Das Kochen von Vollkornmehl und -schrot

Vollkornmehl oder -schrot setzt man entweder mit kaltem Wasser an und läßt es unter Rühren aufkochen, oder man rührt es mit dem Schneebesen in die kochende Flüssigkeit. Im Gegensatz zum Auszugsmehl klumpt Vollkornmehl nicht, wenn es in die kochende Flüssigkeit gerührt wird. Die Kochzeit ist sehr kurz. Meistens genügt es schon, wenn man das Getreide einmal aufkochen und auf der ausgeschalteten Kochplatte ausquellen läßt.

Das Keimen des Getreides

Im »Biosnacky«-Keimapparat (siehe auch Seite 29) lassen sich die Körner am einfachsten keimen. Aber auch ohne dieses Gerät kann man Getreide oder Sojabohnen keimen: 2–4 Eßlöffel Getreide in einen Suppenteller geben und so viel frisches Wasser zugießen, daß die Körner feucht liegen. Das Wasser morgens, mittags und abends erneuern. Nach etwa 1½ Tagen werden die Keimlinge als kleine weiße Punkte sichtbar.

Bild rechts: Die Getreidearten der Vollkornküche. ▷
Zum Bild auf Seite 34: Ein Frischkornmüsli erhält uns fit und leistungsfähig. Rezept Seite 35.

Dann sind die Körner weich und sollten möglichst bald verbraucht werden. Will man sie bis zum nächsten Tag aufheben, gießt man das Wasser ab und bewahrt sie zugedeckt im Kühlschrank auf. Bei hoher Zimmertemperatur und viel Licht keimen die Körner schneller. Vermeiden Sie aber direkte Sonnenbestrahlung. Lassen Sie die Keimlinge nicht zu lang werden, sie schmecken dann nicht mehr so gut. Da die verschiedenen Getreidesorten unterschiedlich lange Zeit zum Keimen brauchen, empfiehlt es sich, die einzelnen Sorten getrennt zu keimen.

Frisch gekeimte Getreidekörner, Sojabohnen und Kresse sind zu jeder Jahreszeit, besonders aber im Winter, eine gesunde, vitaminreiche Ergänzung unserer täglichen Kost. Die Getreidekeimlinge können Sie auf vielerlei Arten servieren: Mischen Sie die Körner unter Rohkost- oder Obstsalate, unter süße und pikante Quarkspeisen oder unter Hüttenkäse oder bereiten Sie ein Müsli zu (Rezept Seite 36).

Praktische Hinweise zu den Rezepten

Die meisten Rezepte sind schnell und einfach zuzubereiten. Da Vollkornmehl oder -schrot längere Zeit zum Quellen braucht als Weißmehl, habe ich außer der Zubereitungszeit und der Koch- oder Backzeit noch die erforderliche Quellzeit angegeben. Das Getreide habe ich auf meiner Haushalts-Getreidemühle gemahlen, die eine Mahlleistung von 200 g pro Minute hat. Sollte Ihre Mühle langsamer mahlen, ist es am zweckmäßigsten, die in den Rezepten angegebenen Getreidemengen vor der eigentlichen Zubereitung zu mahlen.

Damit Ihnen die Rezepte von Anfang an gelingen, empfehle ich, außer den sonstigen Zutaten auch die Flüssigkeiten abzuwiegen. Die Haushalts-Meßbecher sind leider oft sehr ungenau. In manchen Fällen, besonders aber beim Backen, kommt es gerade auf die richtige Konsistenz des Teiges an. Stellen Sie deshalb bitte Ihren Meßbecher auf die Waage und prüfen Sie durch Zugießen von Wasser nach, ob die auf dem Meßgefäß markierte Gramm- oder ccm-Einteilung mit der tatsächlichen Wassermenge übereinstimmt (1 l Wasser = 1000 ccm = 1000 g).

Sind bei den Rezepten die Mengen in »Teel.« oder »Eßl.« angegeben, so ist stets ein gestrichener Teelöffel oder Eßlöffel gemeint. Die Mengenangaben für Gemüse und Obst beziehen sich auf die bereits küchenfertig geputzten Zutaten.

Einige Maße und Gewichte:

2 gestrichene Teel. Butter oder Reformmargarine	= 10 g
1 gestrichener Eßl. Butter oder Reformmargarine	= 20 g
1 gestrichener Eßl. Getreidekörner	= 20 g
1 gehäufter Eßl. Getreidekörner	= 25 g
1 gehäufter Eßl. Vollkornmehl	= 25 g
1 gestrichener Eßl. Haselnüsse	= 20 g
1 gehäufter Eßl. Haselnüsse	= 25 g
2 gestrichene Eßl. Reibkäse	= 10 g
1 Tasse Reibkäse	= 40 g

Die Getreidearten der Vollkornküche.

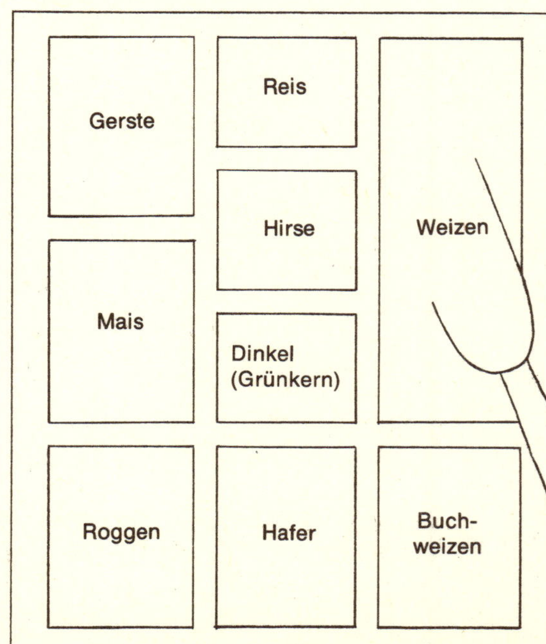

Mit Müsli fängt der Tag gut an

Wer regelmäßig Müsli aus frisch geschrotetem Korn ißt, fühlt sich leistungsfähiger, ist weniger anfällig gegen Erkältungskrankheiten und Infektionen und hat kaum Verdauungsbeschwerden. Die Ballaststoffe des Getreides quellen im Darm sehr stark auf. Sie fördern dadurch die Produktion von Verdauungssäften und regen den Darm zu stärkerer Tätigkeit an. Nach neueren Erkenntnissen der Ernährungswissenschaftler ist sogar anzunehmen, daß besonders die Ballaststoffe des nicht erhitzten Vollkorns die Fähigkeit haben, bestimmte Giftstoffe, die wir täglich mit unserer Nahrung aufnehmen oder die sich im Körper selbst bilden und die unter Umständen bei der Entstehung von Darmkrebs eine Rolle spielen, an sich zu binden und aus dem Körper hinauszubefördern.

Während nach einem »Normalfrühstück« mit Brötchen, Weiß- oder Graubrot und Marmelade der Blutzucker stark ansteigt und später wieder abfällt – es kommt dann zu dem bekannten »Leistungstief« am Vormittag –, ist dies beim Frischkornmüsli nicht der Fall. Nach Untersuchungen der Technischen Universität Berlin bleibt der Blutzucker nach einem Frischkornfrühstück nahezu konstant – wir fühlen uns also den ganzen Vormittag über frisch und leistungsfähig.

Wir brauchen nur wenige Minuten, um unser Müsli zuzubereiten, und es ist durch die verschiedenen Obstbeigaben sicher abwechslungsreicher als ein »normales« Frühstück. Alle Getreidearten – Roggen, Weizen, Nackthafer, Nacktgerste, Hirse und Buchweizen – können verwendet werden.

Wichtig: Das Getreide fürs Müsli darf erst kurz vor der Zubereitung frisch geschrotet werden. Wird das Schrot dann über Nacht eingeweicht, so ist dies kein Widerspruch. Nur trockenes Mehl oder Schrot würde an der Luft oxydieren, das Einweichwasser verhindert diesen Vorgang. Fertig gekaufte Getreideflocken sind durch Hitzeeinwirkung haltbar gemacht worden und daher nicht mehr vollwertig!

• Weizen • Hafer

Leinsamenmüsli

Bringt die Verdauung in Schwung! Der Leinsamen soll erst im Darm aufquellen. Er darf deshalb nicht, wie dies vielfach empfohlen wird, vorher in Wasser eingeweicht werden.

Zutaten für 1 Person:
1 Eßl. Weizen · 1 Eßl. Nackthafer · 2 Eßl. kaltes Wasser · 1 Feige · 3 Dörrzwetschgen · 1/2 Becher Sanoghurt · 1 reifer Apfel · 2 Eßl. Leinsamen, frisch geschrotet oder ganze Körner
Etwa 1500 Joule / 355 Kalorien

- Vorbereitungszeit: 10 Minuten
- Quellzeit: über Nacht
- Zubereitungszeit: 5 Minuten

So wird's gemacht: Das Getreide abends schroten und mit dem Wasser zu einem dicken Brei verrühren. Zugedeckt bis zum nächsten Morgen quellen lassen. Die Feige und die Dörrzwetschgen in Wasser einweichen. • Morgens den Sanoghurt mit dem Getreide verrühren. Die Dörrfrüchte kleinschneiden und beifügen. Den Apfel waschen, möglichst mit der Schale und dem Kernhaus hineinreiben und den Leinsamen untermengen.

• Weizen • Hafer

Frischkornmüsli

Bild gegenüber

Zutaten für 1 Person:
2–3 Eßl. Weizen und Nackthafer, eventuell mit anderen Getreidearten gemischt · 2–3 Eßl. kaltes Wasser · 2–3 Eßl. Milch · 1 reifer Apfel · 1 Eßl. Haselnüsse · frisches Obst
Etwa 2220 Joule / 530 Kalorien

- Vorbereitungszeit: 10 Minuten
- Quellzeit: über Nacht
- Zubereitungszeit: 5 Minuten

So wird's gemacht: Das Getreide abends grob schroten und mit dem Wasser zu einem dicken Brei verrühren. Zugedeckt bis zum nächsten Morgen quellen lassen • Die Milch unterrühren. Den Apfel waschen, möglichst mit der Schale und dem Kernhaus hineinreiben und sofort untermengen. • Die Nüsse grob reiben und darüberstreuen. • Das Obst waschen und eventuell zerkleinern. Es kann gesondert serviert oder gleich unter das Müsli gemischt werden.

Varianten

Der Jahreszeit entsprechend wechseln wir mit dem Obst ab – zum Beispiel Erdbeeren, Himbeeren, Kirschen, Mirabellen, Pflaumen, Pfirsiche, Birnen, Orangen, Bananen, frische Ananas. • Auch Trockenobst kann verwendet werden; es wird abends – getrennt vom Getreide – in Wasser eingeweicht. • Die Haselnüsse ersetzen wir zur Abwechslung durch Walnüsse, Mandeln, Cashewnüsse oder geschälte Sonnenblumenkerne. • Statt Vollmilch kann Sauermilch oder Joghurt beigefügt werden. (Für Magenempfindliche ist die Kombination von Sauermilchprodukten und frischem Obst nicht immer verträglich.)

Mein Tip: Ob man dem Müsli etwas Zitronensaft beifügt, ist Geschmackssache. • Honig ist zum Müsli nicht unbedingt notwendig. Das Getreide schmeckt auch mit reifem, süßem Obst ganz vorzüglich!

• Weizen

Müsli aus gekeimten Weizenkörnern

Zutaten für 1 Person:
2 Eßl. Quark • 5 Eßl. Milch • 1 reifer Apfel • 1 Eßl. Haselnüsse • 2–3 Eßl. gekeimte Weizenkörner (siehe Seite 31)
Etwa 2590 Joule / 615 Kalorien

• Zubereitungszeit: 5 Minuten

So wird's gemacht: Den Quark mit der Milch cremig rühren. Den Apfel, möglichst mit der Schale und dem Kernhaus, und die Nüsse fein reiben und zusammen mit den Weizenkörnern unter die Quarkcreme mischen.

• Hafer

Schlemmermüsli

Zutaten für 1 Person:
2–3 Eßl. Nackthafer • 2–3 Eßl. kaltes Wasser • ½ Banane • 1 kleiner Apfel • 2 Eßl. Sahne • 1 Pfirsich oder 1 Scheibe frische Ananas • 2–3 Walnüsse
Etwa 2155 Joule / 515 Kalorien

• Vorbereitungszeit: 10 Minuten
• Quellzeit: über Nacht
• Zubereitungszeit: 5 Minuten

So wird's gemacht: Den Hafer grob schroten und mit dem Wasser zu einem dicken Brei verrühren. Zugedeckt bis zum anderen Morgen quellen lassen. • Morgens die Banane zerdrücken, schaumig schlagen und zum Getreide geben. Den Apfel hineinreiben, die Sahne unterrühren. • Den Pfirsich oder die Ananas würfeln, das Müsli damit umlegen. Mit den gehackten Nüssen bestreuen.

Suppen, die jeder gern auslöffelt

Wohlschmeckende Suppen, die jeder mit Appetit auslöffelt, kann man besonders gut mit Getreide zubereiten. Jeden Tag könnte man eine andere Suppe auf den Tisch bringen, so vielfältig sind hier die Möglichkeiten.

Als Vorgericht oder als kleine Zwischenmahlzeit ist eine aromatische Gemüsebouillon mit verschiedenen leichten Einlagen, Kräutern und jungem Gemüse genau das Richtige. Als Hauptgericht empfehle ich Ihnen eine kräftige Getreidesuppe, denn sie sättigt, ohne den Kreislauf zu belasten. Servieren Sie vorher eine große Rohkostplatte und als Nachtisch eine süße Quarkspeise mit frischem Obst.

Gemüsebouillon – Grundrezept

Meine Suppen koche ich nicht mit Fleischbrühe, sondern mit Gemüsebrühwürfeln aus dem Reformhaus und einer Gemüsebouillon, die ich aus Gemüseabfällen selbst zubereite. Das Rezept dafür ist sehr einfach:

Zutaten:
Gemüseabfälle, zum Beispiel Spargelschalen, Erbsenschoten, Kohlrabiblätter und -schalen, Stengel vom Lauch/Porree, Sellerieblätter • 1–2 Liebstöckelblätter/Maggikraut • Petersilie

• Zubereitungszeit: 25 Minuten

So wird's gemacht: Die Gemüseabfälle und die Kräuter waschen und grob zerkleinern. Mit Wasser bedeckt 20 Minuten kochen lassen, dann absieben.

Mein Tip: Diese aromatische Bouillon ist reich an Vitaminen und Mineralien. Ich verwende sie als Trinkbrühe (auf ½ l Flüssigkeit 1 Gemüsebrühwürfel beifügen) und – statt Wasser – für alle Suppen, Saucen sowie zum Kochen von Getreide und Reis.

Bäuerliche Brotsuppe

Aus Resten von trocken gewordenem Schwarzbrot läßt sich eine sehr delikate Suppe zaubern. Leider kommt sie bei uns viel zu wenig auf den Tisch, denn vom selbstgebackenen Brot bleibt nur selten ein Rest übrig.

Zutaten für 4 Personen:
200 g altbackenes Vollkornbrot • 60 g Butter • 2 Eigelb • 1 Teel. Pastetengewürz • 1½ Teel. getrockneter Majoran • 1 Teel. Kräutersalz • ½ Teel. Hefeextrakt • 1½ Gemüsebrühwürfel • ¾ l heißes Wasser • 3 Eßl. Sahne • 3 Eßl. feingehackte Kräuter (Petersilie, Kerbel, Schnittlauch, Liebstöckel/Maggikraut – im Frühjahr auch Wildkräuter)
Pro Person etwa 1345 Joule / 320 Kalorien

• Zubereitungszeit: 25 Minuten

So wird's gemacht: Das Brot in Stücke schneiden und kurz in kaltem Wasser einweichen. Ausdrücken und im Mixer pürieren. • Die Butter zerlassen. Die Butter, die Eigelb, das Pastetengewürz, den Majoran, das Kräutersalz und den Hefeextrakt gründlich mit der Brotmasse verrühren. • Die Brühwürfel im heißen Wasser auflösen. Die Brotmischung gut darin verquirlen. Mit der Sahne verfeinern. • Die frischen Kräuter in die heiße Suppe geben und kurze Zeit darin ziehen lassen, aber nicht mehr kochen.

• Weizen

Vollkornschrotsuppe mit rohem Gemüse

Zutaten für 4 Personen:
1 mittelgroße Zwiebel (etwa 100 g) • 1 Eßl. Sonnenblumenöl • 1 Eßl. Wasser • 50 g Weizen • 1 l Wasser • 2 Gemüsebrühwürfel • 400 g Gemüse, möglichst bunt gemischt, zum Beispiel junge Erbsen, Möhren, Kohlrabi, Sellerieknolle, Lauch/Porree, Rosenkohl • 30 g Butter • 4 Eßl.

Sahne • 2 Eßl. herber Weißwein • 1 Teel. getrockneter Majoran • 1 Teel. Delikata • frisch geriebene Muskatnuß • Kräutersalz • 1 Eßl. gehackte Petersilie
Pro Person etwa 1230 Joule / 295 Kalorien

• Zubereitungszeit: 25 Minuten

So wird's gemacht: Die Zwiebel schälen und fein würfeln • Das Öl mit 1 Eßlöffel Wasser erhitzen und die Zwiebelwürfel 5 Minuten darin dünsten. • Den Weizen mittelfein schroten. • Das Vollkornschrot über die Zwiebeln streuen und unter Umrühren kurz rösten. • 1 l Wasser und die Brühwürfel beifügen. 10 Minuten leise kochen lassen. • Das Gemüse waschen, putzen und fein zerkleinern (die Erbsen ganz lassen). Die Gemüsemischung in die heiße Brühe geben, aber nicht mehr kochen. • Die Butter, die Sahne und den Wein darunterziehen. Mit den Gewürzen und Kräutersalz abrunden. Die Petersilie darüberstreuen.

Varianten
Statt Weizen können auch Grünkern oder Nacktgerste (jeweils mittelfein geschrotet) oder Mais (fein gemahlen) verwendet werden. • Sehr pikant schmeckt die Suppe, wenn die Butter durch 1 Ecke Schmelzkäse (Kräuter- oder Sahnegeschmack) ersetzt wird. • Im Frühjahr kann man statt Gemüse reichlich feingehackte Garten- und Wildkräuter, auch junge Brennesselblätter und Spinat, in die Suppe geben.

• Weizen

Spargelcremesuppe

Schon die verwöhntesten Feinschmecker des Altertums wußten ihn zu schätzen, und der alte Cato lobte den Spargel als »Gaumenschmeichelei«. Selbst Goethe ließ es sich nicht nehmen, Spargel in seinem Garten anzubauen und ihn am frühen Morgen eigenhändig zu stechen. Ja, frisch gestochen und gleich zubereitet entfaltet der Spargel erst sein ganzes zartes Aroma!

Zutaten für 4 Personen:
400 g frischer Spargel • 1 l Wasser • 2 Gemüsebrühwürfel • 40 g Weizen • 2 Eigelb • 5 Eßl. Sahne • 2 Eßl. herber Weißwein • 40 g Butter • einige Tropfen Zitronensaft und Worcestershiresauce • 1 Teel. frischer, feingehackter Zitronenthymian oder Dill • 1 Eßl. feingehackte Petersilie
Pro Person etwa 1175 Joule / 280 Kalorien

• Zubereitungszeit: 1 Stunde

So wird's gemacht: Den Spargel unter fließendem Wasser sauber bürsten. Von den Spitzen ausgehend schälen. Die unteren Enden abschneiden, falls sie holzig sind. • Die Schalen und die Abfallstücke im Wasser 20 Minuten sachte auskochen. • Inzwischen die Spargelstangen in Stücke schneiden und die Spargelköpfe vorerst beiseite legen. • Den Schalensud durch ein Sieb in einen Kochtopf gießen. Die Brühwürfel zugeben und aufkochen. Die Spargelstücke in der kochenden Brühe 10 Minuten garen. • Dann erst die Spargelköpfe beifügen (sie werden schneller weich). Weitere 10 Minuten ziehen lassen. Die weichgekochten Spargelstücke aus der Brühe nehmen. • Den Weizen mehlfein mahlen und mit dem Schneebesen in die Spargelbrühe rühren. 5 Minuten leise kochen lassen. • Die Eigelb mit der Sahne und dem Wein verquirlen und der Suppe beifügen. Die Butter darin schmelzen lassen. Mit Zitronensaft und Worcestershiresauce abschmecken. Ganz zum Schluß die Spargelstücke und die Kräuter in die Suppe geben.

Mein Tip: Wenn Sie Grünspargel bekommen können, sollten Sie diese Sorte bevorzugen. Er hat ein kräftigeres Aroma und enthält außerdem noch wertvolles Vitamin C.

• Gerste

Lauchsuppe

Zutaten für 4 Personen:
300 g Lauch/Porree • 1 mittelgroße Zwiebel • 3 Eßl. Öl • 1 Eßl. Wasser • 1 l Wasser • 2 Gemüsebrühwürfel • 40 g Nacktgerste • 6 Eßl. saure Sahne • 2 Teel. Vitam-Steinpilzbrühe • $^{1}/_{2}$ Teel. Delikata • 1 Teel. getrockneter Majoran • 40 g Butter • 1 Eßl. feingehackte Petersilie • 1 kleine Möhre
Pro Person etwa 1420 Joule / 340 Kalorien

• Zubereitungszeit: 30 Minuten

So wird's gemacht: Den Lauch putzen, waschen und in feine Ringe schneiden. Auch das Lauchgrün mitverwenden. 1 Stückchen zarte weiße Lauchstange zurücklassen. Die Zwiebel schälen und fein würfeln. • Die Lauchringe und die Zwiebelwürfel in dem Öl und 1 Eßlöffel Wasser 3 Minuten dünsten. • $^{3}/_{4}$ l Wasser und die Brühwürfel beifügen. Sachte kochen lassen, bis der Lauch weich ist. • Die Gerste mehlfein mahlen und mit dem restlichen Wasser anrühren. Unter den Lauch mischen und 5 Minuten bei kleiner Hitze ziehen lassen. • Die saure Sahne, die Steinpilzbrühe und die Gewürze hineinrühren. Nicht mehr kochen. • Mit der Butter verfeinern. Die zurückgelassene Lauchstange sehr fein schneiden und mit der Petersilie unter die Suppe mischen. Die Möhre putzen, fein reiben und darüberstreuen.

• Weizen

Straßburger Zwiebelsuppe

Bild Seite 44

Zutaten für 4 Personen:
400 g Zwiebeln • 40 g Butter • 40 g Weizen • 1 l Wasser • 2 Gemüsebrühwürfel • 3 Scheiben Vollkornbrot • 1 Ecke Kräuter- oder Sahneschmelzkäse (62,5 g) • 3 Eßl. saure Sahne • 3 Eßl. herber Weißwein • 2 Teel. getrockneter Majoran • $^{1}/_{2}$ Teel. Delikata • $^{1}/_{2}$ Teel. Hefeextrakt • 1 Prise Kräutersalz • 1 Eßl. feingehackte Petersilie
Pro Person etwa 1160 Joule / 275 Kalorien

• Zubereitungszeit: 40 Minuten

So wird's gemacht: Die Zwiebeln schälen und grob raspeln oder in feine Streifen schneiden. • 30 g Butter in einem Kochtopf erhitzen und die Zwiebeln darin goldgelb rösten. • Den Weizen mittelfein schroten. Das Vollkornschrot über die Zwiebeln streuen und kurz mitrösten. • Das Wasser und die Brühwürfel beifügen. Sachte kochen lassen, bis die Zwiebeln weich sind. • Inzwischen das Brot in kleine Würfel schneiden und in 10 g Butter knusprig rösten. • Den Käse zerkleinern und in der Suppe schmelzen lassen. • Die saure Sahne, den Wein, den Majoran und das Delikata einrühren. Mit dem Hefeextrakt und dem Kräutersalz abschmecken. Die Petersilie darüberstreuen. • Die Brotwürfel getrennt servieren, sie werden bei Tisch aufgestreut.

• Weizen

Schwäbische Kartoffelsuppe

Zutaten für 4 Personen:
50 g Weizen • 1 l Wasser • 500 g Kartoffeln • 100 g Lauch/Porree • 2 Gemüsebrühwürfel • 1 große Zwiebel • 1 große Knoblauchzehe • 40 g Butter • 1 Teel. Curry • 1 Teel. getrockneter Majoran • 1 Prise Piment • 1 Teel. Vitam-Steinpilzbrühe • 1 Möhre • 2 Eßl. herber Weißwein • 6 Eßl. Sahne • 2 Eßl. feingehackte Petersilie und Liebstöckel/Maggikraut
Pro Person 1840 Joule / 440 Kalorien

• Zubereitungszeit: 40 Minuten

So wird's gemacht: Den Weizen fein schroten und mit dem Schneebesen ins Wasser rühren. • Die Kartoffeln waschen, schälen und in kleine Würfel schneiden. Den Lauch waschen, putzen und in dünne Ringe schneiden (auch das Lauchgrün mitverwenden). Die Kartoffelwürfel, den Lauch und die Brühwürfel ins Kochwasser geben. Einmal aufkochen und bei mittlerer Hitze weitergaren. • Die Zwiebel und den Knoblauch schälen und feinhacken. 10 g Butter in einer kleinen Pfanne erhitzen. Zwiebel und Knoblauch darin hellgelb braten. Die Gewürze zum Schluß kurz mitrösten. • Die weichgekochten Kartoffeln mit der Küchenmaschine im Topf verrühren. Die Zwiebelwürfel und die Steinpilzbrühe beifügen. Nicht mehr kochen. • Die Möhre unter fließendem Wasser sauber bürsten, fein reiben und daruntermischen. Die Suppe mit dem Wein, 30 g Butter und der Sahne verfeinern. Mit den Kräutern bestreuen und servieren.

• Grünkern

Grünkerncremesuppe

Zutaten für 4 Personen:
1 l Wasser • 1¼ Gemüsebrühwürfel • 100 g Grünkern • 1 Eigelb • 4 Eßl. saure Sahne • 2 Eßl. herber Weißwein • 40 g Butter • 2 Eßl. gehackte Kräuter (Schnittlauch, Liebstöckel/ Maggikraut, Petersilie, Kerbel, Sauerampfer) • 3–4 Scheiben Vollkornbrot
Pro Person etwa 1190 Joule / 280 Kalorien

• Zubereitungszeit: 30 Minuten

So wird's gemacht: Das Wasser mit den Gemüsebrühwürfeln zum Kochen bringen. • Inzwischen den Grünkern mehlfein mahlen. Mit dem Schneebesen in die Brühe schlagen. Einmal aufkochen. Auf der ausgeschalteten Elektroplatte 20 Minuten ausquellen lassen. Dabei gelegentlich umrühren. • Das Eigelb, die saure Sahne und den Weißwein verquirlen. In die Suppe rühren. Mit 30 g Butter verfeinern und die Kräuter darüberstreuen. • Das Brot in kleine Würfel schneiden und in der restlichen heißen Butter knusprig rösten. Die Brotwürfel über die Suppe streuen oder getrennt dazu servieren.

Gemüsebouillon mit Goldwürfelchen

Zutaten für 4 Personen:
100 g Vollkornbrot • 1 Ei • 1 Prise Kräutersalz • frisch geriebene Muskatnuß • 10 g Butter • 1 Eßl. feingehackte Petersilie • ¾ l heiße Gemüsebouillon (Rezept Seite 37)
Pro Person etwa 395 Joule / 100 Kalorien

• Zubereitungszeit: 20 Minuten

So wird's gemacht: Das Brot in ½ cm dicke Würfel schneiden. Das Ei mit dem Salz und Muskatnuß verquirlen. Mit den Brotwürfeln in einer kleinen Schüssel mischen. 10 Minuten durchziehen lassen. • Die Butter in einer Pfanne erhitzen. Die Brotwürfel unter ständigem Wenden darin bakken lassen, bis sie rundherum schön goldbraun sind. • Mit der Petersilie in die Bouillon geben und sofort servieren.

• Weizen

Gemüsebouillon mit Käsekugeln

Zutaten für 4 Personen:
30 g weiche Butter • 30 g Reformmargarine • 1 Eßl. Gemüsebouillon • 1 Ei • 1 Eigelb • 1 Teel. Kräutersalz • ½ Teel. Pastetengewürz • frisch geriebene Muskatnuß • 30 g Haselnüsse • 30 g alter Gouda oder Appenzeller Käse • 100 g Weizen • 1 l Gemüsebouillon (Rezept Seite 37) • 2 Eßl. feingehackte Petersilie
Pro Person etwa 1120 Joule / 265 Kalorien

• Zubereitungszeit: 1 Stunde
• Ruhezeit: 30 Minuten

So wird's gemacht: Die Butter und die Margarine schaumig rühren. 1 Eßlöffel Gemüsebouillon, das Ei, das Eigelb, das Kräutersalz und die Gewürze damit verquirlen. • Die Nüsse und den

Käse fein reiben. Den Weizen mehlfein mahlen. • Nüsse, Käse und Weizen gründlich mit der Eimasse verrühren. Den weichen Teig im Kühlschrank 30 Minuten ruhen lassen. • Die Gemüsebouillon zum Kochen bringen. Aus dem Teig mit feuchten Händen Kugeln rollen oder mit einem Teelöffel Klößchen abstechen und 15 Minuten in der siedenden Brühe garen lassen. • Mit Petersilie bestreut servieren.

• Hafer

Gemüsebouillon mit Haferklößchen

Unsere Freunde behaupten, daß die zarten Haferklößchen im Geschmack von echten Markklößchen kaum zu unterscheiden sind. Es kommt nur auf die richtige Würzung an!

Zutaten für 4 Personen:
60 g weiche Butter • 2 Eigelb • 3 Eßl. Gemüsebouillon oder Wasser • ½ Teel. Hefeextrakt • 1 Teel. getrockneter Majoran • ¼ Teel. getrockneter Schabziegerklee • reichlich frisch geriebene Muskatnuß • knapp 1 Teel. Kräutersalz • 130 g Nackthafer • 1 Eiweiß • 1¼ l Gemüsebouillon (Rezept Seite 37) • 2 Eßl. feingehackte Petersilie
Pro Person etwa 1150 Joule / 275 Kalorien

• Zubereitungszeit: 15 Minuten
• Quellzeit: 30 Minuten
• Garzeit: 20 Minuten

So wird's gemacht: Die Butter mit dem Eigelb und 1 Eßlöffel Gemüsebouillon oder Wasser schaumig rühren. Mit dem Hefeextrakt, den Gewürzen und dem Salz pikant abschmecken. • Den Hafer mehlfein mahlen. Das Hafermehl in einer trockenen Pfanne einige Minuten unter Umrühren rösten, bis es würzig duftet. • Mit der Buttermischung verrühren. 30 Minuten quellen lassen (nicht in den Kühlschrank stellen, sonst wird die Masse zu fest). • Das Eiweiß steif schlagen und unterheben. Mit einem nassen Teelöffel kleine Klößchen abstechen und in der siedenden Gemüsebouillon 20 Minuten ziehen lassen. • Die Suppe mit Petersilie bestreuen und gleich servieren.

• Weizen

Sommerliche Milchsuppe

An warmen Sommertagen ist die gut gekühlte Milchsuppe mit viel Obst eine herrliche Erfrischung. Sie sättigt, ohne den Kreislauf zu belasten. Erdbeeren, Himbeeren, Johannisbeeren, Stachelbeeren, Kirschen, Pfirsiche oder Heidelbeeren schmecken besonders gut in der Suppe. Man kann die genannten Fruchtsorten auch mischen!

Zutaten für 4 Personen:
100 g Weizen • ½ l Wasser • 3 Eßl. Honig • abgeriebene Schale von 1 Zitrone (unbehandelt) • ½ l Milch • 400 g frisches Obst • 100 g Sahne
Pro Person etwa 1095 Joule / 260 Kalorien

• Zubereitungszeit: 25 Minuten

So wird's gemacht: Den Weizen mehlfein mahlen. Das Vollkornmehl in einem trockenen Topf unter Umrühren leicht rösten, bis es würzig duftet (es soll aber keine Farbe annehmen). Abkühlen lassen. • Das Wasser mit dem Mehl verrühren und 1–2 Minuten kochen, dann auf der ausgeschalteten Herdplatte 10 Minuten quellen lassen. • Den Honig und die Zitronenschale unter die abgekühlte Masse rühren. Die kalte Milch mit dem Schneebesen darunterschlagen. • Die Früchte waschen und in kleine Stücke schneiden oder pürieren (Johannisbeeren und Heidelbeeren ganz lassen), unter die Suppe mischen und kalt stellen. • Die Sahne steif schlagen. Die Suppe in Portionsschalen verteilen und mit der Sahne garnieren.

Pikantes aus Getreide

Das Kochen mit Vollkorn ist sozusagen ein »Thema mit Variationen«, denn viele – heute teilweise kaum noch bekannte – Getreidearten machen den täglichen Küchenzettel bunt und abwechslungsreich. Die Vollkornküche ist gerade für berufstätige Hausfrauen und alle, die wenig Zeit zum Kochen haben, ideal. Viele Rezepte können schon mehrere Stunden vorher so weit vorbereitet werden, daß mittags oder abends im Handumdrehen eine vollwertige Mahlzeit auf dem Tisch steht, die nur noch durch eine große Schüssel Frischkost ergänzt zu werden braucht.

Rund um den Reistopf

In meiner Küche verwende ich selbstverständlich nur Naturreis. Er bleibt beim Kochen körnig und schmeckt würziger als der weiße Reis. Naturreis hat eine längere Garzeit als polierter Reis. Sie läßt sich auf etwa 20 Minuten verkürzen, wenn man ihn – wie die anderen Getreidearten – über Nacht in kaltem Wasser quellen läßt. Oder Sie kochen den Reis mit dem Wasser morgens einmal auf und lassen ihn auf der ausgeschalteten Platte bis mittags stehen. Danach noch etwa 10 Minuten bei milder Hitze ziehen lassen. Für Suppen und Saucen kann der Reis auch geschrotet oder gemahlen verwendet werden.

Beim Naturreis unterscheidet man 3 Typen:

- Langkornreis kocht locker, trocken, körnig.
- Mittelkornreis ist kleiner, auch er bleibt beim Kochen körnig. Beide Sorten eignen sich gut für pikante Reisgerichte.
- Rundkornreis wird beim Kochen weicher und klebriger. Man verwendet ihn hauptsächlich für süße Reisspeisen.

Wichtig: Für das gute Gelingen eines Reisgerichtes ist die richtige Wassermenge wichtig:
1 Tasse Langkornreis (150 g) • 2 Tassen Wasser (280 g)
oder 1 Tasse Mittelkornreis / Rundkornreis • 1½ Tassen Wasser (250 g)

• Reis

Naturreis, pikant gekocht

Zutaten für 3 Personen:
300 g Langkorn-Naturreis • 560 g Wasser (oder 300 g Mittelkornreis • 500 g Wasser) • 1 Gemüsebrühwürfel • 1 Lorbeerblatt
Pro Person etwa 1495 Joule / 355 Kalorien

- Garzeit: 30–40 Minuten; bei 2 Stunden lang gequollenem Reis 10–15 Minuten weniger
- Quellzeit (eventuell): 1–2 Stunden

So wird's gemacht: Den Reis kurz unter kaltem Wasser abspülen. In einen Topf schütten, die erforderliche Wassermenge zugeben. Eventuell 1–2 Stunden quellen lassen. • Den Brühwürfel und das Lorbeerblatt beifügen. Den Reis aufkochen. Bei schwacher Hitze 30–40 Minuten im geschlossenen Topf garen, bis der Reis weich, aber noch körnig ist. Das Lorbeerblatt nach 5 Minuten Kochzeit herausnehmen.

Das paßt dazu: Rohkostsalat und chinesische Apfel-Curry-Sauce (Rezept Seite 82) oder Rahmpaprika (Rezept Seite 86).

Variante – Butterreis
30 g Butter unter den fertigen Reis ziehen.

Varianten
Mit Curry oder edelsüßem Paprikapulver und Picata oder mit frischen Kräutern würzen. • Mit Reibkäse bestreuen. • Mit jungen rohen Erbsen oder gedünstetem Gemüse oder Pilzen mischen. • 3 verquirlte Eier und Reibkäse unterrühren. In der Pfanne backen, bis die Eier gestockt sind.

• Reis

Risotto

Für dieses italienische Rezept eignet sich Mittelkornreis am besten. Im Reformhaus ist die Sorte als »Demeter-Naturreis« erhältlich.

Zum Bild auf Seite 43: Zu den Hirsepfannkuchen paßt Wirsinggemüse. Rezepte Seite 49 und 85.
◁ Bild links: Straßburger Zwiebelsuppe, eine Spezialität aus dem Elsaß. Rezept Seite 39.

Zutaten für 3 Personen:
½ l Gemüsebouillon (Rezept Seite 37) · 1 Gemüsebrühwürfel · 1 Zwiebel · 2 Eßl. Sonnenblumenöl · 300 g Mittelkornreis · 1 Teel. Curry · 1 Prise Picata · 1 Eßl. gehackte Petersilie
Pro Person etwa 1930 Joule / 460 Kalorien

- Zubereitungszeit: 10 Minuten
- Garzeit: 40 Minuten

So wird's gemacht: Die Gemüsebouillon mit dem Brühwürfel erhitzen. • Die Zwiebel schälen und fein würfeln. Die Zwiebelwürfel im Öl goldgelb schmoren. • Den Reis dazugeben und glasig rösten. Den Curry zum Schluß kurz mitrösten. • Die heiße Gemüsebouillon über den Reis gießen und umrühren. Zugedeckt bei kleiner Hitze etwa 40 Minuten garen. • Mit dem Picata abschmecken und die Petersilie darüberstreuen.

Das paßt dazu: grüner Salat und Tomaten-Kräuter-Sauce (Rezept Seite 78).

Mein Tip: Pikante Reisgerichte schmecken besonders würzig, wenn sie mit Gemüsebouillon (Rezept Seite 37) statt mit Wasser zubereitet werden.

- Reis

Naturreis auf indonesische Art

Zutaten für 3 Personen:
2 Eßl. Boemboe Nasi Goreng · 2 Eßl. Sajoeran Kering · ½ Tasse heißes Wasser · 250 g Zwiebeln · 1 große Knoblauchzehe · 2 Eßl. Sonnenblumenöl · 75 g Haselnüsse · 2 Teel. Curry · heißer Butterreis aus 300 g Naturreis, nach dem nebenstehenden Rezept gekocht · 5 Eßl. Reiskochbrühe · Kräutersalz · Picata nach Geschmack · 2 Eier · 5 g Butter · Petersilie
Pro Person etwa 2070 Joule / 495 Kalorien

- Zubereitungszeit: 40 Minuten

So wird's gemacht: Das Boemboe Nasi Goreng und das Sajoeran Kering mischen und im heißen Wasser 30 Minuten quellen lassen. • Inzwischen die Zwiebeln schälen, vierteln und in feine Streifen schneiden. Den Knoblauch schälen und zerdrücken. • Das Öl in einer großen Pfanne erhitzen. Zwiebeln und Knoblauch darin goldgelb braten. • Die Nüsse grob reiben und mit dem Curry unter die Zwiebeln mischen. Alles unter Rühren 2–3 Minuten rösten. • Die gequollene indonesische Gemüsemischung dazugeben. Unter Umrühren braten lassen, bis die Flüssigkeit verdampft ist. • Den heißen Reis und etwa 5 Eßlöffel von der Reiskochbrühe mit den Zwiebeln vermischen. Das Gericht soll nicht zu trocken sein, weil es ohne Sauce gegessen wird. Mit ½ Teelöffel Kräutersalz und Picata abschmecken. • Die Eier mit 1 Prise Kräutersalz verquirlen. In der heißen Butter 2 dünne Omeletten backen und in 1½ cm breite Streifen schneiden. • Den Reis auf einer vorgewärmten Platte bergartig aufhäufen und mit einem Gitter aus Omelettstreifen belegen. Petersilie fein hacken und darüberstreuen.

Das paßt dazu: roher Rosenkohlsalat, mit gehackten Nüssen bestreut, oder roher Fenchelsalat (siehe Seite 84) oder Schwarzwurzeln.

- Getreide nach Wahl

Das Kochen von ganzem Getreide – Grundrezept

Roggen, Weizen, Grünkern, Nacktgerste und Nackthafer werden nach diesem Grundrezept gegart.

Zutaten für 3 Personen:
350 g Getreidekörner · 600 g Wasser
Gewürze für pikante Speisen: 1 Lorbeerblatt · ½ Teel. gemahlener Koriander · ½ Teel. getrocknetes Basilikum · ½ Teel. getrockneter

Thymian • 1 Gemüsebrühwürfel
Gewürze für süße Speisen: ½ Teel. gemahlener Koriander • je ¼ Teel. gemahlener Anis und Fenchel • 1 Prise Zimt oder Delifrut
Pro Person etwa 1490 Joule / 355 Kalorien

- Quellzeit: 6–10 Stunden
- Zubereitungszeit: 5 Minuten
- Garzeit: 30–60 Minuten

So wird's gemacht: Das Getreide in einen Topf schütten und das Wasser zugießen. Über Nacht quellen lassen. • Am nächsten Tag die Körner mit dem Einweichwasser aufkochen. Die entsprechenden Gewürze (bei pikanten Gerichten auch den Brühwürfel) beifügen. 30–60 Minuten leise kochen, bis die Körner weich sind. • Auf der ausgeschalteten Platte 10 Minuten nachquellen lassen. • Das überschüssige Kochwasser abgießen und für eine Sauce oder Suppe verwenden. Bei pikanten Speisen das Lorbeerblatt herausnehmen.

Mein Tip: Die Garzeit der einzelnen Getreidearten ist unterschiedlich, deshalb jede Sorte für sich kochen!

• Weizen

Serbische Weizenpizza

Die Anregung für dieses Rezept stammt aus Serbien, wo bei der Landbevölkerung auch heute noch häufig Gerichte aus dem vollen Getreidekorn auf den Tisch kommen. Die Weizenpizza schmeckt am besten, wenn man einen herzhaften Käse – oder verschiedene Sorten bunt gemischt – verwendet.

Zutaten für 4 Personen:
400 g grüne Paprikaschoten • 1 Eßl. Sonnenblumenöl • 2 Eßl. Gemüsebrühe oder Wasser • 1 kleine Zwiebel • 2 Knoblauchzehen • reichlich frische Kräuter (vor allem Majoran, Petersilie, Thymian, Liebstöckel/Maggikraut, Selleriegrün) • 100 g Quark • 2 Eier • ½ Teel. Kräutersalz • 350 g ganze Weizenkörner, nach dem Grundrezept Seite 45 gekocht • 3–4 mittelgroße Tomaten • einige Butterflöckchen • 1 Eßl. geriebener Käse • 2 Teel. feingehackte Petersilie
Pro Person etwa 2485 Joule / 590 Kalorien

- Zubereitungszeit: 25 Minuten
- Backzeit: 30 Minuten

So wird's gemacht: Die Paprikaschoten waschen. Den Stielansatz und das weiße Innere mit den Kernen herauslösen. Die Schoten in 2 cm breite Ringe schneiden. • Das Öl mit der Gemüsebrühe oder dem Wasser erhitzen. Die Paprikaringe 10 Minuten darin dünsten. • Die Zwiebel und den Knoblauch schälen. Mit den Kräutern fein hacken. • Den Quark mit den Eiern und dem Kräutersalz verquirlen. Die Kräuter- und die Quarkmischung unter die garen Weizenkörner mengen. • Den Backofen auf 200° C vorheizen. Die Weizenmasse in eine flache, gefettete Auflaufform füllen. • Die Tomaten waschen und in 2 cm dicke Scheiben schneiden. Die Paprikaringe und die Tomatenscheiben auf der Pizza verteilen. Die Tomaten leicht salzen, mit Butterflöckchen belegen und mit dem Reibkäse bestreuen. • Die Form zudecken, eventuell mit Alufolie. Auf der untersten Leiste in den Backofen schieben. Die Pizza bei 200° C 15 Minuten backen; dann den Deckel abnehmen und weitere 15 Minuten backen, bis der Käse zerlaufen und die Pizzamasse fest ist. • Mit der Petersilie bestreut servieren.

• Getreide nach Wahl

Pikantes Schnellgericht aus ganzen Getreidekörnern

Nach diesem Rezept können Sie Grünkern, Roggen, Weizen und Nacktgerste zubereiten. Das Vorkochen des Getreides geschieht »nebenbei« und die Zubereitung geht dann ganz schnell.

Zutaten für 3 Personen:
50 g Butter • 2 Eßl. feingehackte Kräuter (Petersilie, Liebstöckel/Maggikraut, Schnittlauch, Thymian oder Bohnenkraut) • 350 g Getreidekörner, nach dem Grundrezept Seite 45 gekocht
Zusätzliche Gewürze nach Geschmack (besonders für Roggen, Weizen, Nacktgerste): Delikata oder Curry, edelsüßes Paprikapulver oder Majoran • 150 g würziger Käse zum Reiben, zum Beispiel Appenzeller oder alter Gouda
Pro Person etwa 2285 Joule / 545 Kalorien

• Zubereitungszeit: 10 Minuten

So wird's gemacht: Die Butter und die Kräuter unter die heißen Getreidekörner ziehen. Nach Wunsch mit Delikata oder Curry, Edelsüßpaprika oder Majoran würzen. • Den Käse fein reiben und gesondert servieren.

Das paßt dazu: Rohkost aus Fenchel und Möhren oder roher Rosenkohlsalat, mit gehackten Nüssen bestreut (siehe Seite 84), oder Endiviensalat.

Varianten
Statt Käse kann man eine Champignonsauce (Rezept Seite 81) oder eine würzige Gemüsesauce (Rezept Seite 81) oder gedämpftes Gemüse (siehe Seite 85) oder Pilze dazu servieren oder – als Eintopfgericht – gleich unter die gekochten Körner mischen.

• Getreide nach Wahl

Gemüseauflauf mit ganzen Getreidekörnern

Der Auflauf kann mit Roggen, Weizen, Grünkern oder Nacktgerste zubereitet werden.

Zutaten für 3 Personen:
300 g Lauch/Porree • 2 Eßl. Öl • 5 Eßl. Kochbrühe vom Getreide • ½ Gemüsebrühwürfel • 1½ Teel. Delikata • 1 Teel. edelsüßes Paprikapulver • 1 Prise Picata • 350 g Getreidekörner, nach dem Grundrezept Seite 45 gekocht • 100 g geriebener Käse • 2 Eßl. gehackte Kräuter (Petersilie, Liebstöckel/Maggikraut, Oregano, Thymian, Basilikum, Selleriegrün) • 2 Eier • 4 Eßl. saure Sahne
Pro Person etwa 3020 Joule / 720 Kalorien

• Zubereitungszeit: 20 Minuten
• Garzeit: 20 Minuten
• Backzeit: 55 Minuten

So wird's gemacht: Den Lauch waschen, putzen und in 1 cm breite Ringe schneiden (auch die zarten grünen Teile). • Das Öl und die Getreidebrühe erhitzen und den Lauch darin garen. • Den Brühwürfel, 1 Teelöffel Delikata, das Paprikapulver und das Picata beifügen. Das Getreide, 50 g Käse und die Kräuter unter den Lauch mischen. In eine gefettete feuerfeste Form füllen. • Den restlichen Käse mit ½ Teelöffel Delikata mischen und darüberstreuen. Die Eier und die Sahne verquirlen. Über den Auflauf gießen. Die Form zudecken und auf der untersten Leiste in den Backofen schieben. Den Auflauf bei 200° C 30 Minuten backen. • Dann den Deckel abnehmen. Weitere 25 Minuten bei 200° C backen, bis der Käse goldgelb ist.

Das paßt dazu: Kopfsalat oder Endiviensalat.

Varianten
Den Auflauf mit Tomatenscheiben (leicht salzen und ein Butterflöckchen daraufsetzen) belegen. • Man kann den Lauch/Porree durch Weißkraut, Wirsing oder Möhren/Karotten und Sellerie ersetzen. • Auch einige in Butter gedünstete Pilze können unter den Auflauf gemischt werden.

• Getreide nach Wahl

Käseomelette mit ganzen Getreidekörnern

Für die Omelette können Roggen, Weizen, Grünkern oder Nacktgerste verwendet werden.

Zutaten für 4 Personen:
1 Stange Lauch/Porree • 1 große Zwiebel • 80 g Butter oder Reformmargarine • 2 Eßl. Kochbrühe vom Getreide • 150 g geriebener Käse • 2 Teel. Delikata oder Curry • 1 Prise Picata • 350 g Getreidekörner, nach dem Grundrezept Seite 45 gekocht • 4 Eier • Kräutersalz • 2 Eßl. gehackte Kräuter (Petersilie, Liebstöckel/Maggikraut, Selleriegrün)
Pro Person etwa 2835 Joule / 675 Kalorien

- Zubereitungszeit: 30 Minuten

So wird's gemacht: Den Lauch waschen, halbieren und in feine Streifen schneiden (auch die zarten grünen Teile). Die Zwiebel schälen und fein würfeln. Die Hälfte der Butter oder Margarine mit der Kochbrühe erhitzen. Den Lauch und die Zwiebelwürfel darin dünsten. • Die Lauch-Zwiebel-Mischung, den Käse und die Gewürze unter die Getreidekörner mischen. • Das restliche Fett in einer großen kunststoffbeschichteten Pfanne zerlassen, das Getreide hineingeben. Die Eier mit dem Kräutersalz verquirlen und darübergießen. Zugedeckt braten, bis die Eier gestockt sind. • Die Omelette mit den Kräutern bestreuen und in der Pfanne servieren.

Das paßt dazu: Feldsalat und Tomaten-Kräuter-Sauce (Rezept Seite 78) oder Schwarzwurzeln oder Butterspargel.

- Weizen

Weizen-Nuß-Häufchen

Die Weizen-Nuß-Häufchen sind eine schmackhafte Beilage zu gedünstetem Gemüse. Aber auch kalt, mit Butter oder Quark, essen wir sie sehr gerne.

Zutaten für 4 Personen:
250 g Weizenkörner • 3/8 l Wasser • 1/2 Gemüsebrühwürfel • 1 Teel. gemahlener Koriander • 1/2 Teel. getrocknetes Basilikum • 2 Eier • 1 Eßl. Quark • 50 g Walnußkerne oder Haselnüsse • 1/2 Teel. getrockneter Schabziegerklee • 1/2 Teel. Paprikapulver • 2 Eßl. feingehackte Kräuter (Petersilie, Schnittlauch, Fenchelkraut)
Pro Person etwa 1465 Joule / 350 Kalorien

- Quellzeit: 6–10 Stunden
- Zubereitungszeit: 20 Minuten
- Garzeit: 40–50 Minuten
- Backzeit: 20–25 Minuten

So wird's gemacht: Den Weizen über Nacht in dem kalten Wasser quellen lassen. • Am nächsten Tag aufkochen. Den Brühwürfel, den Koriander und das Basilikum beifügen. Etwa 40 Minuten bei kleiner Hitze kochen, bis die Körner aufbrechen und der weiße Mehlkern sichtbar wird. • Den Weizen durch den Wolf drehen oder mit der Moulinette zerkleinern. • Die Eier mit dem Quark verquirlen, mit dem Weizen verrühren. Die Nüsse grob reiben und dazugeben. Mit den Gewürzen und den Kräutern herzhaft abschmecken. • Mit zwei nassen Eßlöffeln runde Häufchen aufs gefettete Backblech setzen und die Oberfläche glätten. • Damit die Kruste der Nußhäufchen beim Backen nicht zu hart wird, muß im Herd Wasserdampf vorhanden sein. Deshalb die Abzugsöffnung (an der Rückwand des Backofens oder im Griff der Ofentür) mit Alufolie verschließen. Ein flaches Metallgefäß mit heißem Wasser auf den Herdboden stellen. Das Blech auf der mittleren Leiste einschieben. Die Häufchen bei 180° C etwa 20–25 Minuten backen.

Das paßt dazu: eine reichhaltige Rohkostplatte (siehe Seite 84) oder Pilze oder Fenchelgemüse oder Grünkohl.

- Hirse

Würziges Hirsegericht

Zutaten für 4 Personen:
500 g Hirse • 1 l Wasser • 3 Gemüsebrühwürfel • 1 1/2 Teel. Delikata • 1 Teel. Curry • 2 Eßl. gehackte Petersilie und Schnittlauch
Pro Person etwa 2015 Joule / 480 Kalorien

- Zubereitungszeit: 15 Minuten

So wird's gemacht: Die Hirse mit dem Wasser, den Brühwürfeln und den Gewürzen einmal aufkochen. Im gut verschlossenen Topf bei kleinster Wärmezufuhr 15 Minuten ausquellen lassen. (Meistens genügt schon die Restwärme der ausgeschalteten Elektroplatte.) • Die Hirsekörner mit zwei Gabeln auflockern und die Kräuter darüberstreuen.

Das paßt dazu: eine Rohkostplatte (siehe Seite 84) oder gedünstetes Gemüse (siehe Seite 85) oder Pilze oder eine würzige Gemüsesauce (Rezept Seite 81).

Mein Tip: Hirse bleibt beim Kochen körniger, wenn man sie vorher auf dem Backblech im Herd bei 80 ° C 1 Stunde röstet.

- Hirse

Hirsepfannkuchen

Bild Seite 43

Zutaten für 4 Personen:
3 Eier • 1 Prise Kräutersalz • 500 g Hirse, nach dem Rezept nebenstehend gekocht • 50 g Vollkorngrieß • 1 dickes Bündel Schnittlauch • Butter oder Reformmargarine zum Backen • 100 g geriebener Käse • Tomatenschnitze und Petersilie
Pro Person etwa 2980 Joule / 710 Kalorien

- Zubereitungszeit: 30 Minuten

So wird's gemacht: Die Eier mit dem Kräutersalz verquirlen und unter die gekochte Hirse ziehen. Den Grieß beifügen. • Den Schnittlauch kleinschneiden und daruntermischen. • In einer großen Pfanne Butter oder Margarine zerlassen. Ein Viertel der Hirsemasse hineingeben. Zugedeckt bei kleiner Hitze backen, bis der Pfannkuchen fest und auf der Unterseite goldgelb ist. • Wenden und ohne Deckel fertigbacken. • Den Pfannkuchen dick mit Reibkäse bestreuen, mit Tomatenschnitzen und Petersilie garnieren und gleich servieren. Die restliche Masse ebenso backen.

Das paßt dazu: grüner Salat.

Varianten
Die Hirsemasse in eine gebutterte Auflaufform füllen. Dicke Tomatenscheiben darauflegen. Mit Reibkäse bestreuen und Butterflöckchen aufsetzen. Auf der mittleren Leiste in den Backofen schieben. Bei 200° C etwa 20 Minuten backen, bis die Hirsemasse fest ist. • Auch die süße Variante der Hirsepfannkuchen schmeckt sehr lecker. Den Schnittlauch weglassen. 2 Teelöffel Honig und die abgeriebene Schale von 1 Zitrone beifügen. Dazu paßt frisches Obst.

- Gerste • Weizen

Pikanter Gerstenring

Bild Seite 61

Meistens backe ich diesen Auflauf in einer Kranzform. Mit dem passenden Gemüse gefüllt sieht er dann so verlockend aus, daß selbst verwöhnte Feinschmecker gerne zulangen.

Zutaten für 4 Personen:
200 g Nacktgerste • 150 g Weizen • 1 Teel. Curry • $^{1}/_{2}$ l Wasser • 2 Gemüsebrühwürfel • Reformmargarine und leicht gerösteter Sesam, ersatzweise Vollkornbrösel, für die Form • 1 mittelgroße Zwiebel (etwa 100 g) • 30 g Butter • 3 Eigelb • 100 g geriebener Käse • frisch geriebene Muskatnuß • 1 Prise Picata • 3 Eiweiß
Pro Person etwa 2295 Joule / 545 Kalorien

- Zubereitungszeit: 30 Minuten
- Quellzeit: 20 Minuten
- Backzeit: 45 Minuten

So wird's gemacht: Die Gerste und den Weizen mittelfein schroten. • Das Vollkornschrot mit dem Curry im Kochtopf unter Rühren kurze Zeit rösten, bis es würzig duftet. (Es darf nicht braun werden!) Abkühlen lassen. • Das Wasser und die Brühwürfel beifügen. Unter Umrühren aufkochen. Auf der ausgeschalteten Herdplatte 20 Minuten nachquellen lassen. • Eine Kranzform gut fetten und mit Sesam ausstreuen. • Die Zwiebel schälen und fein würfeln. Die Zwiebelwürfel, die Butter, die Eigelb und den Käse unter die Getreidemasse mischen. Mit Muskatnuß und dem Picata abschmecken. Den Backofen auf 200° C vorheizen. • Die Eiweiß steif schlagen und unterheben. Die Masse in die Form füllen und glattstreichen. Auf der mittleren Schiene in den Backofen schieben. Etwa 45 Minuten bei 200° C backen. • Die Form aus dem Herd nehmen, 10 Minuten abkühlen lassen. • Den Auflauf an den Rändern mit einem Messer lösen und auf eine angewärmte runde Platte stürzen. Gemüse in die Mitte füllen.

Das paßt dazu: grüner Salat und Rahmpaprika (Rezept Seite 86) oder Zwiebelgemüse (Rezept Seite 88) oder Pilze.

Variante – Gerstenpfannkuchen
Reformmargarine in einer Pfanne erhitzen. 1 Eßlöffel der Getreidemasse hineingeben, etwas plattdrücken und auf beiden Seiten goldbraun backen.

Variante – Würziger Gerstenbrei
Die Eier weglassen, den Reibkäse gesondert servieren. Ein einfaches, aber sehr schmackhaftes Schnellgericht!

• Gerste

Gerstenfrikadellen

Bei den Gerstenfrikadellen kommt es sehr auf die richtige herzhafte Würzung an. Dann schmecken sie ebenso gut wie Fleischklößchen.

Zutaten für 4 Personen:
800 g Wasser • 2 Gemüsebrühwürfel • 2 mittelgroße Zwiebeln • 340 g Nacktgerste • 100 g Vollkorngrieß • 2 Knoblauchzehen • 120 g pflanzliche Pastete (Tartex exquisit oder Granovita Sandwich-Creme) • 2 Eßl. frischer, feingehackter oder 2 Teel. getrockneter Majoran • 4 Eßl. frische, feingehackte Kräuter (Petersilie, Schnittlauch, Liebstöckel/Maggikraut, Selleriegrün, Basilikum) • frisch geriebene Muskatnuß • Kräutersalz • 50 g Reformmargarine
Pro Person etwa 2970 Joule / 705 Kalorien

• Zubereitungszeit: 50 Minuten

So wird's gemacht: Das Wasser mit den Brühwürfeln erhitzen. Die Zwiebeln schälen, fein würfeln und zur Brühe geben. • Die Gerste fein schroten. Das Gerstenschrot und den Vollkorngrieß in die kochende Brühe rieseln lassen, dabei kräftig rühren, damit es keine Klümpchen gibt. Zu einem dicken Brei ausquellen lassen. • Die Knoblauchzehen schälen und fein zerdrükken. Mit der pflanzlichen Pastete, dem Majoran und den übrigen Kräutern unter die Getreidemasse mischen. • Reichlich Muskatnuß darüberreiben und mit Kräutersalz abschmecken. • Mit einem Eßlöffel Klöße abstechen und diese in einer Pfanne in wenig Margarine von beiden Seiten hellbraun braten.

Das paßt dazu: Frischkostsalat oder Zwiebelgemüse (Rezept Seite 88) oder Grünkohl oder Tomatensauce (Rezept Seite 78).

Varianten
Statt der pflanzlichen Pastete kann man auch 50 g grob gemahlene Walnußkerne unter die Getreidemasse mischen. • Auch Reste von gekochtem Gemüse oder rohes Gemüse, fein zerkleinert, zum Beispiel Sellerie, Möhren, Lauch, können der Masse beigegeben werden.

Mein Tip: Die Frikadellen können auch im Backofen gebacken werden. Auf dem gefetteten Backblech flache Küchlein ausstreichen – das spart Zeit und Fett!

• Grünkern

Grünkernknödel

Der Grünkern verdient es, daß wir ihn wieder mehr in unserer Küche verwenden. Er enthält sehr viel Eiweiß und Mineralstoffe und macht alle Speisen durch sein kräftiges, würziges Aroma besonders schmackhaft.

Zutaten für 4 Personen:
3 Scheiben Vollkornbrot (100 g) • 65 g Butter • 330 g Grünkern • 670 g Wasser • 3 Gemüsebrühwürfel • 3 Eier • frisch geriebene Muskatnuß • 3 Teel. getrockneter Majoran • 100 g Vollkorngrieß • 2 Eßl. feingeschnittener Schnittlauch • Kräutersalz • 1½ l Wasser • 70 g geriebener Käse
Pro Person etwa 2560 Joule / 610 Kalorien

- Zubereitungszeit: 40 Minuten
- Quellzeit: 30 Minuten
- Garzeit: 20 Minuten

So wird's gemacht: Das Vollkornbrot in sehr kleine Würfel schneiden. 25 g Butter in der Pfanne erhitzen und die Brotwürfel darin rösten. • Den Grünkern fein schroten und mit 670 g Wasser verrühren. 2 Brühwürfel beifügen. Unter ständigem Rühren zu einem dicken Brei kochen. Auf der ausgeschalteten Herdplatte 10 Minuten nachquellen lassen. • Die restliche Butter, die Eier, Muskatnuß und den Majoran, dann den Grieß und die Brotwürfel gründlich mit der Grünkernmasse vermischen. 30 Minuten ruhen lassen. • Den Schnittlauch beifügen und mit Kräutersalz abrunden. • 1½ l Wasser mit 1 Brühwürfel aufkochen. Mit nassen Händen Knödel formen. In der siedenden Brühe etwa 20 Minuten garen. • Mit dem Schaumlöffel herausheben und auf einer angewärmten Platte mit Käse bestreut servieren.

Das paßt dazu: Karottenrohkost und Grünkohl oder Lauchgemüse (Rezept Seite 85) oder Pilze.

• Grünkern • Weizen

Gebackene Grünkernküchlein

Zutaten für 4 Personen:
240 g Grünkern • 100 g Weizen • 2 Eßl. fettarmes Sojamehl • 700 g Wasser • 2 Gemüsebrühwürfel • 100 g Lauch/Porree • 1 große Knoblauchzehe • 8 Eßl. Hefeflocken • 2 Eier • 6 Eßl. Vollkornbrösel • 2 Teel. getrockneter Majoran • 1 Teel. Pastetengewürz • ½ Teel. Curry • feingehackte Kräuter (Petersilie, Dill, Liebstöckel/Maggikraut, Oregano) • Kräutersalz • Reformmargarine zum Braten
Pro Person etwa 2080 Joule / 495 Kalorien

- Zubereitungszeit: 40 Minuten

So wird's gemacht: Den Grünkern und den Weizen mehlfein mahlen. Das Sojamehl daruntermischen. • Alles mit dem Wasser verrühren. Die Brühwürfel beifügen. Unter Umrühren zu einem dicken Brei kochen. Auf der ausgeschalteten Herdplatte noch 10 Minuten quellen lassen. • Die Lauchstange putzen und waschen. Die Knoblauchzehe schälen. Beides fein hacken. • 6 Eßlöffel Hefeflocken in einer trockenen Pfanne unter Rühren etwas rösten. • Die Eier, den Lauch, die gerösteten Hefeflocken und 4 Eßlöffel Brösel unter die Grünkernmasse mischen. (Sie soll nicht zu fest sein.) Die Gewürze und die Kräuter beifügen und mit Kräutersalz abrunden. • Mit nassen Händen Küchlein formen. In einer Mischung aus je 2 Eßlöffel Brösel und Hefeflocken panieren. Dann in einer Pfanne in etwas Margarine goldbraun braten.

Das paßt dazu: Gemüserohkost (siehe Seite 84) oder grüner Salat und Tomaten-Quark-Sauce (Rezept Seite 78).

Variante
Die flachen Küchlein von einer Seite braten. Je 2 Küchlein mit den gebratenen Seiten aufeinanderlegen, dazwischen je 1 Käsescheibe. Von beiden Seiten fertigbraten.

• Buchweizen • Grünkern

Buchweizenpfannkuchen

Zutaten für 4 Personen:
400 g Wasser • 3 Teel. Tomatenmark • 1½ Gemüsebrühwürfel • 1½ Teel. getrockneter Majoran • 1 Teel. Curry • 1½ Teel. Delikata • 1 Lorbeerblatt • 250 g Buchweizen • 4 Eier • 120 g Grünkern • 125 g Emmentaler Käse • 1 große Knoblauchzehe • 1 Stange Lauch/Porree • 250 g kohlensäurereiches Mineralwasser • Kräutersalz • Reformmargarine zum Backen
Pro Person etwa 2375 Joule / 565 Kalorien

- Zubereitungszeit: 30 Minuten
- Gar- und Quellzeit: 30 Minuten

So wird's gemacht: Das Wasser mit dem Tomatenmark, den Brühwürfeln, den Gewürzen und dem Lorbeerblatt mischen. Den Buchweizen beifügen und alles zusammen aufkochen. Bei kleinster Hitzeeinstellung in 15–20 Minuten garziehen lassen. • Die Eier verquirlen, den Grünkern mehlfein mahlen, den Käse reiben, den Knoblauch und den Lauch putzen, waschen und fein hacken. Alles unter den Buchweizen mengen. Das Mineralwasser hineinrühren und mit Kräutersalz abschmecken. 10 Minuten quellen lassen. • Etwas Margarine in einer Pfanne erhitzen. Den Teig mit einem Eßlöffel hineingeben und zu kleinen Pfannkuchen ausstreichen. Zugedeckt braten, bis die Unterseite goldbraun ist. • Umwenden und die andere Seite in der offenen Pfanne braten.

Das paßt dazu: grüner Salat und Tomaten-Kräuter-Sauce (Rezept Seite 78) oder Rahmpaprika (Rezept Seite 86).

• Mais

Polenta

Der goldkörnige Mais ist noch heute in Italien und in den Balkanländern sehr beliebt. Jedes Land hat hier sein Nationalgericht, denken wir nur an die rumänische »Mamaliga« oder den türkischen »Kukuruz«. Man kann Mais sehr vielseitig zubereiten; pikant gewürzt oder mit Honig gesüßt schmeckt er immer ganz ausgezeichnet.

Zutaten für 4 Personen:
1100 g Wasser • 1 Gemüsebrühwürfel • 1 Teel. Curry • 1 Teel. getrockneter Majoran • 1 Teel. getrockneter Schabziegerklee • frisch geriebene Muskatnuß • 400 g Mais
Pro Person etwa 1510 Joule / 360 Kalorien

- Zubereitungszeit: 20 Minuten
- Quellzeit: 20 Minuten

So wird's gemacht: Das Wasser mit dem Brühwürfel und den Gewürzen aufkochen. • Inzwischen die Maiskörner fein schroten. Das Maismehl mit dem Schneebesen in die kochende Brühe schlagen. Unter ständigem Rühren in etwa 15 Minuten zu einem dicken Brei kochen. • Auf der ausgeschalteten Platte 20 Minuten nachquellen lassen.

Das paßt dazu: zur pikanten Polenta eine große Schüssel grüner Salat und gedämpftes Gemüse (siehe Seite 85) oder Pilze. Als Nachtisch Quarkcreme mit frischem Obst.

Mein Tip: So wird die Polenta hübsch serviert. Den Maisbrei 3 cm hoch in eine mit kaltem Wasser ausgespülte Herzbackform oder eine andere Nostalgie-Kuchenform füllen. Nach dem Erkalten auf eine gefettete feuerfeste Platte stürzen. Reibkäse mit Delikata mischen und darüberstreuen. Bei 200 ° C 25 Minuten backen. • Oder den Maisbrei 2 cm dick auf eine kalt abgespülte Porzellanplatte streichen. Nach dem Erkalten Plätzchen ausstechen. Wie oben backen. • Süße Polenta kann man wie den Mexikanischen Maisauflauf (Rezept Seite 69) zubereiten, aber ungebacken. Eventuell die Eier durch frische Sahne ersetzen. Gut zu rohem Obst.

• Mais

Gebackener Mais

Bild auf dem Einband

Zutaten für 4 Personen:
Polenta aus 400 g Mais (Rezept nebenstehend) • 1 Stange Lauch/Porree oder 3 Eßl. feingehackte Kräuter (Petersilie, Schnittlauch, Liebstöckel/ Maggikraut, Basilikum, Selleriegrün) • 150 g geriebener Käse • 3 Eigelb • 3 Eiweiß • Reformmargarine für die Form • 1/4 Teel. Delikata • 1 Eßl. feingeschnittener Schnittlauch
Pro Person etwa 1900 Joule / 455 Kalorien

• Zubereitungszeit: 20 Minuten
• Backzeit: 50–60 Minuten

So wird's gemacht: Den Lauch waschen, putzen und in feine Ringe schneiden (auch das Grüne mitverwenden). Den Backofen auf 180° C vorheizen. • Den Lauch oder die Kräuter, 100 g Käse und die Eigelb unter den Maisbrei mischen. • Die Eiweiß steif schlagen und unterziehen. Die Masse in eine gefettete Auflaufform füllen. Den restlichen Reibkäse mit dem Delikata mischen und darüberstreuen. • Die Form auf der unteren Leiste in den Backofen schieben. Den Auflauf bei 180° C 50–60 Minuten backen, bis er fest ist. • Mit dem Schnittlauch bestreuen.

Das paßt dazu: Feldsalat und Tomaten-Kräuter-Sauce (Rezept Seite 78).

• Weizen • Hirse • Buchweizen

Kräuterpfannkuchen

Am besten schmecken uns die Pfannkuchen im Frühjahr mit den vielen frischen Kräutern aus unserem Garten. Der geriebene Käse und das Mineralwasser machen sie besonders locker.

Zutaten für 4 Personen:
250 g Weizen • 75 g Hirse • 75 g Buchweizen • 1 Eßl. fettarmes Sojamehl • 3/8 l Milch • 300 g kohlensäurereiches Mineralwasser • 4 Eigelb • 100 g geriebener Käse • 1/2 Teel. Delikata • Kräutersalz • 4 Eßl. feingehackte frische Kräuter (Petersilie, Schnittlauch, Liebstöckel/Maggikraut, Majoran, Dill, Kerbel oder Wildkräuter) • 4 Eiweiß • Reformmargarine zum Backen
Pro Person etwa 3210 Joule / 535 Kalorien

• Zubereitungszeit: 40 Minuten
• Quellzeit: 1 Stunde

So wird's gemacht: Den Weizen, die Hirse und den Buchweizen mehlfein mahlen. • Das Sojamehl daruntermischen. Die Milch, das Mineralwasser und die Eigelb unterrühren. Den Teig 1 Stunde stehen lassen, damit das Vollkornmehl ausquillt. • Den Reibkäse hineinrühren. Mit dem Delikata und Kräutersalz würzen. Die Kräuter daruntermischen. Die Eiweiß steif schlagen und unterheben. • In einer Pfanne etwas Margarine zerlassen und darin bei mäßiger Hitze hellbraune Pfannkuchen backen. Gleich servieren.

Das paßt dazu: grüner Salat und Tomaten.

Variante
Wer's mag, kann erst einige Speckwürfel in der Pfanne anbraten und dann den Pfannkuchenteig darübergeben.

• Weizen • Roggen • Gerste • Hafer • Hirse

Vorarlberger Riebel

Ursprünglich war der »Riebel« das einfache tägliche Frühstücksgericht der österreichischen Bauern und Holzfäller. Gut gewürzt und mit den passenden Beilagen serviert ist dieses Getreidegericht auch ein sehr delikates, gesundes Mittagessen.

Zutaten für 4 Personen:
900 g Wasser • 1 1/2 Gemüsebrühwürfel • 180 g Weizen • 160 g Roggen • 75 g Nacktgerste • 40 g Hafer • 40 g Hirse • 1 Teel. getrockneter Majo-

ran • ½ Teel. Curry • 50 g Butter • 6 Eßl. Hefeflocken • 150 g geriebener Käse • 3 Eßl. feingeschnittener Schnittlauch
Pro Person etwa 2725 Joule / 650 Kalorien

- Zubereitungszeit: 30 Minuten
- Quellzeit: 2–3 Stunden

So wird's gemacht: Das Wasser mit den Brühwürfeln zum Kochen bringen. • Das Getreide grob schroten. Unter Umrühren in die kochende Brühe rieseln lassen und 5 Minuten kochen. Mit dem Majoran und dem Curry würzen. • In der Kochkiste oder im Thermosgefäß 2–3 Stunden quellen lassen. • In einer großen Pfanne etwas Butter erhitzen. ⅓ der Getreidemasse hineingeben und braten. Dabei mit dem Kochlöffel dauernd zerstoßen und umwenden. Zwischendurch 2 Eßlöffel Hefeflocken darüberstreuen und mitrösten. • Den Riebel so lange braten und wenden, bis er in bohnengroße Stücke zerfallen ist (etwa wie beim Kaiserschmarrn). Dann in eine feuerfeste Form füllen, mit ⅓ des Käses bestreuen und im Herd warm stellen. • Die übrige Getreidemasse auf die gleiche Weise braten. Zum Schluß den restlichen Käse und den Schnittlauch darüberstreuen.

Das paßt dazu: grüner Salat und Lauchgemüse (Rezept Seite 85) oder Pilze oder Tomaten-Kräuter-Sauce (Rezept Seite 78).

Variante
Auch mit Apfel- oder mit Rhabarberkompott schmeckt der Riebel sehr gut. In diesem Fall das Getreideschrot in leicht gesalzenem Wasser kochen, die Gewürze weglassen. Statt Hefeflocken grob geriebene Nüsse mitbraten.

- Weizen

Vollkornnudeln

Durch den hohen Anteil an Vollkornmehl schmecken die Nudeln besonders kräftig und sättigen nachhaltig. Damit sie nicht zu schwer und zu fest werden, empfiehlt es sich, einen Teil der Kleie abzusieben. (Verwendungsmöglichkeiten für die Kleie siehe Seite 103, 104, 106).

Zutaten für 400 g Nudeln:
400 g Weizen • 1 Eßl. fettarmes Sojamehl • 2 Teel. Kräutersalz • ¼ Teel. Delikata • 3 Eßl. Sonnenblumenöl • 5 Eßl. warmes Wasser (etwa 38° C = handwarm) • 2 Eier • 1½ l Wasser
Etwa 8215 Joule / 1955 Kalorien

- Zubereitungszeit: 30 Minuten
- Ruhezeit für den Teig: 1 Stunde
- Garzeit: 20–25 Minuten

So wird's gemacht: Den Weizen mehlfein mahlen. 100 g von der Kleie absieben, so daß noch 300 g Weizenmehl für den Teig übrigbleiben. • Das Sojamehl, 1 Teelöffel Kräutersalz und das Delikata in einer Schüssel mit dem Mehl mischen. In die Mitte eine Vertiefung drücken und das Öl, das Wasser sowie die Eier hineingeben. Alles gründlich zu einem glatten, elastischen Teig verarbeiten, der nicht mehr kleben darf. • Eine Kugel daraus rollen und dünn mit Öl bestreichen, damit die Oberfläche nicht austrocknet. Unter einem angewärmten Topf 1 Stunde ruhen lassen. • Danach den Teig in 2 Hälften teilen und dünn ausrollen. Jede Teigplatte zusammenrollen und in der gewünschten Breite schneiden. Die Nudeln auseinanderlegen, damit sie nicht zusammenkleben. • Oder die Teigplatten auf einem Tuch etwas trocknen lassen, so daß sie nicht mehr kleben (zwischendurch einmal wenden). Die Teigplatten aufeinanderlegen und in 5–8 cm breite Streifen schneiden. Diese zu einem Paket zusammenlegen und daraus Nudeln in der gewünschten Breite schneiden. • Die Nudeln an der Luft gut trocknen lassen und in einem Schraubglas aufbewahren oder gleich in 1½ l kochendem Wasser mit 1 Teelöffel Kräutersalz garziehen lassen.

Mein Tip: Die wertvolle Kochbrühe kann zu einer Suppe verwendet werden.

• Weizen

Mailänder Nudelauflauf

Zutaten für 4 Personen:
1¼ l Wasser • 1 Gemüsebrühwürfel • 400 g Vollkornnudeln (Rezept nebenstehend) • 100 g Lauch/Porree • 1 Eßl. Sonnenblumenöl • 1 Eßl. Wasser • 130 g geriebener Käse • 2 Eier • 4 Eßl. saure Sahne • 1 große Knoblauchzehe • ¾ Teel. Curry • ½ Teel. Pastetengewürz • 1 Teel. Kräutersalz • Reformmargarine für die Form • ¼ Teel. Delikata
Pro Person etwa 3340 Joule / 750 Kalorien

- Zubereitungszeit: 40 Minuten
- Backzeit: 30 Minuten

So wird's gemacht: 1¼ l Wasser mit dem Brühwürfel zum Kochen bringen. Die Nudeln darin garziehen lassen. • Inzwischen den Lauch waschen, putzen und in feine Streifen schneiden. Das Öl mit 1 Eßlöffel Wasser in einem kleinen Topf erhitzen und den Lauch darin garen. • Die Nudeln abgießen. Die Kochbrühe für eine Sauce oder eine Suppe aufheben. • Die Nudeln im Kochtopf mit 2 Messern zerkleinern. Den Lauch und 100 g Käse daruntermischen. • Die Eier mit der Sahne verquirlen. Die Knoblauchzehe schälen und fein zerdrücken. Mit den Gewürzen und dem Kräutersalz unter die Eiersahne rühren. Mit den Nudeln vermengen. • Die Masse in eine gefettete Auflaufform füllen. Den restlichen Käse mit dem Delikata mischen und darüberstreuen. • Den Auflauf auf der mittleren Leiste in den Backofen schieben und bei 200° C etwa 30 Minuten backen.

Das paßt dazu: Kopfsalat oder Endiviensalat und Tomaten-Kräuter-Sauce (Rezept Seite 78).

Mein Tip: Zur Abwechslung können Sie Nudeln, Gemüse und Käse auch lagenweise in die Auflaufform schichten und die Eiersahne darübergießen.

• Grünkern

Pain de légumes – Französischer Gemüseauflauf

Auch aus altbackenem Vollkornbrot kann man köstliche Mahlzeiten auf den Tisch bringen – probieren Sie einmal das folgende Rezept.

Zutaten für 4 Personen:
200 g Wasser • 2 Gemüsebrühwürfel • 100 g Butter • 1 Eßl. Tomatenmark • 4 Eigelb • 2 Teel. getrockneter Majoran • 2 Teel. Pastetengewürz • 1½ Teel. Delikata • 300 g Vollkornbrot • 100 g Grünkern • 500 g gemischtes Gemüse, zum Beispiel Lauch/Porree, Sellerieknolle, Möhren/Karotten, Petersilienwurzel, Weißkraut oder Wirsing • Kräutersalz • 4 Eiweiß • 50 g geriebener Käse
Pro Person etwa 4405 Joule / 1050 Kalorien

- Zubereitungszeit: 40 Minuten
- Quellzeit: 30 Minuten
- Backzeit: 45 Minuten

So wird's gemacht: Das Wasser erwärmen, die Brühwürfel darin auflösen. Die Butter, das Tomatenmark, die Eigelb, den Majoran, das Pastetengewürz und 1 Teelöffel Delikata damit verquirlen. • Das Brot mit der Moulinette fein zerkleinern und in der Brühe verrühren. • Den Grünkern fein schroten und mit der Brotmasse vermengen. 30 Minuten quellen lassen. • Inzwischen das Gemüse waschen, putzen und fein zerkleinern. Unter die Brotmasse mischen. Mit Kräutersalz abschmecken. Den Backofen auf 200° C vorheizen. • Die Eiweiß steif schlagen und unter die Auflaufmasse ziehen. Alles in eine gefettete feuerfeste Form füllen. Den Käse mit ½ Teelöffel Delikata mischen und über den Auflauf streuen. Die Form zugedeckt auf der untersten Leiste in den Backofen schieben. Den Auflauf bei 200° C 20 Minuten backen • Den Deckel abnehmen und das Gericht in etwa 25 Minuten fertigbacken.

Das paßt dazu: Feldsalat oder Endiviensalat und Tomaten-Quark-Sauce (Rezept Seite 78).

Gemüse und Kartoffeln einmal anders

Was koche ich morgen? Diese Frage bringt mich nicht mehr in Verlegenheit, seit die Vollkornkost einen festen Platz auf unserem Speisezettel hat. Frisches Vollkornschrot gibt vielen Pilz-, Gemüse- und Kartoffelgerichten einen ganz neuen, kräftig-würzigen Geschmack und macht sie außerdem noch wertvoller und gesünder.

Herbstliches Pilzgratin

Unsere selbstgesuchten Pilze bereiten wir am liebsten auf diese Weise zu. Das kräftige Vollkornbrot nimmt während des Backens den würzigen Saft der gefüllten Pilze auf – ein köstliches kleines Abendessen! Am besten eignen sich Wald- oder Wiesenegerlinge (Champignons) mit großen, festen Hüten. Aber auch junge Steinpilze, Birkenpilze oder Rotkappen können dazu verwendet werden.

Zutaten für 4 Personen:
Vollkornbrotscheiben, etwa 1 cm dick geschnitten, je nach Größe der Auflaufform • 10–12 Pilze, je nach Größe • Kräutersalz • Butterflöckchen zum Belegen der Pilze
Für die Füllung: 50 g Butter • 1 Ei • 4 Eßl. Sahne • 3 Eßl. herber Weißwein • 2 Eßl. Tomatenketchup • 50 g geriebener Käse • 3 Eßl. Vollkornbrösel • 2 Eßl. gehackte Kräuter (Petersilie, Liebstöckel/Maggikraut, Majoran, Thymian) • 1 Knoblauchzehe • ½ Teel. Curry • frisch gemahlener Pfeffer • Kräutersalz
Pro Person etwa 1635 Joule / 390 Kalorien

- Zubereitungszeit: 25 Minuten
- Backzeit: 25 Minuten

So wird's gemacht: Eine passende Auflaufform fetten und mit den Brotscheiben auslegen. • Die Pilze putzen und waschen. Die Stiele kleinhakken und auf die Brotscheiben streuen. Die Pilzköpfe mit der Wölbung nach unten dicht nebeneinander in die Form setzen. Jeden Pilz leicht salzen und mit einem Butterflöckchen belegen. • Für die Füllung die Butter schaumig rühren. Mit dem Ei, der Sahne, dem Wein, dem Ketchup, dem Käse und den Bröseln gründlich mischen. Die Kräuter und die feingehackte Knoblauchzehe dazugeben. Kräftig mit Curry, Pfeffer und Kräutersalz würzen. • Die Pilze mit der Farce füllen. • Die Form auf der mittleren Leiste in den Backofen schieben und den Auflauf bei 220° C etwa 25–30 Minuten gratinieren (überbacken). Sofort servieren.

Das paßt dazu: Kopfsalat, Feldsalat oder Endiviensalat.

• Grünkern

Ungarischer Krautauflauf

Eigentlich hatte sich mein Mann Kohlrouladen zum Mittagessen gewünscht. Aber da mir nur wenig Zeit blieb, kam ich auf die Idee, aus denselben Zutaten einen Auflauf zu machen. Probieren Sie selbst, wie gut er schmeckt und wie leicht verdaulich das Kraut auf diese Art zubereitet ist.

Zutaten für 4 Personen:
750 g Weißkraut, geputzt gewogen • 1 Tomate, im Winter ersatzweise eingefrorenes Tomatenpüree oder 2 Teel. Tomatenmark • 1 Gemüsebrühwürfel • 100 g Wasser • 30 g Butter • 2 Teel. edelsüßes Paprikapulver • ½ Teel. gemahlener Kümmel • ½ Teel. gemahlener Koriander • Kräutersalz • Reformmargarine für die Form • 30 g geriebener Käse • 1 Ei • ½ Tasse Kochbrühe
Für die Grünkernfüllung: 180 g Grünkern • 300 g Wasser • 70 g Lauch/Porree • 1 kleine Zwiebel • 1 Knoblauchzehe • 1 Gemüsebrühwürfel • 1 kleine Dose Tartex vegetabile Pastete (60 g) • 70 g alter Gouda oder Appenzeller Käse • 3 Eßl. feingehackte Kräuter, zum Beispiel Petersilie, Selleriegrün, Liebstöckel/Maggikraut, im Frühjahr auch Wildkräuter, junge Spinatblätter • 1 Teel. getrockneter Majoran • 1 Teel. Delikata • Kräutersalz
Pro Person etwa 1830 Joule / 435 Kalorien

- Zubereitungszeit: 1 Stunde
- Backzeit: 25 Minuten

So wird's gemacht: Das Weißkraut waschen, putzen und den harten Strunk herauslösen. Den Kopf vierteln und das Kraut in etwa 1½ cm breite Streifen schneiden. • Die Tomate würfeln. Mit dem Kraut und dem Brühwürfel in einen Kochtopf geben und das Wasser angießen. 25–30 Minuten kochen, bis das Kraut weich, aber noch bißfest ist. Zwischendurch 1–2 mal umwenden. • Während das Kraut kocht, wird die Grünkernfüllung zubereitet: Den Grünkern fein schroten und mit dem Wasser verrühren. • Den Lauch putzen und waschen. Die Zwiebel und die Knoblauchzehe schälen. Alles fein hacken. Zum Grünkern geben, den Brühwürfel beifügen. Unter Umrühren zu einem dicken Brei kochen. Auf der ausgeschalteten Herdplatte 10 Minuten nachquellen lassen. • Die Tartex-Pastete in Scheiben schneiden. Den Käse reiben. Beides mit dem Grünkernbrei verrühren. Die Kräuter sowie die Gewürze beifügen und mit Kräutersalz abrunden. • Die Brühe vom gekochten Kraut abgießen und aufheben. Die Butter und die Gewürze unter das Gemüse ziehen. Mit Kräutersalz abschmekken. Die Hälfte davon in einer gefetteten Auflaufform verteilen. • Mit einem nassen Eßlöffel von der Grünkernmasse Nockerln (kleine Klößchen) abstechen und auf das Kraut betten. Das restliche Kraut daraufschichten. Mit dem Reibkäse bestreuen. • Das Ei mit der Kochbrühe gründlich verquirlen und über den Auflauf gießen. • Die Form auf der unteren Leiste in den Backofen schieben. Den Auflauf bei 180° C etwa 25 Minuten backen, bis der Käse zerlaufen ist.

Das paßt dazu: Endivien-, Chicorée- oder Feldsalat.

Mein Tip: Das Kohlgemüse schmeckt (selbstverständlich ohne Füllung) zu allen einfachen Getreidespeisen und zu Kartoffeln sehr delikat.

• Weizen • Grünkern

Selleriebraten

Schon den alten Ägyptern war der Sellerie bekannt, und in der antiken Medizin wurde er als Stärkungs- und Heilmittel verwendet. Heute wissen wir, daß er aufgrund seines hohen Gehaltes an verschiedenen Wirkstoffen die Nieren- und Kreislauftätigkeit besonders anregt. In der Küche können wir ihn sowohl roh als auch gekocht verwenden. Gerade durch sein intensiv-würziges Aroma ist er eine willkommene Ergänzung für die meisten Getreidearten. Auch sein Verwandter, der Stauden- oder Bleichsellerie schmeckt gut. Ein Rezept finden Sie auf Seite 86.

Zutaten für 4 Personen:
200 g Weizen • 200 g Grünkern • 4 Eßl. Hefeflocken • 400 g Wasser • 2 Gemüsebrühwürfel • 70 g Reformmargarine • 4 Eigelb • 2 Teel. Pastetengewürz • 1½ Teel. getrockneter Majoran • 350 g Sellerieknolle • 3 Eßl. gehackte Kräuter (Petersilie, Selleriegrün oder Liebstöckel/Maggikraut, Schnittlauch) • 4 Eiweiß • 40 g geriebener Käse • ½ Teel. Delikata
Pro Person etwa 2325 Joule / 555 Kalorien

- Zubereitungszeit: 30 Minuten
- Quellzeit: 1 Stunde
- Backzeit: 50 Minuten

So wird's gemacht: Den Weizen und den Grünkern fein schroten. Das Schrotgemisch mit den Hefeflocken zusammen in einer großen Pfanne unter Umrühren trocken rösten, bis es würzig duftet. • Das Wasser erhitzen und den Brühwürfel darin auflösen. Etwas abkühlen lassen. • Die Margarine, die Eigelb und die Gewürze mit der Brühe verquirlen. Die Schrotmischung hineinrühren. Mindestens 60 Minuten quellen lassen. • Danach den Backofen auf 180° C vorheizen. • Die Sellerieknolle waschen, schälen und fein reiben. Mit den Kräutern unter den Auflauf mischen. Die Eiweiß steif schlagen und unterziehen. • Die Masse in eine gefettete feuerfeste Form füllen. Den Käse mit Delikata vermischen und darüberstreuen. Die Form auf der mittleren Leiste in den Backofen schieben. Bei 180° C etwa 50 Minuten backen, bis der Auflauf fest geworden ist.

Das paßt dazu: Feldsalat oder Endiviensalat und Tomaten-Quark-Sauce (Rezept Seite 78).

• Buchweizen

Kartoffel-Kräuter-Gratin

Bild Seite 79

Die Vitamine und Mineralstoffe, die Kartoffeln in reichem Maße enthalten, bleiben am besten geschont, wenn man sie nicht im Wasser kocht, sondern im Dampf gart. Dämpfeinsätze gibt es passend für jede Topfgröße zu kaufen.

Zutaten für 3 Personen:
500 g Kartoffeln • 75 g Buchweizen • 70 g Walnußkerne oder Haselnüsse • 1 mittelgroße Zwiebel • 1 große Knoblauchzehe • 70 g alter Gouda oder Appenzeller Käse • 4–7 Eßl. Milch, je nachdem, wie trocken die Kartoffeln sind • 30 g Butter • 2 Eigelb • 1 Teel. Curry • 1 Teel. getrockneter Schabziegerklee • reichlich frisch geriebene Muskatnuß • 1½ Teel. Kräutersalz • 3 Eßl. gehackte Kräuter (Schnittlauch, Petersilie, Liebstöckel/Maggikraut, Majoran, Selleriegrün, Basilikum, Thymian, Ysop) • 2 Eiweiß • 30 g geriebener Käse, 30 g geriebene Nüsse und ½ Teel. Delikata zum Bestreuen
Pro Person etwa 3315 Joule / 790 Kalorien

- Zubereitungszeit: 1 Stunde
- Backzeit: 30–40 Minuten

So wird's gemacht: Die Kartoffeln gründlich waschen und im Dampf garen. • Inzwischen den Buchweizen mehlfein mahlen. Die Nüsse grob reiben. Die Zwiebel und die Knoblauchzehe schälen und fein hacken. Den Käse reiben. • Die frisch gekochten Kartoffeln schälen und durch die Kartoffelpresse drücken. Den Backofen auf 200° C vorheizen. • Die Milch, die Butter und die Eigelb mit der Kartoffelmasse verrühren. Das Buchweizenmehl, die Nüsse, die Zwiebel, den Knoblauch und den Käse beifügen. Die Gewürze, das Kräutersalz und die Kräuter daruntermischen. Die Eiweiß steif schlagen und unterheben. • Alles in eine gefettete Gratinform füllen und glattstreichen. • Käse, Nüsse und Delikata mischen und über den Auflauf streuen. Die Form auf der mittleren Leiste in den Backofen schieben. Bei 200° C etwa 30–40 Minuten backen, bis der Auflauf fest ist.

Das paßt dazu: eine große Rohkostplatte (siehe Seite 84) oder Blattspinat oder Pilze oder Champignonsauce (Rezept Seite 81) oder eine große Portion knusprig gebratene Zwiebelringe.

Mein Tip: Wenn Sie im Winter keine frischen Kräuter zur Hand haben, verwenden Sie die eingefrorenen aus der Kühltruhe.

• Roggen

Allgäuer Kartoffelküchle

Die Küchlein gelingen am besten mit älteren Kartoffeln, die schon etwas trockener sind. Neue Kartoffeln enthalten zuviel Wasser und machen den Teig zu feucht.

Zutaten für 4 Personen:
1200 g Kartoffeln • 150 g Roggen • 60 g Walnußkerne • 150 g Emmentaler Käse • 2 Zwiebeln • 20 g Butter • 2 Eier • 2 Teel. Pastetengewürz • ½ Teel. frisch geriebene Muskatnuß • 4 Eßl. feingehackte Kräuter (Petersilie, Schnittlauch, Thymian, Liebstöckel/Maggikraut, Selleriegrün) • 2 Teel. Kräutersalz • Vollkornbrösel zum Panieren • Reformmargarine zum Braten
Pro Person etwa 2535 Joule / 605 Kalorien

- Zubereitungszeit: 50 Minuten
- Ruhezeit für den Teig: 1 Stunde

So wird's gemacht: Die Kartoffeln waschen und im Dampf garen. • Inzwischen den Roggen mehlfein mahlen. Das Vollkornmehl ohne Fett kurz rösten, bis es etwas Farbe bekommt und würzig duftet. • Die Nüsse grob hacken und den Käse fein reiben. • Die Zwiebeln schälen, sehr fein würfeln und in der Butter goldgelb braten. • Die gekochten Kartoffeln schälen und durch die Kartoffelpresse drücken. • Die Eier, die Nüsse, den Käse und die Zwiebelwürfel gründlich mit den Kartoffeln vermischen. Das Roggenmehl unterarbeiten. Mit den Gewürzen, Kräutern und dem Kräutersalz herzhaft abschmecken. Den Teig 1 Stunde ruhen lassen. • Flache Küchlein formen, mit den Bröseln panieren und in wenig Margarine goldbraun braten.

Das paßt dazu: eine reichhaltige Rohkostplatte (siehe Seite 84) oder Schwarzwurzeln, in Butter geschwenkt und mit Petersilie bestreut, oder Fenchelgemüse.

• Grünkern

Kartoffelpuffer – Reibekuchen

Zutaten für 4 Personen:
50 g Grünkern • 3/4 Teel. Korianderkörner • 3 Eier • 5–6 Eßl. kohlensäurereiches Mineralwasser (nur bei alten Kartoffeln) • 3/4 Teel. Meersalz • 1 kg Kartoffeln • Sonnenblumenöl
Pro Person etwa 1200 Joule / 285 Kalorien

• Zubereitungszeit: 40 Minuten

So wird's gemacht: Den Grünkern mit dem Koriander mehlfein mahlen. Die Eier, das Mineralwasser und das Meersalz damit verrühren. • Die Kartoffeln waschen, schälen, fein reiben und unter die Grünkernmasse mischen. • In einer kunststoffbeschichteten Pfanne etwas Öl erhitzen. Den Teig darin dünn ausstreichen. Bei einer großen Pfanne mehrere kleine Kartoffelpuffer auf einmal backen. Auf beiden Seiten knusprig-goldgelb werden lassen.

Das paßt dazu: Rhabarberkompott, mit Zitronenschale und frischer, geriebener Ingwerwurzel aromatisiert. Oder Apfel-Holunderbeer-Kompott. (Auf 1 kg Äpfel die abgestreiften Beeren von 3 Holunderdolden mitkochen. Das Mus mit 1 Prise Delifrut würzen.)

Variante
Kartoffelpuffer pikant würzen mit gehacktem Thymian, Bohnenkraut und Schnittlauch, 1/2 Teel. gemahlenen Kümmel untermischen. Dazu paßt Rohkostsalat mit Quarkmayonnaise (siehe Seite 83).

• Weizen

Zucchini in Ausbackteig

Zutaten für 4 Personen:
4 mittelgroße Zucchini • je 1 Teel. Kräutersalz und edelsüßes Paprikapulver • 1 gute Prise Picata • Butter oder Reformmargarine
Für den Teig: 100 g Weizen • 2 Eier • 2 Eßl. Sonnenblumenöl • etwa 1 Tasse helles Bier • 1 Knoblauchzehe • 1/2 Teel. Kräutersalz
Für die Füllung: 1 mittelgroße Zwiebel • 10 g Butter • 50 g Haselnüsse • 1 Dose Steinpilzpastete (125 g; Reformhaus) • 1/2 Teel. Hefeextrakt
Pro Person etwa 1575 Joule / 375 Kalorien

• Zubereitungszeit: 40 Minuten

So wird's gemacht: Für den Teig den Weizen mehlfein mahlen. Die Eier, das Öl und so viel Bier unterrühren, daß ein dickflüssiger Teig entsteht. Die zerdrückte Knoblauchzehe und das Kräutersalz beifügen. Den Teig 10 Minuten ruhen lassen. • Für die Füllung die Zwiebel schälen, fein würfeln und in der Butter goldgelb braten. Die Nüsse grob reiben und zum Schluß kurz mitrösten. • Die Steinpilzpastete etwas zerkleinern, mit der Zwiebel-Nuß-Mischung und dem Hefeextrakt verrühren. • Die Zucchini in dünne Scheiben schneiden. • Das Salz mit dem Paprikapulver und dem Picata mischen. Die Zucchinischeiben in der Gewürzmischung wenden. Je 2 Scheiben mit der Füllung zusammensetzen, auf eine Gabel spießen und in den Ausbackteig tauchen. • In einer beschichteten Pfanne etwas Butter oder Margarine erhitzen und die Zucchinipäckchen darin goldbraun braten.

Das paßt dazu: Endiviensalat mit Tomaten.

Mein Tip: Besonders gut schmeckt die Füllung auch als pikanter Aufstrich auf Vollkorn- oder Knäckebrot.

Käse-Bratäpfel

Verwenden Sie für dieses Rezept kleine, feste, etwas säuerliche Äpfel, die beim Backen nicht zerfallen. Auch im chinesischen Dampftopf (siehe Seite 30) gelingen die Bratäpfel sehr gut!

Zutaten für 4 Personen:
6–8 Äpfel • Saft von ½ Zitrone • Delikata • 150 g französischer Ziegenkäse • 30 g weiche Butter • 2 Eßl. kleingehackte Datteln • 2 Eßl. Calvados • 3 Eßl. saure Sahne • Butter für die Form
Pro Person etwa 1365 Joule / 325 Kalorien

- Zubereitungszeit: 20 Minuten
- Backzeit: 40–50 Minuten

So wird's gemacht: Die Äpfel waschen und im oberen Drittel einen Deckel abschneiden. Das Kernhaus mit einem spitzen Messer herausstechen. Dann die Äpfel noch etwas aushöhlen und das Fruchtfleisch hacken. • Die Äpfel innen mit dem Zitronensaft beträufeln und mit Delikata bestreuen. • Den Käse zerkleinern, mit dem gehackten Apfelinneren und den übrigen Zutaten mischen. Die Masse in die Äpfel füllen und die Deckel auflegen. • Eine feuerfeste Form mit Butter ausstreichen und die Äpfel hineinsetzen. Die Form zudecken (eventuell Alufolie verwenden). • Auf der unteren Leiste in den Backofen schieben. Bei 180° C 40–50 Minuten backen, bis die Äpfel weich sind (Hölzchenprobe!). Heiß aus der Backform servieren.

Das paßt dazu: Vollkornbrot oder Vollkornwaffeln (Rezept Seite 106).

Varianten
Probieren Sie auch die folgenden Mischungen: Roquefort, mit Armagnac aromatisiert, oder Camembert mit Kirschwasser, viel frisch gemahlenem schwarzem Pfeffer und etwas Zitronensaft gewürzt (übrige Zutaten wie im Originalrezept).

Getreidesalate – nicht alltäglich

Herzhafte Salate aus gekochten oder gekeimten Getreidekörnern sind eine ausgezeichnete Bereicherung unseres Speisezettels. Sie können als kaltes sommerliches Mittagessen oder als Abendmahlzeit serviert werden. Auch zum Mitnehmen an den Arbeitsplatz oder fürs Picknick sind sie ideal. Der jeweiligen Jahreszeit entsprechend kann man sie mit den verschiedensten Rohkostsalaten mischen. Sie finden hierzu Anregungen im Kapitel »Frischkost für Feinschmekker« auf den Seiten 83, 84.

Nahrhafte Grundlage aller Getreidesalate können Grünkern, Nacktgerste, Nackthafer, Weizen oder Roggen sein. Getreidesalate sollten nicht direkt aus dem Kühlschrank serviert werden. Etwas temperiert schmecken sie aromatischer und werden besser vertragen.

• Gerste

Rustikaler Gerstensalat

Zutaten für 4 Personen:
4 Eßl. saure Sahne • 1 Eßl. Obstessig • 2 Eßl. Sonnenblumenöl • 2 Eßl. feine Zwiebelwürfel • 4 Eßl. gehackte Kräuter (Petersilie, Liebstöckel/Maggikraut, Estragon, Dill, Thymian) • 3 Gewürzgurken • 300 g Nacktgerste, nach dem Grundrezept Seite 45 gekocht • Kräutersalz • 2 Tomaten • 2 hartgekochte Eier • Salatblätter oder Kresse
Pro Person etwa 3015 Joule / 720 Kalorien

• Zubereitungszeit: 10 Minuten
• Marinierzeit: 30 Minuten

So wird's gemacht: Die Sahne mit dem Essig, dem Öl, den Zwiebelwürfeln und den Kräutern verquirlen. Die Gurken würfeln. Alles mit dem Getreide vermengen. Mit Kräutersalz abschmekken. 30 Minuten zugedeckt ziehen lassen. • Die Tomaten vierteln. Die Eier schälen und in Scheiben schneiden. Den Gerstensalat auf die Salatblätter häufen (oder mit der Kresse umlegen) und mit Tomatenvierteln und Eierscheiben garnieren.

• Weizen

Weizensalat »Vital«

Für diesen Salat müssen Sie ein wenig vorausplanen: der Weizen muß erst angekeimt werden (siehe Seite 31) – das dauert etwa 2–3 Tage. Rote Rüben und frisch geriebener Meerrettich stärken die Abwehrkraft gegen Infektionen. Der Salat ist also die ideale Anti-Grippe-Speise!

Zutaten für 4 Personen:
4 Eßl. gekeimte Weizenkörner • 200 g körniger Frischkäse (Hüttenkäse) • 150 g rote Rüben/rote Bete • 1 Eßl. frisch geriebener Meerrettich • 1 Eßl. gehackte Kräuter (Zitronenmelisse, Dill oder Fenchelkraut, Petersilie) • 2 Eßl. Zitronensaft • Kräutersalz • 1 Messerspitze frisch geriebener Ingwer • 1 säuerlicher Apfel
Pro Person etwa 545 Joule / 130 Kalorien

• Zubereitungszeit: 10 Minuten

So wird's gemacht: Die Weizenkörner und den Frischkäse mit zwei Gabeln locker vermischen. • Die roten Rüben unter fließendem Wasser kräftig abbürsten. Dünn schälen (falls notwendig) und fein raspeln. Mit dem Meerrettich und den Kräutern vorsichtig unter das Getreide heben. Mit dem Zitronensaft, Kräutersalz und dem Ingwer abschmecken. • Den Apfel waschen, vom Kernhaus befreien, in feine Scheiben schneiden und den Salat damit garnieren. Sofort servieren.

• Grünkern

Partysalat »Amsterdam«

Zutaten für 4 Personen:
2 Eßl. kalifornische Weinbeeren • 2 Eßl. Calvados (Apfelschnaps) • 1 mittelgroße Fenchelknolle • 1 Staude Bleichsellerie • 2 Birnen • 200 g mittelalter Goudakäse • 1 Becher Joghurt • 6 Eßl. Sahne • 2 Eßl. Mangosauce • Saft von 1 Zitrone • 1 Teel. scharfer Senf • Kräutersalz • 150 g Grünkern, nach dem Rezept Seite 45

gekocht • einige Salatblätter
Pro Person etwa 2620 Joule / 625 Kalorien

- Zubereitungszeit: 30 Minuten
- Marinierzeit: 30 Minuten

So wird's gemacht: Die Weinbeeren mit dem Calvados übergießen und zugedeckt ziehen lassen. • Die Fenchelknolle waschen, putzen (Fenchelgrün zum Garnieren zurücklassen) und in Streifen schneiden. Den Bleichsellerie waschen, die Stengel und das zarte Blattgrün in Stücke schneiden. Die Birnen waschen, achteln, vom Kernhaus befreien und in Streifen schneiden. Den Käse in Streifchen schneiden. • Die Zutaten von Joghurt bis Senf für die Sauce verquirlen und mit Kräutersalz abschmecken. Die Sauce mit sämtlichen Salatzutaten mischen. 30 Minuten kühl stellen. • Eine Schale mit den Salatblättern auslegen, den Salat darin anrichten. Das Fenchelgrün hacken und darüberstreuen.

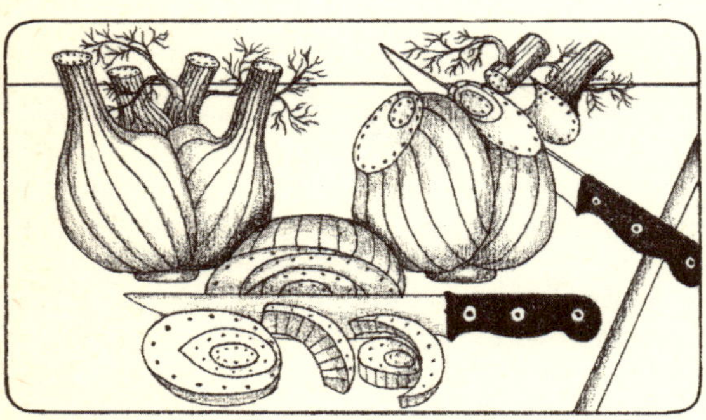

Die Fenchelknollen in sehr dünne Scheibchen schneiden; diese zerfallen dann in die einzelnen Rippen.

- Roggen

Tomaten, pikant gefüllt

Zutaten für 4 Personen:
2 Eßl. Quark • 50 g Gorgonzolakäse • 2 Eßl. saure Sahne • ½ Eßl. Obstessig • 1 Eßl. Sonnenblumenöl • 150 g Roggen, nach dem Grundrezept Seite 45 gekocht • 1 Eßl. feine Zwiebelwürfel • 2 Eßl. gehackte Kräuter (Petersilie, Estragon, Dill, Thymian) • Kräutersalz • 4 große Fleischtomaten • Salatblätter
Pro Person etwa 1595 Joule / 380 Kalorien

- Zubereitungszeit: 20 Minuten

So wird's gemacht: Den Quark mit dem Gorgonzola, der sauren Sahne, dem Essig und dem Öl verrühren. Den Roggen, die Zwiebelwürfel und die Kräuter damit vermengen. Mit Kräutersalz abschmecken. • Die Tomaten aushöhlen, leicht salzen, mit dem Getreidesalat füllen. Auf Salatblätter setzen und gleich servieren.

- Weizen

Weizenkeimsalat mit Hüttenkäse

Bild Seite 62

Zutaten für 4 Personen:
150 g Weizen • 200 g Hüttenkäse • 2–3 Eßl. Zitronensaft • ¼ Teel. Kräutersalz • 1 säuerlicher Apfel (Boskop oder ähnliche Sorte)
Zum Garnieren: etwas Feldsalat
Pro Person etwa 855 Joule/205 Kalorien

- Zubereitungszeit: 15 Minuten

So wird's gemacht: Den Weizen, wie auf Seite 31 beschrieben, keimen lassen. • Den Hüttenkäse mit zwei Gabeln locker unter die Körner heben. Mit dem Zitronensaft und dem Kräutersalz abschmecken. • Den Apfel vom Kernhaus befreien und in Scheiben schneiden. Den Salat mit Apfelscheiben und Feldsalat garnieren.

Variante – Getreidesalat mit Kräutern
200 g Getreide (Weizen, Roggen oder Nacktgerste) keimen lassen. 2 Gewürzgurken würfeln und mit je 2 Eßlöffeln Apfelessig und Sonnenblumenöl sowie 4 Eßlöffeln feingehackten Kräutern unter die Körner mischen. Mit ¼ Teelöffel Selleriesalz würzen. 1 Stunde durchziehen lassen.

Erquickende Getränke mit Getreide

Getränke aus Getreidewasser sind nicht nur wohlschmeckend und erfrischend, sie haben auch die heilenden Kräfte des Getreides in sich aufgenommen. So wirken zum Beispiel Hafer- und Gerstenwasser beruhigend bei Darmstörungen, Weizengetränke können Herz und Kreislauf günstig beeinflussen, und das im Roggen reichlich enthaltene Kalium unterstützt die Leberfunktion.

Getreidewasser kann entweder durch Auskochen von ganzen Körnern oder von geschrotetem Getreide bereitet werden. Dabei können alle Getreidearten – Weizen, Roggen, Nackthafer, Nacktgerste, Grünkern, Vollreis, Buchweizen und Mais (letzterer nur geschrotet) verwendet werden.

Und so wird es gemacht:

Getreidewasser aus ganzen Körnern

250 g Getreide • 1½ l Wasser

Das Getreide über Nacht im Wasser quellen lassen. • Am nächsten Morgen 30–40 Minuten sachte kochen, bis die Körner aufplatzen und der weiße Mehlkern sichtbar wird. • Das Getreidewasser abgießen und nach Wunsch verwenden.

Getreidewasser aus Getreideschrot

1 gehäufter Eßl. Getreide • ½ l Wasser

Das Getreide grob schroten, mit dem Wasser verrühren und 10–15 Minuten sachte kochen. • Durch ein Sieb gießen und nach Wunsch verwenden.

• Getreide nach Wahl

Frühlings-Cocktail

Vertreibt die Frühjahrsmüdigkeit und entschlackt; deshalb möglichst ohne Salzzugabe trinken! Der bekannte französische Pflanzenheilkundige Maurice Mességué sagt, »daß Möhren Männer liebenswürdig und Frauen schön machen«. Vielleicht ist die Kombination von Getreidewasser und Möhrensaft besonders wirkungsvoll – also bitte ausprobieren!

Zutaten für 4 Portionen:

½ l Getreidewasser (siehe links) • 1 Glas frisch gepreßter Möhrensaft • 1 Glas frisch gepreßter Brennessel-, Wildkräuter- oder Spinatsaft • 1 Eßl. Sonnenblumenöl

Pro Portion etwa 220 Joule / 50 Kalorien

• Zubereitungszeit: 10 Minuten

So wird's gemacht: Alle Zutaten mixen und schluckweise trinken.

Varianten

Auch andere Gemüsesäfte, zum Beispiel Tomatensaft oder Rote-Bete-Most, können verwendet werden.

Mein Tip: Möhren/Karotten enthalten reichlich fettlösliches Carotin. Es wird vom Körper besser aufgenommen, wenn man den Möhren immer etwas Fett, am besten Pflanzenöl oder Sahne, beifügt.

• Getreide nach Wahl

Fruchtpunsch

Ein ideales Getränk: im Winter zum Aufwärmen, im Sommer – gut gekühlt – als Erfrischung.

Zutaten für 4 Portionen:

½ l Getreidewasser (siehe links) • 3 Beutel Karkadé • 2 Teel. Malventee • abgeschälte Schale von ½ Orange (unbehandelt) • ½ l frisch gepreßter Apfelsaft • ½–1 Eßl. Honig

Pro Portion etwa 315 Joule / 75 Kalorien

• Zubereitungszeit: 15 Minuten

So wird's gemacht: Das Getreidewasser mit dem Karkadé, dem Malventee und der Orangenschale aufkochen und 10 Minuten ziehen lassen. • Durch ein Sieb gießen. Den Apfelsaft und den Honig damit vermischen.

• Hafer

Hafer-Krafttrunk

Zutaten für 2 Personen:
1 Banane • 1 Eßl. Honig • 1 Eßl. Haselnußmus • 4 Eßl. Sahne • Saft von 1 Zitrone • ½ l gut gekühltes Haferwasser (siehe Seite 65)
Pro Portion etwa 780 Joule / 190 Kalorien

• Zubereitungszeit: 5 Minuten

So wird's gemacht: Die Banane pürieren. Mit den übrigen Zutaten verrühren und mit dem Haferwasser auffüllen.

• Getreide nach Wahl

Nuß-Fruchtmilch

Zutaten für 2 Portionen:
1 Eßl. Haselnußmus • 2 Eßl. Honig • ¼ l frisch gepreßter Saft von roten und schwarzen Johannisbeeren • ¼ l Getreidewasser (siehe Seite 65)
Pro Portion etwa 625 Joule / 160 Kalorien

• Zubereitungszeit: 15 Minuten

So wird's gemacht: Das Nußmus mit dem Honig verrühren. Mit dem Johannisbeersaft und dem Getreidewasser mischen.

• Getreide nach Wahl

Orangen-Nuß-Mix

Zutaten für 2 Portionen:
½ l gut gekühltes Getreidewasser (siehe Seite 65) • Saft und abgeriebene Schale von 1 Orange (unbehandelt) • 1 Eßl. Haselnußmus oder 2 Eßl. sehr fein geriebene Haselnüsse • 1 Eßl. Honig • 1 Prise Delifrut
Pro Portion etwa 505 Joule / 120 Kalorien

• Zubereitungszeit: 5 Minuten

So wird's gemacht: Alle Zutaten mixen und sofort servieren.

Varianten
Verwenden Sie statt Orangensaft frisch gepreßten Apfelsaft und etwas Zitronensaft oder fein pürierte Erdbeeren oder Himbeeren oder Sanddornsaft. Auch ungesüßte, naturtrübe Fruchtsäfte aus dem Reformhaus sind hier zu empfehlen.

• Getreide nach Wahl

Sanddorn-Aperitif

Zutaten für 4 Portionen:
4 Eßl. Sanddorn (honiggesüßt) • ¼ l frisch gepreßter Apfelsaft • ¼ l Getreidewasser (siehe Seite 65)
Pro Portion etwa 295 Joule / 70 Kalorien

• Zubereitungszeit: 10 Minuten

So wird's gemacht: Alle Zutaten miteinander mixen.

• Getreide nach Wahl

Rote Liebe

Zutaten für 2 Portionen:
2 große rote Rüben/rote Bete • 1 säuerlicher Apfel • 1 Stück Salatgurke • Saft von ½ Zitrone • Worcestershiresauce • ¼ l Getreidewasser (siehe Seite 65)
Pro Portion etwa 210 Joule / 50 Kalorien

• Zubereitungszeit: 10 Minuten

So wird's gemacht: Die roten Rüben, den Apfel und die Gurke entsaften. • Mit dem Zitronensaft und der Worcestershiresauce würzen. Mit dem Getreidewasser verquirlen und in kleinen Gläsern servieren.

Süße Getreidespeisen

Bei uns in Süddeutschland und bei unseren österreichischen Nachbarn liebt man süße Mehlspeisen über alles. Äpfel, Birnen, Pflaumen, aber auch alle anderen Früchte vertragen sich mit Vollgetreide ausgezeichnet. Sie ergeben süße und doch herzhafte Gerichte, die – mit einer Rohkostvorspeise – durchaus eine sättigende, bekömmliche Hauptmahlzeit sind. Wie wär's, wenn Sie Ihre Familie gleich heute mit einem süßen Getreidegericht überraschen würden?

• Weizen • Hafer • Hirse

Vollkorn-Obst-Auflauf

Dieser Auflauf ist sehr variabel. Ich verwende dazu jeweils das Obst der Saison. Auch tiefgefrorene Kirschen eignen sich gut.

Zutaten für 4 Personen:
100 g Reformmargarine · 4 Eigelb · 150–170 g Honig, je nach dem Säuregehalt der Früchte · 5–6 Eßl. Milch · 200 g Weizen · 80 g Nackthafer · 70 g Hirse · 100 g Haselnüsse · 1/2 Teel. Zimt · abgeriebene Schale von 1 Zitrone (unbehandelt)
500 g Obst (und sonstige Zutaten), der Jahreszeit entsprechend (Rhabarber, in 2 cm lange Stücke geschnitten / oder halbreife Stachelbeeren / oder rote Johannisbeeren / oder entkernte Süßkirschen, dazu Saft von 1/2 Zitrone / oder entkernte Sauerkirschen, dazu 1–2 Teel. Kakao / oder entsteinte Zwetschgen / oder Äpfel, vom Kernhaus befreit und mit der Schale grob geraspelt, dazu 2 Eßl. ungeschwefelte Rosinen, in 2 Eßl. Rum gequollen) · 4 Eiweiß
Reformmargarine für die Form · 2 Eßl. grobgehackte Nüsse zum Bestreuen.
Pro Person etwa 4010 Joule / 955 Kalorien

- Zubereitungszeit: 50 Minuten
- Backzeit: 50 Minuten

So wird's gemacht: Die Margarine mit dem Eigelb, dem Honig und der Milch schaumig rühren. • Den Weizen mittelfein schroten, den Hafer und die Hirse mehlfein mahlen. Die Nüsse grob reiben. • Alles gut miteinander verrühren. Mit dem Zimt und der Zitronenschale würzen. • Das Obst entsprechend vorbereiten. Den Backofen auf 200° C vorheizen. • Das Obst mit den entsprechenden Zutaten unter den Teig mischen. Die Eiweiß steif schlagen und unterheben. • Die Masse in eine gefettete Auflaufform füllen. Mit den Nüssen bestreuen. • Den Auflauf auf der unteren Leiste in den Ofen schieben. Bei 200° C etwa 50 Minuten backen.

Varianten
Backen Sie die Masse als Obsttorte in einer Springform. Mit Schlagsahne garniert, wird sie auch Ihren Gästen schmecken. • Oder backen Sie den Auflauf ohne Obst und servieren Sie dazu Pfirsichpüree (Rezept Seite 82).

Mein Tip: Tiefgefrorene Kirschen kann man am leichtesten entkernen, wenn sie nur angetaut sind, so daß noch kein Saft austritt. Sie können halb gefroren unter den Teig gemischt werden. • Bei sehr saftigem Obst empfiehlt es sich, etwas weniger Milch für den Teig zu nehmen.

• Gerste • Weizen • Hirse • Buchweizen

Vollkornpfannkuchen mit süßer Quarkfüllung

Zutaten für 4 Personen:
100 g Nacktgerste · 100 g Weizen · 50 g Hirse · 50 g Buchweizen · 400 g Milch · 2 Teel. Honig · 4 Eigelb · abgeriebene Schale von 1 Zitrone (unbehandelt) · 4 Eiweiß
Für die Füllung: 300 g Quark · 5 Eßl. Sahne · 1 Eßl. Honig · 2 Eßl. feingeriebene Nüsse · abgeriebene Schale von 1/2 Orange (unbehandelt) · 1 Eßl. frisch gepreßter Orangensaft
Reformmargarine zum Backen
Pro Person etwa 2800 Joule / 665 Kalorien

- Zubereitungszeit: 40 Minuten
- Quellzeit: 1 Stunde

So wird's gemacht: Die Nacktgerste, den Weizen, die Hirse und den Buchweizen mehlfein mahlen. • Aus dem Vollkornmehl, der Milch, dem Honig, den Eigelb und der Zitronenschale einen Pfannkuchenteig rühren. 1 Stunde quellen lassen. • Inzwischen die Füllung vorbereiten: Den Quark mit der Sahne und dem Honig zur Creme rühren. Die Nüsse, die Orangenschale und den Orangensaft daruntermischen. In den Kühlschrank stellen. • Die Eiweiß steif schlagen und unter den Pfannkuchenteig heben. • Die Pfannkuchen in der Margarine langsam hellbraun backen. Mit der Quarkcreme bestreichen und zusammenklappen. Sofort servieren, damit sie knusprig bleiben.

Variante – Holunderpfannkuchen
Holunderpfannkuchen schmecken im Frühsommer sehr apart. Dazu von den eben aufgeblühten Blütendolden die kleinen weißen Blüten mit der Küchenschere abschneiden und unter den Teig mischen. Zusätzlich mit 1/4 Teelöffel Delifrut und 2 Eßlöffeln Rum würzen. Apfelmus paßt sehr gut dazu.

• Hafer • Hirse • Weizen

Tiroler Hafersterz

Schon in der Bronzezeit diente der Hafer den Menschen als Nahrung. Besonders aber im Mittelalter war er in ganz Europa verbreitet. In den Alpenländern, in Kärnten, aber auch in England hat sich die Vorliebe für schmackhafte und kraftspendende Haferspeisen bis heute erhalten. Alte Kräuterbücher empfahlen den Hafer bei körperlichen Schwächezuständen. Wie neuerdings durch Tests bestätigt wurde, erhöht der Hafer nicht nur die körperliche, sondern auch die geistige Leistungsfähigkeit. Auch wir sollten uns deshalb seine guten Eigenschaften häufiger zunutze machen.

Zutaten für 4 Personen:
300 g Nackthafer • 75 g Hirse • 75 g Weizen • 800 g Wasser • 100 g Sahne • 1/2 Eßl. Honig • 1/4 Teel. Zimt • 70 g grobgeriebene Haselnüsse
Pro Person etwa 2585 Joule / 615 Kalorien

- Zubereitungszeit: 15 Minuten
- Quellzeit: 2–3 Stunden

So wird's gemacht: Den Hafer grob, die Hirse und den Weizen mittelfein schroten. Das Vollkornschrot ins kochende Wasser rühren und 5 Minuten unter Umrühren kochen. 2–3 Stunden in der Kochkiste oder im Thermosbehälter ausquellen lassen. • Die Sahne, den Honig und den Zimt dazugeben. Mit den Haselnüssen bestreuen • Damit das würzige Aroma des Getreides nicht überdeckt wird, sollte der Hafersterz nur wenig gesüßt werden.

Das paßt dazu: frisches Obst oder selbstgekochtes Apfel- oder Quittenmus.

Varianten
Den Honig kann man durch Rosinen, die gleich mitgekocht werden, ersetzen. Oder statt Sahne 40 g Butter und etwas Milch unterrühren.

Mein Tip: Apfel- und Quittenmus können Sie durch 1–2 rohe Äpfel, die kurz vor dem Servieren in das Mus gerieben werden, mit den nötigen Vitaminen anreichern.

• Weizen

Apfelstrudel

Bild Seite 80

Der knusprige Teigmantel des frisch gebackenen Apfelstrudels schmeckt durch das Vollkornmehl besonders aromatisch. Allerdings kann man den Teig nicht so hauchdünn ausziehen wie einen Strudelteig aus weißem Mehl, weil er mehr Kleie enthält und dadurch brüchiger ist.

Zutaten für 4 Personen:
600 g Weizen · 200 g Wasser · 6 Eßl. Sonnenblumenöl · Reformmargarine für die Form
Für den Belag: 70 g ungeschwefelte Rosinen · 2 Eßl. Rum · 1 kg Äpfel · 40 g Butter · 2–4 Eßl. Honig, je nach dem Säuregehalt der Äpfel · abgeriebene Schale von 1 Zitrone (unbehandelt) · ½ Teel. Zimt
Pro Person etwa 4775 Joule / 1135 Kalorien

- Zubereitungszeit: 1 Stunde
- Ruhezeit für den Teig: 1 Stunde
- Backzeit: 45 Minuten

So wird's gemacht: Den Weizen mehlfein mahlen. Durchsieben und 100 g von der Kleie zurücklassen, damit der Strudelteig geschmeidiger wird. • Die restlichen 500 g Mehl in eine Schüssel schütten. In die Mitte eine Vertiefung drükken. Das Wasser auf 35° C (handwarm) erwärmen, in die Vertiefung schütten und das Öl zugeben. • Aus dem Mehl, dem Wasser und dem Öl einen festen, aber elastischen Teig kneten. 10 Minuten kräftig durcharbeiten. 2 Kugeln daraus formen und dünn mit Öl bestreichen, damit der Teig nicht austrocknet. Unter einem angewärmten Topf 1 Stunde ruhen lassen. • Inzwischen die Rosinen mit dem Rum übergießen und ziehen lassen. • Die Äpfel waschen, vierteln und das Kernhaus ausschneiden. Die Äpfel, wenn möglich mit der Schale, grob raspeln. • Eine rechtekkige feuerfeste Form mit Margarine einfetten. Die eine der Teigkugeln auf einem bemehlten Tuch dünn ausrollen. • Die Butter zerlassen und dem Teig damit dünn bestreichen. Mit der Hälfte der Äpfel belegen, die Teigränder dabei frei lassen. Mit etwas Honig beträufeln. Die Hälfte der Rosinen daraufstreuen. Die Zitronenschale über die Äpfel reiben und mit Zimt würzen. • Den unteren Rand des Tuches hochheben und den Strudel vorsichtig zusammenrollen. Die Teigenden gut zusammendrücken. Die Rolle vom Tuch behutsam in die Form gleiten lassen. Die Oberfläche des Strudels mit zerlassener Butter bestreichen. Die andere Hälfte des Teiges ebenso füllen. Den Strudel neben den ersten in die Form legen. • Die Form auf der unteren Leiste in den Backofen schieben. Die Strudel bei 220° C 40–45 Minuten backen, bis die Teigkruste knusprig ist. • Die Apfelstrudel in der Form servieren.

Variante
Statt Rosinen kann man gedörrte Zwetschgen verwenden. Die entsteinten Zwetschgen würfeln, mit wenig Wasser und 2 Eßlöffeln Rum 2 Stunden quellen lassen. Über die Äpfel streuen.

Mein Tip: Wenn der Strudel auf dem normalen Backblech gebacken werden soll, dann auf der mittleren Leiste, weil sonst die Unterhitze zu groß wird.

• Mais

Mexikanischer Maisauflauf

Zutaten für 4 Personen:
400 g Mais · 1100 g Wasser · 120 g Honig · 50 g Butter · 3 Eigelb · 60 g Haselnüsse · abgeriebene Schale von 1 Zitrone (unbehandelt) · ¼ Teel. gemahlener Anis · 3 Eiweiß · Reformmargarine für die Form · 1 Eßl. grob gehackte Haselnüsse zum Bestreuen
Pro Person etwa 3000 Joule / 714 Kalorien

- Zubereitungszeit: 25 Minuten
- Backzeit: 50 Minuten

So wird's gemacht: Den Mais fein schroten. Das Maismehl ins kochende Wasser einrühren und zu einem dicken Brei kochen. Etwas abkühlen lassen. • Den Honig, die Butter und die Eigelb darunterrühren. Den Backofen auf 180° C vorheizen. • Die Nüsse grob reiben und zum Mais geben. Mit der Zitronenschale und dem Anis würzen. Die Eiweiß steif schlagen und unterheben. • Die Masse in eine gefettete Auflaufform füllen. Mit den gehackten Nüssen bestreuen. • Auf die unterste Leiste in den Ofen schieben und etwa 50 Minuten backen, bis der Auflauf innen fest ist (Stäbchenprobe).

Das paßt dazu: frisches Obst je nach Jahreszeit, zum Beispiel Birnen und Zwetschgen, kleingeschnitten und gemischt, oder Quittenmus oder Rhabarberkompott oder Pfirsichpüree (Rezept Seite 82).

• Weizen

Basler Kirschenauflauf

Wenn Sie hin und wieder altbackenes Brot übrig haben, bereiten Sie einmal diese Basler Spezialität zu. Mit den Resten vom selbstgebackenen Schwarzbrot schmeckt der Auflauf besonders köstlich und vollmundig. Er kann warm oder kalt gegessen werden. Schlemmer genehmigen sich einen Klecks Schlagsahne dazu. Trocknen Sie das Brot vorher im Backofen und reiben Sie es in der Mandelmühle fein.

Zutaten für 4 Personen:
120 g Reformmargarine · 150 g Honig · 4 Eigelb · ½ Teel. Zimt · 1 Teel. Kakao · 2 Eßl. Kirschwasser · 100 g Weizen · 60 g Haselnüsse · 220 g geriebenes Vollkornbrot · 600 g Sauerkirschen oder 600 g Süßkirschen und Saft von ½ Zitrone · 4 Eiweiß · Reformmargarine für die Form · 2 Eßl. in feine Scheiben geschnittene Haselnüsse zum Bestreuen
Pro Person etwa 2970 Joule / 705 Kalorien

- Zubereitungszeit: 40 Minuten
- Backzeit: 50–60 Minuten

So wird's gemacht: Die Margarine mit dem Honig und den Eigelb schaumig rühren. Den Zimt, den Kakao und das Kirschwasser beifügen. • Den Weizen mehlfein mahlen. Die Nüsse grob reiben oder hacken. Das geriebene Brot, den Weizen und die Nüsse gründlich mit dem Fett verrühren. 20 Minuten ruhen lassen. • Inzwischen die Kirschen entkernen. (Tiefgefrorene Kirschen nur antauen lassen, dann entkernen und gleich weiterverwenden). Den Backofen auf 200° C vorheizen. • Die Kirschen (und falls notwendig den Zitronensaft) vorsichtig unter den Teig mischen. Die Eiweiß steif schlagen und unterziehen. • Die Masse in eine gefettete Auflaufform füllen, glattstreichen und mit den Nüssen bestreuen. • Die Form auf der unteren Leiste in den Backofen schieben. Den Auflauf bei 200° C 50 Minuten backen. Weitere 10 Minuten im ausgeschalteten Herd stehenlassen.

Mein Tip: Das vorher sehr gut getrocknete Vollkornbrot kann man mit manchen Getreidemühlen mühelos zu gleichmäßigen Bröseln oder feinem Mehl (je nach Einstellung des Feinheitsgrades) vermahlen. Natürlich muß das Brot vorher entsprechend zerkleinert werden, damit die groben Brotstückchen ohne weiteres durch die Einfüllöffnung rutschen.

• Weizen

Gefüllte Quark-Rohrnudeln

Zutaten für 20–25 Stück:
60 g Milch · 40 g Hefe · 30 g weiche Butter · 200 g trockener Quark · 2 Eigelb · 70 g Honig · abgeriebene Schale von 1 Zitrone (unbehandelt) · 500 g Weizen
Für die Füllung: 125 g Walnußkerne oder Haselnüsse · 60 g Honig · ¼ Teel. Zimt · 1 Prise gemahlene Nelken · 750 g Aprikosen oder Zwetschgen · ¼ l Milch · 20 g Butter zum Bestreichen
Pro Stück etwa 235 Joule / 56 Kalorien bei 25 Stück

- Zubereitungszeit: 1 Stunde
- Ruhezeit für den Teig: 1 Stunde
- Backzeit: 45 Minuten

So wird's gemacht: Die Milch leicht erwärmen und die Hefe darin auflösen. • Die Butter mit dem Quark, den Eigelb und dem Honig schaumig rühren. Die Hefemilch und die Zitronenschale beifügen. • Den Weizen mehlfein mahlen und unter die Quarkmasse arbeiten. Den weichen Teig kurz und kräftig durchkneten. Zugedeckt auf das Doppelte aufgehen lassen. • Inzwischen die Nüsse fein reiben und mit dem Honig und den Gewürzen zu einer dicken Paste verrühren. Die Aprikosen oder die Zwetschgen waschen, entsteinen und mit der Nußmasse füllen. • Eine große Auflaufform einfetten und die lauwarme Milch hineingießen. • Den Hefeteig auf dem bemehlten Backbrett dünn ausrollen und in Quadrate schneiden. Auf jedes Viereck 1 Aprikose oder 2 Zwetschgen legen. Die Teigränder darüberschlagen und zu einer Kugel formen. Mit der Naht nach unten in die Auflaufform setzen. Zugedeckt nochmals gehen lassen. Gleichzeitig den Backofen auf 200° C vorheizen. • Die Butter in einem Pfännchen zerlassen und die Rohrnudeln damit bestreichen. Die Form zudecken und auf der untersten Leiste in den Backofen schieben. Die Rohrnudeln bei 200° C etwa 45 Minuten backen.

• Weizen

Vollkorndampfnudeln

Unsere würzigen Dampfnudeln sind die Leib- und Magenspeise aller Nachbarskinder. Sie kommen mit dem größten Vergnügen zum Dampfnudelessen. Ja, manchmal werden regelrechte Wettessen veranstaltet – einer unserer kleinen Freunde schaffte auf einmal 13 Stück!

Zutaten für 3 Personen:
350 g Milch · 30 g Hefe · 50 g Butter · 60 g Honig · 1 Ei · 1 Prise Zimt · 550 g Weizen · Reformmargarine für die Form
Pro Person etwa 3900 Joule / 930 Kalorien

- Zubereitungszeit: 35 Minuten
- Ruhezeit für den Teig: 1 Stunde
- Backzeit: 40 Minuten

So wird's gemacht: 200 g Milch leicht erwärmen und die Hefe darin auflösen. • Die Butter mit dem Honig, dem Ei und dem Zimt schaumig rühren. • Den Weizen mehlfein mahlen. Das Vollkornmehl abwechselnd mit der Hefemilch unter die Buttermischung rühren. Zu einem glatten Teig verarbeiten. Zugedeckt ruhen lassen, bis der Teig um das Doppelte aufgegangen ist. • Den Teig kurz zusammenkneten. 18 gleichgroße glatte Kugeln rollen und nebeneinander in eine große gefettete Auflaufform setzen. • Den Backofen auf 200° C vorheizen. Die Dampfnudeln nochmals gehen lassen. • Die restliche Milch leicht erwärmen (Zimmertemperatur genügt) und über die Dampfnudeln gießen. • Die Form zudecken und auf der untersten Leiste in den Ofen schieben. Bei 200° C etwa 40 Minuten backen, bis die Dampfnudeln hellbraun sind und die Milch aufgesogen haben. (Beim Abnehmen des Deckels bitte aufpassen, da noch heißer Dampf entweicht).

Das paßt dazu: Zwetschgenkompott.

Variante
Auch kalt schmecken die Dampfnudeln sehr gut mit etwas Butter und Nuß-Honig oder selbstgekochtem Zwetschgenmus (Rezept Seite 127).

Köstliches zum Dessert

Lieben Sie süße Desserts? Hier dürfen Sie unbesorgt genießen. Denn diese verlockenden Nachspeisen mit Vollkorn und Honig, Nüssen und Früchten enthalten alles, was Sie gesund und fit macht. Aus Erfahrung weiß ich, daß Kinder und auch Väter hier begeistert zulangen.

• Weizen

»Belila« – Ägyptische Weizenspeise

Die Landbevölkerung in Ägypten ernährt sich noch heute auf die ursprüngliche Weise mit Vollkorn, braunen Bohnen, frischem Gemüse und Obst. Zum selbstgebackenen Fladenbrot ißt man Käse und Joghurt aus Büffelmilch. Unsere Zivilisationskrankheiten sind dort fast unbekannt!

Zutaten für 4 Personen:
1 Eßl. Honig • 2 Eßl. ungeschwefelte Rosinen • 1 Prise Zimt • 2 Teel. abgeriebene Orangenschale (unbehandelt) • 150 g Weizenkörner, nach dem Grundrezept Seite 45 gekocht • 1/8 l Sahne • 4 Eßl. frisch geriebene Kokosflocken, ersatzweise geriebene Nüsse • frisches Obst zum Garnieren
Pro Person etwa 1680 Joule / 400 Kalorien

- Zubereitungszeit: 10 Minuten
- Kühlzeit: 1 Stunde

So wird's gemacht: Den Honig, die Rosinen, den Zimt und die Orangenschale unter die gekochten Weizenkörner mischen. Die Sahne halbsteif schlagen und unterziehen. • Die Creme in vier Schälchen verteilen. Über jede Portion 1 Eßlöffel Kokosflocken (oder Nüsse) streuen. Gut kühlen. • Mit frischem Obst garniert servieren.

Mein Tip: Ganz »stilecht« wirkt es, wenn Sie dieses Dessert in halben Kokosnußschalen servieren!

• Hirse

Hirse-Quark-Creme

Zutaten für 4 Personen:
150 g Hirse • 300 g Wasser • 200 g Quark • 60 g Honig • 1 Eigelb • 2 Teel. Zitronensaft • abgeriebene Schale von 1 Zitrone (unbehandelt) • 1/2 Teel. gemahlene Vanille • 1 Eiweiß • 2 Eßl. Haselnüsse, in Scheiben geschnitten • frisches Obst
Pro Person etwa 1410 Joule / 335 Kalorien

- Zubereitungszeit: 10 Minuten
- Garzeit: 15 Minuten

So wird's gemacht: Die Hirse mit dem Wasser aufkochen. Im gut verschlossenen Topf bei kleinster Wärmezufuhr 15 Minuten quellen lassen. • Die übrigen Zutaten der Reihe nach mit der Hirsemasse verrühren. Zuletzt das Eiweiß zu Schnee schlagen und unterheben. • Die Creme in eine Glasschale füllen. Mit den Nüssen und dem Obst hübsch garnieren und bis zum Servieren in den Kühlschrank stellen.

Variante
Auch Dörrobst schmeckt sehr gut zur Hirsecreme. Die Dörrfrüchte (Zwetschgen oder Aprikosen) 3–4 Stunden in Wasser einweichen. Das Einweichwasser abgießen und die Hirse darin kochen. Das Dörrobst entsteinen, kleinschneiden und unter die Creme mischen. Da die Früchte an sich süß sind, genügen 30 g Honig.

• Hirse

Frucht-Sahne-Speise

Zutaten für 4 Personen:
150 g Hirse • 400 g Sauerkirsch- oder Johannisbeersaft • 130 g Honig • 1/2 Teel. Delifrut • 50 g Milch • 1/8 l Sahne
Pro Person etwa 1685 Joule / 400 Kalorien

- Zubereitungszeit: 25 Minuten

So wird's gemacht: Die Hirse mehlfein mahlen und in den Fruchtsaft rühren. Unter Umrühren aufkochen und auf der ausgeschalteten Platte ausquellen lassen. • Den Honig, das Delifrut und die Milch unter die abgekühlte Masse rühren. • Die Sahne steif schlagen und unterheben (etwas zum Garnieren zurücklassen). Die Creme in eine Glasschale füllen und mit einigen Sahnetupfern verzieren.

Variante
Frische Himbeeren oder Erdbeeren oder einige Früchte aus dem Rumtopf machen das Dessert besonders fruchtig.

• Gerste

Apfeldessert »Eva«

Zutaten für 4 Personen:
75 g Nacktgerste • ¼ l Wasser • 1 Eßl. Zuckerrübensirup (nicht raffiniert) • ¼ Teel. Delifrut • abgeriebene Schale von 1 Zitrone (unbehandelt) • 1 Eßl. Zitronensaft • 75 g Quark • 1 großer Apfel • 50 g Sahne • 1 Eßl. grob gehackte Haselnüsse zum Bestreuen
Pro Person etwa 945 Joule / 225 Kalorien

- Quellzeit: 10–12 Stunden
- Zubereitungszeit: 20 Minuten
- Garzeit: 40 Minuten

So wird's gemacht: Die Gerste abends in dem kalten Wasser einweichen. • Am nächsten Morgen 40 Minuten leise kochen lassen, bis die Körner aufbrechen und der weiße Mehlkern sichtbar wird. • Das Kochwasser abgießen. Die weichen Körner pürieren oder durch den Wolf drehen. 3 Eßlöffel vom Kochwasser, den Zuckerrübensirup, das Delifrut, die Zitronenschale und den -saft beifügen und cremig rühren. Den Quark untermengen. • Den Apfel waschen, vom Kernhaus befreien und mit der Schale grob raspeln. Unter die Creme mischen. Die Sahne steif schlagen und unterheben. • Die Creme in eine Schale füllen und mit den gehackten Nüssen bestreuen.

Mein Tip: Sahne, die sich nicht steif schlagen läßt, ist meistens nicht kalt genug. Stellen Sie die Sahne im Rührgefäß für 10 Minuten in den Gefrierschrank oder in die Gefriertruhe, dann geht's besser.

Makronen-Eis-Dessert

Zutaten für 4 Personen:
200 g Sahne • 1½ Eßl. Honig • 3 Teel. abgeriebene Orangenschale (unbehandelt) oder feingehacktes Orangeat • 100 g Weizenkleie-Nußmakronen (etwa 4–5 Stück, Rezept Seite 103) • 250 g frische oder tiefgefrorene Erdbeeren
Pro Person etwa 1280 Joule / 305 Kalorien

- Zubereitungszeit: 20 Minuten
- Gefrierzeit: 3–4 Stunden

So wird's gemacht: Die Sahne steif schlagen. Den Honig und die Orangenschale oder das Orangeat dazugeben. • Die Makronen grob zerkleinern und unterheben. Die Schaumcreme in vier kalt ausgespülte Portionsförmchen oder eine kleine Kastenform geben. 3–4 Stunden in den Gefrierschrank stellen. • Die Erdbeeren waschen, vom Stengelansatz befreien und einige schöne Früchte zum Dekorieren beiseite legen. Die übrigen Beeren etwas pürieren. • Das Eisdessert auf Portionsteller stürzen. Mit dem Püree umgießen und mit den ganzen Früchten dekorieren.

Variante
Auch ungefroren schmeckt die Sahnecreme köstlich. Nehmen Sie statt Erdbeeren reife Pfirsiche oder einige Löffel Früchte aus dem Rumtopf dazu.

• Weizen

Schokoladencreme

Hier ist unser Lieblingsdessert! Für alle, die gerne ein bißchen schlemmen und trotzdem gesund leben wollen!

Zutaten für 4 Personen:
80 g Weizen • 1 Eßl. Kakao • ¼ Teel. Zimt • ¼ l Wasser • 150 g Milch • 3 Eßl. Honig • 60 g geriebene Haselnüsse • 2 Teel. abgeriebene Orangenschale (unbehandelt) • 2 Eßl. Vanillerum (siehe Tip) • 100 g Sahne • 1 Eßl. gehackte Nüsse
Pro Person etwa 1785 Joule / 425 Kalorien

- Zubereitungszeit: 25 Minuten
- Kühlzeit: 1–2 Stunden

So wird's gemacht: Den Weizen mehlfein mahlen. Das Weizenmehl, den Kakao und den Zimt mit dem Wasser anrühren. Unter ständigem Rühren zu einem dicken Brei kochen. Etwas abkühlen lassen. • Die Milch, den Honig, die geriebenen Nüsse, die Orangenschale und den Vanillerum mit der Schokoladenmasse verrühren. • Die Sahne steif schlagen und unterziehen (zum Garnieren etwas zurücklassen). Die Creme in eine Glasschale füllen, mit den Nüssen und der restlichen Sahne garnieren. Gut gekühlt servieren.

Variante – Schokoladeneis
Man zieht die doppelte Menge Schlagsahne (also ¼ l) unter die Creme und gibt noch etwas Kakao und Honig nach Geschmack dazu. Im Tiefkühlfach 2–3 Stunden gefrieren lassen.

Mein Tip: Mit Vanillerum können Sie viele Süßspeisen und süßes Gebäck aromatisieren. Dazu 2 Vanilleschoten kleinschneiden und in ⅛ l Rum mindestens 8 Tage ziehen lassen.

Mohncreme

Ein Festtagsdessert aus Großmutters Küche, für das sich die Enkel heute ebenso begeistern!

Zutaten für 4 Personen:
2 Eßl. Korinthen • 2 Eßl. Rum • 60 g Vollkorngrieß • 150 g frisch gemahlener Mohn • ¼ l Wasser • 50 g Honig • ½ Teel. Zimt • 1 Prise gemahlene Nelken • 100 g Sahne
Pro Person etwa 1870 Joule / 445 Kalorien

- Zubereitungszeit: 30 Minuten
- Kühlzeit: 1 Stunde

So wird's gemacht: Die Korinthen mit dem Rum übergießen und zugedeckt ziehen lassen. • Den Vollkorngrieß und den Mohn in einem Kochtopf mit dem Wasser verquirlen. Unter ständigem Rühren zu einem dicken Brei kochen. Den Topf zum Abkühlen in kaltes Wasser stellen und die Masse gelegentlich umrühren. • Den Honig, die Korinthen und die Gewürze einmischen. • Die Sahne steif schlagen und unterheben. Die Mohncreme in eine Glasschale füllen und kalt stellen.

Süßigkeiten – nicht nur für Kinder

Ostern ohne bunte Zuckereier und Schokoladehasen? Keine Angst, Sie brauchen nicht Ihrer Gesundheit zuliebe auf Süßigkeiten zu verzichten. Selbstgemachtes Konfekt aus Honig und Nüssen, Sesam und Dörrfrüchten schmeckt verführerisch! Auch fürs Osternest finden Sie in diesem Kapitel die richtigen Anregungen. Doch bitte denken Sie daran: in allen diesen leckeren Sachen stecken recht viele Joule, die Ihrer schlanken Linie zum Verhängnis werden könnten!

Sesam-Krokant-Konfekt

Meine selbstgemachten Schleckereien sind bei großen und kleinen Kindern sehr beliebt. Allerdings sollte man nicht zuviel auf einmal davon essen, weil die Zutaten sehr gehaltvoll sind.

Zutaten:
50 g Haselnüsse • 100 g kleinblättrige Vollkornhaferflocken • 150 g Sesamsamen • 80–100 g Honig
Insgesamt etwa 8715 Joule / 2085 Kalorien

- Zubereitungszeit: 30 Minuten

So wird's gemacht: Die Nüsse reiben und zusammen mit den Haferflocken in einer großen Pfanne leicht rösten. Getrennt davon den Sesam goldgelb rösten. • Alles gut mischen. Den Honig mit den Knethaken der Küchenmaschine daruntergrarbeiten. Kleine Kugeln aus der Masse formen und an der Luft trocknen lassen.

Varianten
Durch verschiedene Geschmackszutaten kann man die Krokantmasse beliebig würzen: 1 Teelöffel Zimt und 2 Teelöffel Rum beifügen. • Oder die abgeriebene Schale von 1–2 unbehandelten Orangen und 2 Eßlöffel Orangensaft daruntermischen. • Oder 1–2 feingehackte kandierte Ingwerpflaumen dazugeben. • Oder 1 1/2 Teelöffel Kakao, 1 Eßlöffel starken schwarzen Kaffee und 1 Prise Zimt unterkneten.

• Weizen • Hafer

Ostereier

Da wir den Zucker und alle anderen ungesunden Süßigkeiten seit Jahren aus unserem Haus verbannt haben, legt bei uns der Hase selbstverständlich »Spezialostereier« – sie schmecken kleinen und großen Kindern sehr gut! Aus der Grundmasse kann man sowohl Schokoladen- als auch Fruchteier bereiten.

Zutaten für die Grundmasse:
100 g Weizen • 130 g Nackthafer • 200 g Honig • 100 g Haselnuß- oder Erdnußmus • 1/2 Teel. Zimt • 1/2 Teel. gemahlene Vanille • 100 g Haselnüsse
Für Schokoladeneier zusätzlich: 2 Eßl. Rum • 2 Eßl. starker schwarzer Kaffee • 4 Teel. Honig • Kakao
Für Fruchteier zusätzlich: 4 Eßl. Orangensaft • 1 Eßl. abgeriebene Orangenschale (unbehandelt) • 1 Teel. Delifrut • 50 g feingehacktes Orangeat • 2 Eßl. gehackte Nüsse
Insgesamt etwa 12 420 Joule / 2555 Kalorien

- Darren (Rösten) des Getreides: 1 Stunde
- Zubereitungszeit: 30 Minuten
- Ruhezeit für den Teig: 2 Tage
- Trockenzeit für die Eier: einige Tage

So wird's gemacht: Den Weizen und den Nackthafer auf einem Backblech 1 Stunde lang bei 80° C im Backofen rösten. Abkühlen lassen und mehlfein mahlen. • Den Honig mit dem Haselnuß- oder Erdnußmus, dem Zimt und der Vanille verrühren. Die Haselnüsse fein reiben und beifügen. • Für Schokoladeneier den Rum, den Kaffee, den Honig und 4 Teelöffel Kakao zur Nußmasse geben; oder für Fruchteier der Grundmasse den Orangensaft, die Orangenschale, das Delifrut und das Orangeat zufügen. • Zum Schluß das Vollkornmehl darunterkneten. Den Teig 2 Tage ruhen lassen, damit das Getreide ausquillt. • Danach Ostereier formen. Die Schokoladeneier in Kakao, die Fruchteier in den Nüssen wälzen. Auf dem Tortengitter einige Tage trocknen lassen. • Anschließend die Eier in Alufolie und buntes Seidenpapier wickeln.

• Hafer

Fruchtschnitten

Ein ordentlicher Vorrat an selbstgedörrtem Obst war früher der Stolz unserer Großmütter. Mit den modernen Dörrapparaten können wir heute das Obst aus dem eigenen Garten sehr schonend trocknen und gesunde, sehr begehrte Schleckereien daraus bereiten.

Zutaten:
200 g Dörrzwetschgen (ohne Stein gewogen) · 65 g Nackthafer · 100 g Wal- oder Haselnüsse · 2 Eßl. Honig · abgeriebene Schale von 1–2 Orangen (unbehandelt) · ½ Teel. Zimt · 1 Teel. Kakao · große rechteckige Backoblaten
Insgesamt etwa 6890 Joule / 1640 Kalorien

- Zubereitungszeit: 40 Minuten
- Quellzeit für das Dörrobst: 1–2 Stunden
- Trockenzeit: einige Tage

So wird's gemacht: Die Zwetschgen 1–2 Stunden in wenig Wasser quellen lassen. (Sie sollen nicht zu weich werden). • Das Einweichwasser abgießen und fürs Müsli oder eine Süßspeise verwenden. Falls notwendig, den Stein auslösen. Die Zwetschgen durch den Wolf drehen. • Den Hafer in einer trockenen Pfanne einige Minuten unter Umrühren rösten, bis er würzig duftet. In der Getreidemühle mehlfein mahlen. • Die Hälfte der Nüsse fein reiben, die übrigen grob hacken. • Den Honig, die Orangenschale, den Zimt, den Kakao, das Hafermehl und die Nüsse nacheinander gründlich unter das Zwetschgenmus rühren. Die Fruchtpaste soll möglichst dick sein. Eventuell noch geriebene Nüsse oder Hafermehl beifügen und nachwürzen. • Die Fruchtmasse mit einem nassen Messer 1 cm dick auf große rechteckige Oblaten streichen. Jeweils mit einer Oblate abdecken. Ein Holzbrettchen darauflegen und über Nacht beschweren. • Am nächsten Tag in Quadrate oder rechteckige Stangen schneiden. Auf einem Kuchengitter einige Tage an der Luft trocknen lassen.

Varianten
Die Zwetschgen kann man zur Hälfte durch gedörrte Apfelringe ersetzen. • Auch dick eingekochtes Zwetschgenmus (Rezept Seite 127) kann man auf diese Weise zu Fruchtkonfekt verarbeiten.

Mein Tip: Das mühevolle Entsteinen der getrockneten Zwetschgen erübrigt sich, wenn man die Früchte vor dem Dörren entsteint und zusammengeklappt auf das Drahtsieb des Trockenapparates legt.

Aprikosenleckerli

Zutaten:
80–100 g Honig · 70 g Cashewnußmus · abgeriebene Schale und Saft von 1 Zitrone (unbehandelt) · ¼ Teel. Delifrut · ¼ Teel. gemahlener Ingwer · je 1 Prise Nelken und Muskatblüte · 250 g ungeschwefelte getrocknete Aprikosen · 150 g Walnußkerne · 100 g großblättrige Vollkornhaferflocken · 2 Eßl. geriebene Nüsse
Insgesamt etwa 13 845 Joule / 3295 Kalorien

- Zubereitungszeit: 40 Minuten

So wird's gemacht: Den Honig mit dem Nußmus, der Zitronenschale und dem -saft sowie den Gewürzen gut mischen. • Die Aprikosen abwaschen und durch den Wolf drehen. Das Fruchtmark mit der Honigmischung verrühren. • Die Walnüsse fein reiben und mit den Haferflocken in einer Pfanne unter Umrühren kurz rösten. Mit der Fruchtmischung gründlich verkneten. • Kleine Kugeln daraus rollen und in den geriebenen Nüssen wälzen. Einige Tage an der Luft trocknen lassen und dann in einem Schraubglas aufbewahren.

Das paßt zu Getreidespeisen

Vielleicht haben Sie sich beim Durchblättern meines Kochbuchs darüber gewundert, daß keine Fleischrezepte darin zu finden sind. Nun, dafür bietet dieses Kapitel viele schmackhafte Rohkostsalate, Gemüsebeilagen, pikante und süße Saucen sowie Desserts, die alle Getreidespeisen ausgezeichnet ergänzen. Entsprechende Vorschläge finden Sie nach den Rezepten.

Aber es ist auch sehr reizvoll, eigene Zusammenstellungen zu finden und auszuprobieren. Doch dazu sind einige grundsätzliche Überlegungen notwendig, denn nicht alle Nahrungsmittel harmonieren miteinander. Während die Tiere in der freien Natur instinktiv die ihnen zuträgliche Nahrung auswählen, hat der Mensch im Laufe seiner langen Entwicklung diese Fähigkeit verloren. Doch »nur durch eine harmonisch zusammengestellte Nahrung haben wir den vollen Nutzen aus unserer Ernährung. Die Teile einer Mahlzeit mögen einzeln richtig sein, wenn sie sich nicht zu einem harmonischen Ganzen zusammenfinden können, nützen sie uns wenig oder stören«, schreibt der Ernährungswissenschaftler Eduard A. Brecht in seinen Rezepten.

Genaue Regeln für die richtige Zusammenstellung einer Mahlzeit gibt es zwar nicht, doch es steht fest, daß sich eine Reihe von Lebensmitteln besonders gut ergänzen und in ihrer Wirkung noch gegenseitig steigern. Andere Kombinationen hingegen führen zu Unverträglichkeiten, die individuell verschieden groß sein können, etwa mehrere Kohlenhydratarten in einer Mahlzeit. Grundsätzlich gilt dabei:

- Kartoffeln passen nicht zum Getreide, auch nicht zu Reis oder Vollkornbrot, dagegen gut zu Salaten, Gemüse und Milcherzeugnissen.
- Zucker macht alle Vollkornprodukte schwer bekömmlich. Das gilt auch für die mit Zucker gesüßten Marmeladen und Obstkonserven. Die besten Mittel zum Süßen von Getreidespeisen und Vollkorngebäck sind Honig und nicht raffinierter Zuckerrübensirup (Reformhaus).
- Die ideale Ergänzung zu allen Getreidegerichten sind grüne Salate, frische Kräuter und Gemüse aller Art sowie reife, aromatische Früchte und süße Beeren. Auch Nüsse passen vorzüglich zur Vollkornkost. Milch, Sahne, Quark, Joghurt (ungezuckert und ohne Fruchtzusatz) und die übrigen Sauermilcherzeugnisse harmonieren sehr gut mit allen Getreidearten.
- Servieren Sie deshalb möglichst oft als Vorspeise einen grünen Salat oder eine Portion Gemüserohkost. Wildkräuter liefern im Frühling die ersten Vitamine.
- Zu pikanten Vollkorngerichten paßt schonend gedünstetes Gemüse ebenso gut wie eine würzige Gemüse-, Tomaten- oder Quarksauce.
- Süße Getreidespeisen mit frischem Obst oder Fruchtsaucen oder einer sahnigen Quarkcreme schmecken ausgezeichnet. Sie sättigen und erfrischen, ohne den Kreislauf zu belasten.

Selbstverständlich denken wir daran, daß liebevoll angerichtete Speisen auch das Auge erfreuen und die Lust am Essen noch steigern. Wir garnieren deshalb unsere Getreidegerichte mit grünen Kräutern, überstreuen sie mit Nüssen oder geröstetem Sesam oder überbacken sie mit goldgelbem geriebenem Käse. Das alte Sprichwort »Hunger ist der beste Koch« hat auch heute noch seine Gültigkeit; denn nur wer sich hungrig an den Tisch setzt, wird eine richtig zubereitete Mahlzeit wirklich genießen können.

Tomaten-Kräuter-Sauce

Zutaten für 3 Personen:
4 kleine Dosen Tomatenmark (je 70 g) • 200 g Wasser • 1 Gemüsebrühwürfel • 4 Eßl. Sahne • 50 g Butter • 1 Eßl. Rotwein • 1 Knoblauchzehe • 1 Teel. getrockneter Majoran • ½ Teel. getrocknetes Basilikum • ½ Teel. getrockneter Thymian • je 1 Prise getrockneter Rosmarin und Salbei • 1 Prise Picata
Pro Person etwa 1295 Joule / 310 Kalorien

• Zubereitungszeit: 10 Minuten

So wird's gemacht: Das Tomatenmark mit dem Wasser und dem Brühwürfel in einem kleinen Kochtopf verrühren. Erhitzen, aber nicht kochen. • Die Sahne, die Butter und den Rotwein dazugeben. Den Knoblauch schälen, zerdrücken und mit den Gewürzen unter die Tomatensauce mischen.

Paßt zu: allen Getreidespeisen, auch zu Reis und Hirse.

Mein Tip: Im Sommer ersetze ich einen Teil des Tomatenmarks durch frische, reife Tomaten. Dazu die Tomaten kurz in kochendes Wasser tauchen, die Haut abziehen und die Tomaten roh pürieren. Unter die warme Sauce mischen. (Eventuell etwas weniger Wasser nehmen). Im Winter kann man die Sauce durch roh eingefrorenes Tomatenpüree mit Vitaminen anreichern.

Nuß-Käse-Sauce

Zutaten für 4 Personen:
½ l Gemüsebouillon (Rezept Seite 37) • 1 Gemüsebrühwürfel • 2 Ecken Sahneschmelzkäse (je 62,5 g) • 1 Eßl. Cashew-Nußmus oder 2 Eßl. sehr fein geriebene Wal- oder Haselnüsse • 1 große Knoblauchzehe • 2 Eßl. herber Weißwein • 2 Teel. Zitronensaft • 1 Teel. Delikata • frisch geriebene Muskatnuß • 1 Eßl. feingehackte Kräuter (Petersilie, Schnittlauch, Dill, Basilikum)
Pro Person etwa 845 Joule / 200 Kalorien

• Zubereitungszeit: 10 Minuten

So wird's gemacht: Die Gemüsebouillon mit dem Brühwürfel erhitzen (nicht kochen). Den Käse und das Nußmus oder die Nüsse kräftig mit der Brühe verquirlen. • Den Knoblauch schälen und zerdrücken. Mit dem Wein und dem Zitronensaft zur Sauce geben. Eventuell noch einige Löffel Gemüsebouillon darunterrühren. • Mit den Gewürzen abschmecken und die Kräuter unterziehen.

Paßt zu: pikanten Getreide- und Reisgerichten, Pellkartoffeln, Kartoffeln vom Blech oder aus der Folie und zu gedünstetem Gemüse (s. Seite 85).

Tomaten-Quark-Sauce

Diese Sauce ist eine ideale Ergänzung zu einfachen Getreide- und Kartoffelgerichten, denn das hochwertige Pflanzeneiweiß wird durch das tierische Eiweiß im Quark noch weiter aufgewertet. Im Sommer ersetze ich das Tomatenmark zur Hälfte durch vollreife Tomaten (in kleine Würfel schneiden oder pürieren). So schmeckt die Sauce besonders aromatisch.

Zutaten für 3 Personen:
250 g Quark • 2 kleine Dosen Tomatenmark (je 70 g) • frische Kräuter (1 dickes Bündel Schnittlauch, dazu Thymian, Basilikum, Liebstöckel/Maggikraut) • 100–200 g saure Sahne • Kräutersalz
Pro Person etwa 1975 Joule / 470 Kalorien

• Zubereitungszeit: 10 Minuten

So wird's gemacht: Den Quark mit dem Tomatenmark cremig rühren. • Die Kräuter waschen

BOSCH

Zum Bild auf Seite 79: Der Kartoffel-Kräuter-Gratin schmeckt mit Rohkost. Rezepte Seite 58 und 84.
◁ Bild links: Knusprig und aromatisch gelingt ein Apfelstrudel mit Vollkornmehl. Rezept Seite 68.

und feinschneiden. Unter den Quark mischen. Von der sauren Sahne so viel beifügen, daß eine dickliche Sauce entsteht. Mit Kräutersalz abschmecken.

Paßt zu: Getreideaufläufen und -bratlingen, zu Selleriebraten (Rezept Seite 57) und zu Allgäuer Kartoffelküchle (Rezept Seite 58).

Varianten
Man kann die saure Sahne weglassen und die Quarkcreme als Dip verwenden für rohe Kohlrabi, rohes Weißkraut, Chicorée, Bleichsellerie, Gurken oder grüne Paprikaschoten. • Sehr gut schmeckt die Quarkcreme auch zu Vollkornbrot und zu den knusprigen Fladenbrötchen (Rezept Seite 107).

• Weizen

Champignonsauce

Zutaten für 4 Personen:
100 g Lauch/Porree • 1 große Zwiebel (100 g) • 1 große Knoblauchzehe • 125 g Sellerieknolle • ⅛ l Wasser • 1 Glas herber Weißwein • 200 g frische Champignons • 30 g Weizen • 30 g Butter • 6 Eßl. saure Sahne • 2 Teel. Vitam-Steinpilzbrühe • Zitronensaft • frisch gemahlener Pfeffer • Kräutersalz • 2 Eßl. feingehackte Petersilie
Pro Person etwa 880 Joule / 210 Kalorien

• Zubereitungszeit: 30 Minuten

So wird's gemacht: Die Lauchstange putzen und waschen, die Zwiebel und die Knoblauchzehe schälen, den Sellerie waschen und schälen. Alles in grobe Stücke schneiden und dann mit der Moulinette fein zerkleinern; Zwiebel und Knoblauch mit dem Messer fein hacken. • Das Wasser mit dem Wein aufkochen und die Gemüsemischung 10 Minuten darin dünsten. • Die Champignons putzen, kurz waschen und in feine Scheiben schneiden. Zur Sauce geben. • Den Weizen mehlfein mahlen und hineinrühren. 5 Minuten sachte kochen lassen. • Die Butter, die saure Sahne, die Steinpilzbrühe und einige Tropfen Zitronensaft beifügen. Nicht mehr kochen. Mit Pfeffer und Kräutersalz abschmecken. Zum Schluß die feingehackte Petersilie daruntermischen.

Paßt zu: einfachen Kartoffelgerichten, Getreideaufläufen und -bratlingen und zu Gerichten aus ganzen Getreidekörnern.

Würzige Gemüsesauce

Zutaten für 3 Personen:
70 g Möhren/Karotten • 70 g Sellerieknolle • 70 g Zwiebeln • 1 Knoblauchzehe • 40 g Lauch/Porree • 2 Eßl. Sonnenblumenöl • 1 Eßl. Wasser • 1 Gemüsebrühwürfel • 50 g Wasser • 1 kleine Dose Tartex-Pastete Exquisit (65 g) oder 2 Eßl. feingeriebene Wal- oder Haselnüsse • 100 g Sahne • einige Tropfen Zitronensaft und Worcestershiresauce • 1 Eßl. feingehackte Sellerieblätter • 1 Eßl. feingehackte Petersilie
Pro Person etwa 1625 Joule / 385 Kalorien

• Zubereitungszeit: 20 Minuten

So wird's gemacht: Die Möhren und den Sellerie unter fließendem Wasser sauber abbürsten. Die Zwiebeln und die Knoblauchzehe schälen. Die Lauchstange putzen und waschen. Alles in grobe Stücke schneiden und dann mit der Moulinette fein zerkleinern; Zwiebel und Knoblauch mit dem Messer feinhacken. • Das Öl mit 1 Eßlöffel Wasser in einem kleinen Topf erhitzen und die Gemüsemischung darin 5 Minuten dünsten. • Den Brühwürfel und 50 g Wasser zugeben. Etwa 10 Minuten garen, bis das Gemüse weich ist. • Die Tartex-Pastete oder die Nüsse und die Sahne darunterrühren. Mit Zitronensaft und Worcestershiresauce abrunden. Zum Schluß die Sellerieblätter und die Petersilie unter die Sauce mischen.

Paßt zu: allen einfachen Getreide- und Kartoffelgerichten.

• Weizen

Chinesische Apfel-Curry-Sauce

Zutaten für 3 Personen:
1 Eßl. Boemboe-Nasi-Goreng-Mischung • 3 Eßl. heißes Wasser • 1 große Zwiebel • 2 mittelgroße Äpfel • 20 g Butter • 1 Eßl. Wasser • 25 g Weizen • 2 Teel. Curry • ¼ l Wasser • ½ Gemüsebrühwürfel • 2 Eßl. frische, geriebene Kokosnuß oder 40 g feingeriebene Haselnüsse • 3 Eßl. herber Weißwein • 2 Eßl. Mangosauce • ⅛ l saure Sahne • abgeriebene Schale von ½ Zitrone (unbehandelt) • 2 Teel. Zitronensaft • 3 hartgekochte Eier • 1 Eßl. feingehackte Petersilie
Pro Person etwa 1495 Joule / 355 Kalorien

• Zubereitungszeit: 30 Minuten

So wird's gemacht: Die Boemboe-Nasi-Goreng-Mischung im heißen Wasser mindestens 10 Minuten quellen lassen. • Inzwischen die Zwiebel und die Äpfel schälen und grob raspeln. Die Butter mit 1 Eßlöffel Wasser erhitzen und die Zwiebel-Apfel-Mischung darin weich dünsten. • Den Weizen mehlfein mahlen und darüberstreuen. Die Nasi-Goreng-Mischung und den Curry beifügen. Alles gut verrühren. ¼ l Wasser und den Brühwürfel dazugeben. Die Sauce unter Umrühren 5 Minuten kochen. • Die Kokosnuß oder die Haselnüsse, den Wein, die Mangosauce, die saure Sahne, die Zitronenschale und den Zitronensaft darunterrühren. • Die Eier schälen und halbieren. In die heiße Sauce legen und mit der Petersilie bestreuen.

Paßt zu: Butterreis (Rezept Seite 42). Als Vorspeise eine große Schüssel Eisbergsalat oder Feldsalat oder Chicorée.

Rohe Apfel-Sanddorn-Sauce

Zutaten für 3 Personen:
500 g Äpfel • 3 Eßl. Sanddorn (honiggesüßt) • 1 Teel. frischer, feingeriebener Ingwer • 100 g Sahne • Honig nach Geschmack
Pro Person etwa 1045 Joule / 240 Kalorien

• Zubereitungszeit: 15 Minuten

So wird's gemacht: Die Äpfel waschen, vom Kernhaus befreien und mit der Schale fein reiben. Den Sanddorn und den Ingwer beifügen. • Die Sahne halbsteif schlagen und unterziehen. Nach Wunsch mit Honig süßen und sofort servieren.

Paßt zu: süßen Vollkornaufläufen.

Pfirsichpüree

Zutaten für 3 Personen:
2–3 reife Pfirsiche • 250 g Erdbeeren, Himbeeren, Johannisbeeren, Kirschen gemischt • Honig nach Geschmack
Pro Person etwa 305 Joule / 75 Kalorien

• Zubereitungszeit: 10 Minuten

So wird's gemacht: Das Obst waschen. Die Pfirsiche in kochendes Wasser tauchen und die Haut abziehen, die Früchte entsteinen. Die Kirschen entkernen. • Alles Obst im Mixer pürieren. Honig nach Geschmack beifügen und das Püree sofort servieren.

Paßt zu: süßen Vollkornaufläufen.

Variante – Frucht-Sahne-Dessert
Unter das Pfirsichpüree ¼ l steif geschlagene Sahne heben.

Frischkost für Feinschmecker

Ein richtig zubereiteter Rohkostsalat ist nicht nur eine Delikatesse, er fördert auch in vielfältiger Weise unsere Gesundheit: Grüne Salate, rohes Gemüse und würzige Kräuter versorgen uns reichlich mit Vitaminen und Mineralien. Sie regen den Kreislauf an und entschlacken den ganzen Organismus. Die kaltgeschlagenen Pflanzenöle mit ihrem hohen Gehalt an ungesättigten Fettsäuren können die überhöhten Blutfettwerte senken und den Cholesterinspiegel normalisieren. Joghurt, Quark, Dickmilch, süße und saure Sahne – die Grundsubstanzen vieler pikanter Salatsaucen – machen das im Gemüse und in Blattsalaten enthaltene Pflanzeneiweiß noch wertvoller. Alle diese wichtigen Stoffe, die uns die ungekochte Nahrung bietet, kann der Körper am besten aufnehmen, wenn wir die Rohkostsalate als Vorspeise vor der Hauptmahlzeit essen.

Salate und Gemüse sollten möglichst frisch verwendet und erst unmittelbar vor der Mahlzeit zubereitet werden, denn der Luftsauerstoff zerstört wertvolle Vitamine und Wirkstoffe in kurzer Zeit. Wurzelgemüse schäle ich nicht, sondern bürste sie gründlich unter fließendem Wasser. Fein geraspelt (geraffelt) oder in feine Scheiben, Würfel oder Streifen geschnitten, ist rohes Gemüse am bekömmlichsten. Zum Zerkleinern benützt man eine Edelstahlreibe oder – für größere Portionen – Schnitzelgeräte, die man mit den elektrischen Handmixern kombinieren kann.

Alle Gemüsearten (außer grünen Bohnen und Artischocken) kann man roh essen. Probieren Sie auch unbekanntere Sorten – die man übrigens alle im eigenen Garten ziehen kann:

Broccoli, der zarte grüne »Verwandte« des Blumenkohls, ist sehr pikant im Geschmack.

Kohlsprossen, die zarten Frühlingstriebe des Grünkohls, liefern im Frühjahr den ersten vitaminreichen Salat.

Radicchiosalat wächst in roten Blattrosetten und schmeckt ähnlich wie Chicorée. Eine hübsche Dekoration für alle Salatplatten!

Topinambur, die längliche Knolle aus der Sonnenblumenfamilie (Erntezeit November bis April), schmeckt roh nußartig. Sie enthält reichlich Kalk und Kieselsäure und das für Zuckerkranke wichtige Inulin, das insulinbildend wirkt.

Pikante Salatsaucen

Eine pikante Sauce macht alle Salate zur Delikatesse. Probieren Sie die folgenden Varianten. Die Zubereitung ist einfach: alle Zutaten mit dem Mixer verquirlen, im Kühlschrank aufbewahren und die Kräuter erst kurz vor dem Anrichten beifügen. Die Menge reicht jeweils für etwa 4 Portionen Salat.

1. Pikante Salatsauce
für alle Blattsalate, auch für Tomaten- und Paprikasalat:
4 Eßl. Sonnenblumen- oder Distelöl • 1–2 Eßl. Apfelessig oder Zitronensaft • Kräutersalz • 2 Eßl. feingehackte Kräuter
Etwa 1430 Joule / 340 Kalorien.

2. Quarkmayonnaise
für Salate aus Wurzelgemüsen:
3 Eßl. Quark • 3 Eßl. Joghurt • 2 Eßl. Sonnenblumenöl • 2 Teel. Zitronensaft • 1 Teel. Senf • 2 Eßl. feingehackte Kräuter
Etwa 1850 Joule / 440 Kalorien.

3. Nuß-Rahmsauce
für rohen Spargel-, Schwarzwurzelsalat und andere Wurzelgemüse:
1 Becher saure Sahne (200 g) • 2 Teel. Zitronensaft • 50 g feingeriebene Wal- oder Haselnüsse • Kräutersalz • 1 Eßl. feingehackte Kräuter
Etwa 2520 Joule / 600 Kalorien.

Kräuter für Salate

Die frischen Kräuter für meine Salate stimme ich immer mit den übrigen Zutaten ab. Natürlich müssen Sie nicht alle Kräuter zu gleicher Zeit nehmen – wählen Sie nach Ihrem Geschmack und Ihren Möglichkeiten aus meinen Vorschlägen aus!

Kräuter für alle Blattsalate:
Petersilie, Schnittlauch, Estragon, Dill, Zitronenmelisse, Zitronenthymian, Liebstöckel/Maggikraut, Borretsch.

Frischkost für Feinschmecker

Kräuter für Salate aus Wurzelgemüsen und Krautsalate:
Zu den Kräutern für Blattsalate können Kerbel, Fenchelkraut, Thymian, Basilikum, Bohnenkraut, Ysop, Weinraute, Sellerieblätter hinzugenommen werden.

Kräuter für Salate mit Tomaten, Paprika, Zucchini und Kürbis:
Zu den Kräutern für Blattsalate und Salate aus Wurzelgemüsen können Majoran, Salbei und Rosmarin hinzukommen.

Auch mit den folgenden Zutaten kann man Salate abwechslungsreich würzen:
Knoblauch • Wildkräuter • frisch geriebener Meerrettich (besonders für rote Bete) • gemahlener Koriander und Kümmel (für Krautsalate und rote Bete) • feingehackte Zwiebel • gehackte Gewürzgurken • Tomatenwürfel • geriebene Radicchiowurzel.

Oregano, Thymian und Lorbeer sind drei würzkräftige Vertreter der vielen vitaminspendenden Kräuter, die unsere Vollkorngerichte anreichern.

Salatkombinationen zum Ausprobieren

Wohl jede Hausfrau weiß, wie man Rohkostsalate zubereitet. Ich gebe Ihnen daher nur einige Anregungen für die Zusammenstellung von Gemüsefrischkost und für die dazu passenden Saucen (Rezepte Seite 83). Die Mengenverhältnisse richten sich nach den vorhandenen Vorräten und dem persönlichen Geschmack!

Das paßt gut zusammen:	Sauce Nr.
Apfel – Lauch/Porree	2
Apfel – Topinambur – Kresse	2
Bleichsellerie – grüne Paprikaschote – Tomaten	1
Broccoli – Tomaten	1
Fenchel – Möhren/Karotten	2 oder 3
Fenchel – Apfel – Radicchio	2 oder 3
Fenchel – Tomaten	1
Kohlsprossen (vom Grünkohl)	1
Kohlrabi – junge Erbsen	2 oder 3
Möhren/Karotten – Apfel – Lauch/Porree	2
Möhren/Karotten – Sellerie – Apfel	2 oder 3
Rosenkohl mit grobgehackten Nüssen (mit gemahlenem Kümmel und Koriander würzen)	2
Rosenkohl – Tomaten	1
Rote Bete – Apfel – Lauch/Porree	2
Rote Bete – Apfel – Topinambur (mit geriebenem Ingwer und Meerrettich würzen)	2 oder 3
Sauerkraut – Apfel – Gewürzgurke – Zwiebel	1
Sauerkraut – Möhren/Karotten	1
Schwarzwurzel – Radicchio	2 oder 3
Spargel, roh (schälen und in feine Scheiben schneiden)	3
Spinat, feingeschnitten – Fenchel	1
Weißkraut oder Wirsing oder Chinakohl mit Apfel und gehackten Nüssen	2
mit Möhren/Karotten	1 oder 2
mit Tomaten	1
Zichorien- oder Chicoréesalat – Apfel – Orange	2 oder 3
Zwiebel – Möhren/Karotten	1 oder 2
Zwiebel – Apfel – Tomaten	1

Gemüse richtig zubereitet

Gemüse ist die richtige Ergänzung zu allen Getreidegerichten. Zweifellos ist es als Rohkost am gesündesten. Doch wenn es richtig zubereitet wird, büßt es auch durch das Dünsten nicht allzuviel von seinem gesundheitlichen Wert ein. Ich dünste das zerkleinerte Gemüse nur kurze Zeit bei geringer Hitze in etwas Pflanzenöl und sehr wenig Wasser. Das Wasser soll verhindern, daß sich das Öl auf mehr als 100° C erhitzt und dadurch so geschädigt wird, daß es die Leber belastet. Das Öl umgibt das Gemüse mit einer schützenden Hülle, die alle Aromastoffe bewahrt. Butter oder Sahne oder pflanzliche (vegetabile) Pastete aus dem Reformhaus verfeinern das fertige Gericht. Mit Kräutersalz, Gewürzen und frischen Kräutern richtig abgeschmeckt wird es zur Delikatesse.

Lauchgemüse

Zutaten für 4 Personen:
500 g Lauch/Porree • 2 Eßl. Sonnenblumenöl • 6 Eßl. Wasser • ½ Gemüsebrühwürfel • 1 Dose Steinpilzpastete (125 g; Reformhaus) • 1 Teel. Delikata • 1 Prise Picata • 1 Eßl. gehackte Petersilie
Pro Person etwa 840 Joule / 200 Kalorien

- Zubereitungszeit: 15 Minuten
- Garzeit: 20 Minuten

So wird's gemacht: Den Lauch waschen, putzen und in ½ cm breite Streifen schneiden (die zarten grünen Teile mitverwenden). • Das Öl mit dem Wasser im Kochtopf erhitzen. Den Lauch und den Brühwürfel beifügen. Etwa 20 Minuten dünsten, bis der Lauch weich ist. • Die Steinpilzpastete zerkleinern und unter das Gemüse mischen. Mit den Gewürzen abschmecken. Die Petersilie darüberstreuen und sofort servieren.

Paßt zu: Getreide- und Kartoffelgerichten, Reis.

Variante – Lauchsauce
Für eine Lauchsauce so viel Sahne in das Gemüse rühren, daß die Mischung sämig wird. Mit Vitam-Steinpilzbrühe abschmecken. Die Sauce paßt zu Vollkornnudeln, Bratlingen und Aufläufen aus Getreideschrot.

Wirsinggemüse

Bild Seite 43

Zutaten für 4 Personen:
750 g Wirsing • 3 Eßl. Sonnenblumenöl • 8 Eßl. Wasser • 1 Gemüsebrühwürfel • 50 g Butter • Kräutersalz • je ¼ Teel. gemahlener Kümmel, Koriander und Delikata • 2 Eßl. gehackte Kräuter (Petersilie, Basilikum, Liebstöckel/Maggikraut oder Sellerieblatt)
Pro Person etwa 1315 Joule / 315 Kalorien

- Zubereitungszeit: 15 Minuten
- Garzeit: 20–30 Minuten

So wird's gemacht: Den Wirsing waschen und in Viertel zerteilen. Den harten Strunk entfernen (eventuell fein raspeln und mitverwenden). Den Wirsing in 2 cm breite Streifen schneiden. • Das Öl und das Wasser im Kochtopf erhitzen. Das Gemüse und den Brühwürfel beifügen. Bei kleiner Hitze garen, dabei 1–2mal umwenden. Der Wirsing soll weich, aber noch etwas knackig sein. • Den Topf vom Herd nehmen. Die Butter unterziehen, mit Kräutersalz und den Gewürzen abschmecken. Die Kräuter darüberstreuen.

Variante
Fast jedes Gemüse kann man auf diese Weise zubereiten, zum Beispiel Weißkraut, Chinakohl, Rosenkohl, Broccoli/Spargelkohl, Blumenkohl, Kohlrabi, Möhren/Karotten, Lauch/Porree, Fenchelknollen, Bleichsellerie.

Mein Tip: Die meisten Gemüsegerichte gewinnen an Geschmack, wenn man 1–2 in Würfel geschnittene Tomaten mitdämpft. Da Tomaten viel Saft ziehen, füge ich dann weniger Wasser bei.

Rahmpaprika

Bild Seite 61

Verwenden Sie möglichst verschiedenfarbige Paprikaschoten, das Auge ißt auch mit!

Zutaten für 4 Personen:
1 mittelgroße Zwiebel • 3 Knoblauchzehen • 100 g Lauch/Porree • 500 g Paprikaschoten • 300 g Tomaten • 3 Eßl. Sonnenblumenöl • 2 Gemüsebrühwürfel • 20 g Butter • 100 g saure Sahne • frisch gemahlener Pfeffer oder edelsüßes Paprikapulver • 3 Eßl. gehackte Kräuter (Petersilie, Liebstöckel/Maggikraut oder Sellerieblatt, Oregano, Basilikum, Thymian, Ysop, wenig Salbei und Weinraute)
Pro Person etwa 1450 Joule / 345 Kalorien

- Zubereitungszeit: 30 Minuten
- Garzeit: 20 Minuten

So wird's gemacht: Die Zwiebel und den Knoblauch schälen und fein hacken. Den Lauch putzen, waschen und in feine Ringe schneiden. Die Paprikaschoten vierteln, die weißen Innenwände und die Kerne entfernen, die Schoten in 1 cm breite Streifen schneiden. Die Tomaten würfeln. • Alles in einen Topf geben. Das Öl beifügen und unter Rühren 2–3 Minuten schmoren. • Dann zugedeckt bei kleiner Hitze etwa 20 Minuten dünsten, bis das Gemüse weich ist. • Die Brühwürfel, die Butter und die saure Sahne beifügen. Das Gemüse mit Pfeffer oder Paprikapulver abschmecken und die gehackten Kräuter untermischen.

• Weizen

Mailänder Sellerieauflauf

Zutaten für 4 Personen:
2 Stauden Bleichsellerie • etwa $^3/_8$ l Wasser • 1 Gemüsebrühwürfel • 1 Aubergine • 1 Teel. Delikata • knapp 1 Teel. Knoblauchsalz • 1 gute Prise schwarzer Pfeffer • 2 Eßl. Sonnenblumenöl • Butter für die Form • 3 Eßl. Reibkäse

Für die Sauce: 40 g Weizen • 2 Eßl. Hefeflokken • $^1/_4$ l Sellerie-Kochbrühe • 2 Eßl. Tomatenketchup • 3 Eßl. Sahne • $^1/_2$ Teel. Rosenpaprikapulver • $^1/_2$–1 Teel. frisch gemahlener schwarzer Pfeffer (Menge nach Geschmack) • 1 Eßl. feingehacktes Selleriegrün
Pro Person etwa 925 Joule / 220 Kalorien

- Zubereitungszeit: 40 Minuten
- Backzeit: 10 Minuten

So wird's gemacht: Die Selleriestauden waschen und zerlegen. Die Blätter und die harten Stielenden abschneiden, die Stangen halbieren. Das Wasser mit dem Brühwürfel aufkochen. Den Sellerie etwa 20 Minuten darin garen (nicht zu weich werden lassen). • Inzwischen die Aubergine waschen und in Scheiben schneiden. Das Delikata mit dem Knoblauchsalz und dem Pfeffer mischen. Die Auberginenscheiben darin wenden. Das Öl in einer Pfanne erhitzen. Die Auberginen darin goldgelb braten, auf Küchenkrepp abtropfen lassen. • Den Weizen mehlfein mahlen. Das Vollkornmehl mit den Hefeflocken in einer trockenen Pfanne etwas rösten, bis es würzig duftet, und abkühlen lassen. • Eine Auflaufform mit Butter ausstreichen. Die Selleriestangen hineinlegen. Den Backofen auf 200° C vorheizen. • Von der Kochbrühe $^1/_4$ l abmessen, das Mehlgemisch hineinrühren. 1–2 Minuten kochen. Den Topf vom Herd nehmen, das Tomatenketchup und die Sahne unterrühren, mit Paprika und Pfeffer abschmecken. Das Selleriegrün beifügen. • Die Sauce über den Sellerie gießen, die Auberginenscheiben darauflegen und den Auflauf mit dem Käse bestreuen. • Auf der obersten Leiste in den Backofen schieben und etwa 10 Minuten überbacken, bis der Käse zerläuft.

Das paßt dazu: Gersten-Frikadellen (Rezept Seite 50) oder Grünkernknödel (Rezept Seite 51).

Variante
Auch mit Knollensellerie können Sie dieses Gemüsegericht zubereiten: Dazu die geschälten Knollen in fingerdicke Streifen schneiden und – wie oben – in der Brühe garen.

Gemüsefenchel in Nuß-Käse-Sauce

Zutaten für 4 Personen:
3–4 Fenchelknollen · ½ l Wasser · 1 Gemüsebrühwürfel · Nuß-Käse-Sauce (Rezept Seite 78)
Pro Person etwa 1090 Joule / 280 Kalorien

• Zubereitungszeit: 40 Minuten

So wird's gemacht: Die Fenchelknollen waschen, putzen und halbieren. (Das Fenchelgrün aufheben.) Das Wasser mit dem Brühwürfel aufkochen, den Fenchel etwa 20 Minuten darin garen. • Danach die Fenchelhälften auf eine feuerfeste Platte legen und im Backofen warm stellen. • Die Nuß-Käse-Sauce nach dem Rezept Seite 78 zubereiten. Dabei die Fenchel-Kochbrühe mitverwenden und zum Schluß das feingehackte Fenchelgrün untermischen. Das Fenchelgemüse mit der Sauce umgießen.

Das paßt dazu: Butterreis (Rezept Seite 42) oder gekochte ganze Getreidekörner (Rezept Seite 45) oder pikanter Gerstenring (Rezept Seite 49), in den das Gemüse gefüllt werden kann.

Provenzalische Gurkenpfanne

Zutaten für 4 Personen:
2 Salatgurken (etwa 800 g) · je 1 Teel. gemahlener Koriander, Delikata, Curry · Kräutersalz · 1 gute Prise schwarzer Pfeffer · 4 Eßl. Sonnenblumenöl · 6 kleine feste Tomaten · Schabziegerklee · 2 Eßl. geriebene Haselnüsse · 1 Knoblauchzehe · 2 Eßl. Chutneysauce · 4 Eßl. saure Sahne · 1–2 Eßl. gehackte Kräuter (Petersilie, Basilikum, Thymian, Dill oder Fenchelkraut)
Pro Person etwa 720 Joule / 170 Kalorien

• Zubereitungszeit: 30 Minuten

So wird's gemacht: Die Gurken waschen und in fingerdicke Scheiben schneiden. Den Koriander, das Delikata, den Curry, 1 Teelöffel Kräutersalz und den Pfeffer mischen. Die Gurkenscheiben in der Gewürzmischung wenden. • In zwei Bratpfannen jeweils 2 Eßlöffel Öl erhitzen. Die Gurkenscheiben nebeneinander hineinlegen und auf beiden Seiten goldgelb braten. • Die Tomaten waschen, halbieren, jeweils an den Pfannenrand setzen und mit Schabziegerklee und Kräutersalz bestreuen. Zugedeckt langsam schmoren. (Das Gemüse darf dabei nicht zerfallen.) Alle Gurken und Tomaten in einer Pfanne anordnen. • In der zweiten Pfanne die Nüsse kurz braten. Die Knoblauchzehe schälen, zerdrücken, mit der Chutneysauce und der sauren Sahne unter die Nüsse rühren. Vorsichtig erwärmen, aber nicht kochen. • Die Kräuter untermischen und die Mischung über die Gurken füllen. In der Pfanne servieren.

Paßt zu: Naturreis (Rezept Seite 42), zum pikanten Gerstenring (Rezept Seite 49), zu Polenta (Rezept Seite 52).

Balkan-Pilzgulasch

Zutaten für 4 Personen:
2 große Zwiebeln · 1 gelbe und 1 grüne große Paprikaschote · 4–5 Tomaten · 500 g Pilze (Mischpilze, zum Beispiel junge Butterpilze) · 3 Eßl. Sonnenblumenöl · 5 Eßl. saure Sahne · 40 g Butter · 2 Teel. Vitam-Steinpilzbrühe · Kräutersalz · frisch gemahlener schwarzer Pfeffer · 2 Eßl. gehackte Kräuter (Petersilie, Liebstöckel / Maggikraut, Basilikum, Thymian)
Pro Person etwa 1165 Joule / 275 Kalorien

• Zubereitungszeit: 20 Minuten
• Garzeit: 25 Minuten

So wird's gemacht: Die Zwiebeln schälen, vierteln und in feine Streifen schneiden. Die Paprikaschoten waschen, das weiße Innere und die Kerne entfernen, die Schoten in Streifen schneiden. Die Tomaten würfeln. Die Pilze putzen, kurz waschen und fein schneiden. • Die Zwiebelstreifen im erhitzten Öl glasig werden lassen. Die Paprikastreifen kurz mitbraten, die Tomaten beifügen. 10 Minuten zugedeckt dünsten. • Die Pilze daruntermischen. Unter häufigem Umrühren schmoren lassen, bis die Flüssigkeit eingekocht ist. • Die saure Sahne, die Butter und die Steinpilzbrühe beifügen. Mit Kräutersalz, Pfeffer und den Kräutern abschmecken.

Paßt zu: Gerstenfrikadellen (Rezept Seite 50), Vollkornnudeln (Rezept Seite 54), Polenta (Rezept Seite 52).

• Weizen

Zwiebelgemüse

Zutaten für 3 Personen:
650 g Zwiebeln • 2 Eßl. Sonnenblumenöl • 2 Eßl. Wasser • 1 Gemüsebrühwürfel • 1/8 l Wasser • 30 g Weizen • 1/2 Teel. Koriander • 1/2 Teel. Kümmel • 1/8 l Sahne • 1 Eigelb • 2 Eßl. herber Weißwein • 1 Teel. Zitronensaft • Butter • 1/2 Teel. Delikata • 1/2 Teel. getrockneter Majoran • 1 Eßl. feingehackte Petersilie oder Kerbel
Pro Person etwa 1295 Joule / 430 Kalorien

• Zubereitungszeit: 40 Minuten

So wird's gemacht: Die Zwiebeln schälen und je nach Größe in Viertel oder Achtel schneiden. In dem Öl und 2 Eßlöffeln Wasser 5 Minuten dünsten. • Den Brühwürfel und 1/16 l Wasser zugeben. 15 Minuten sachte kochen lassen. • Den Weizen zusammen mit dem Koriander und dem Kümmel mehlfein mahlen und mit dem restlichen Wasser anrühren. Unter die Zwiebeln mischen. 5 Minuten ziehen lassen. • Den Herd ausschalten. Die Sahne mit dem Eigelb, dem Wein und dem Zitronensaft verquirlen. Zu den Zwiebeln geben, aber nicht mehr kochen. Mit der Butter verfeinern und mit dem Delikata und dem Majoran abschmekken. Mit Petersilie oder Kerbel bestreuen.

Paßt zu: allen Vollkornaufläufen oder zu Vollkornbratlingen.

Mein Tip: Servieren Sie zum Zwiebelgemüse einmal Thymian- oder Rosmarinkartoffeln! Möglichst kleine neue Kartoffeln unter fließendem Wasser sauber bürsten. Im Dampf garen. Dabei einige Zweige frischen Thymian oder Rosmarin zwischen die Kartoffeln legen. • In einer Pfanne Butter zerlassen. Die Kartoffeln darin schwenken und mit etwas Kräutersalz bestreuen. Die Kartoffeln mit der würzigen Schale essen.

Selber backen macht Spaß

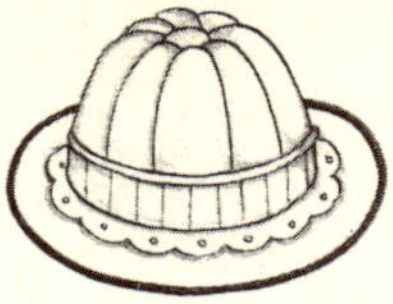

Kleiner Backkurs für die Vollkornbäckerei

Dieser »Backkurs« soll eine kurze Anleitung dazu sein, wie man Vollkornmehl so verarbeitet, daß Vollkorngebäck und Vollkornbrote besonders locker und schmackhaft werden. Vollkornmehl hat nämlich einige Besonderheiten, die beim Backen beachtet werden müssen. Natürlich habe ich das in meinen Rezepten bereits berücksichtigt. Wenn Sie diese Rezepte ausprobiert haben und die folgenden Hinweise beachten, können Sie auch Ihre gewohnten Rezepte in entsprechender Weise für die Vollkornbäckerei ändern.

Das ist wichtig für die Teigbereitung:

• Damit das Gebäck auf Anhieb gut gelingt, müssen alle Zutaten (auch die Flüssigkeitsmengen) genau abgewogen werden.
• Außer Weizen und Roggen kann man auch Hirse, Nackthafer, Nacktgerste, Buchweizen und Mais verwenden. Da sich jedoch diese Getreidearten allein nur schwer verbacken lassen, sollten sie immer mit Weizen oder Roggen zusammen verarbeitet werden.
• Das Getreide darf erst unmittelbar vor dem Backen gemahlen werden, denn nur dann bleiben die sauerstoffempfindlichen Vitalstoffe und das würzige Aroma der verschiedenen Getreidearten voll erhalten.
• Vollkornmehl enthält weniger Stärke als das weiße Auszugsmehl; es ist jedoch reich an Kleie. Deshalb sind Vollkornbackwaren fester als Gebäck aus Weißmehl. Einige Gebäckarten (wie etwa Hefegebäck) neigen etwas mehr zum Bröseln. Manche Teigarten (besonders Mürbteig oder Strudelteig) werden spröder und brüchiger. Um dies zu vermeiden, empfiehlt es sich, einen Teil der Kleie auszusieben. Die Kleie kann fürs Müsli oder (statt Weizen) für Pfannkuchen oder einen Auflauf verwendet werden. Man kann aber auch Nürnberger Lebkuchen (Rezept Seite 106) oder die leckeren Fruchthäufchen (Rezept Seite 104) damit backen.
• Vollkornmehl braucht länger zum Aufquellen, so daß der Teig erst nach einiger Zeit fester wird. Deshalb darf zunächst nicht zuviel Mehl untergearbeitet werden, auch wenn der Teig zu weich erscheint.
• Vollkornmehl hat eine viel größere Quellfähigkeit als Weißmehl. Deshalb ist bei der Teigbereitung mehr Flüssigkeit erforderlich. Der Teig sollte möglichst weich sein. Knet- und Hefeteig sollen sich noch etwas klebrig anfühlen.
• Hefeteig schmeckt meiner Ansicht nach mit frischer Hefe am besten. Man kann sie sehr gut auf Vorrat einfrieren (die Würfel einzeln in Alufolie wickeln). Beim Backen läßt man die gefrorene Hefe in der lauwarmen Flüssigkeit auftauen und verwendet sie wie frische Hefe.
• Beim Backen verwende ich seit Jahren Honig statt Zucker. Dadurch wird der Teig feuchter. Bitte beachten Sie dies, wenn Sie eines Ihrer eigenen Rezepte für die Vollkornbäckerei umändern. Eventuell muß die in Ihrem Rezept vorgesehene Flüssigkeitsmenge reduziert werden. Die Honigmengen in den einzelnen Rezepten sollen nur ungefähre Anhaltspunkte sein, denn die Süßkraft der Honigsorten und der individuelle Geschmack sind sehr verschieden. Auch hier gilt: »Probieren geht über Studieren« – Sie müs-

sen aber dabei berücksichtigen, daß der Honig im fertigen Gebäck weniger süß schmeckt als im Teig.

Das ist wichtig beim Backen:

- Damit der weiche Teig nicht seine Form verliert, ist es besser, die Brote und Kuchen in einer Backform zu backen. Bei Gebäckstücken, die frei ausgeformt auf dem Blech gebacken werden, muß der Teig etwas fester sein.
- Beim Backen von Hefeteig und Vollkornbroten muß stets genügend Feuchtigkeit vorhanden sein, damit das Gebäck richtig aufgeht und nicht zu schnell eine harte Kruste bekommt. Die Bäkker können zu diesem Zweck ihren modernen Backöfen von außen Wasserdampf zuführen. Im Haushaltsherd behilft man sich folgendermaßen: *Bei Hefegebäck* den Dampfabzug im Backofen (er befindet sich meist im Türgriff oder an der Rückwand des Herdes) mit Alufolie verschließen. Zusätzlich beim Vorheizen eine flache feuerfeste Schale mit Wasser auf den Backofenboden stellen, so daß sich genügend Wasserdampf bildet. Bei *Hefekuchen mit saftigem Belag* (zum Beispiel Zwetschgenkuchen) entwickelt sich von selbst genügend Feuchtigkeit im Herd.
Bei *Vollkornbroten* die Backformen während der ersten Zeit mit gefetteter Alufolie abdecken, so daß genügend Feuchtigkeit in der Form bleibt.

Das Backen mit Vollkornmehl und Honig ist zwar zunächst eine kleine Umstellung. Wenn Sie aber zum erstenmal ein Brot oder einen Kuchen aus Vollkornmehl auf den Tisch bringen, werden Sie und Ihre Familie von dem köstlichen Geschmack des Vollkorngebäcks begeistert sein und es nicht mehr gegen Weißmehl-Backwaren eintauschen wollen.

Garprobe beim Brotbacken

Die Wiegeprobe ist zuverlässiger als die Stricknadel- oder Hölzchenprobe, wie man sie beim Kuchenbacken anwendet, weil auch ein richtig gebackenes Brot anfangs im Innern noch ziemlich feucht ist. Wann und wie man wiegt, können Sie im Rezept »Weizenvollkornbrot mit Hefe« auf Seite 118 nachlesen. Hier ein Beispiel für die Berechnung des Brotgewichts:

Backform mit Brotteig	= 1450 g
abzüglich Gewicht der leeren Form	= – 200 g
Teiggewicht	= 1250 g
12% vom Teiggewicht	= 150 g
Backform mit Teig	= 1450 g
abzüglich 12% vom Teiggewicht	= – 150 g
Das fertiggebackene Brot wiegt (mit der Form) noch etwa	1300 g

Brot backen im Römertopf

Vollkornbrote und einfache Hefekuchen wie der Rosinengugelhupf auf Seite 94 schmecken ganz besonders würzig, wenn sie im Römertopf gebacken werden. Vielleicht probieren Sie Ihr nächstes Dreikornbrot einmal auf die folgende Weise (die auf Seite 122 angegebene Menge paßt in einen Römertopf Nr. 111 = Universalgröße): Den Römertopf wässern, während der Hauptteig geht. Das Unterteil gründlich mit flüssiger Butter einfetten, abwiegen und das Gewicht notieren. Den Teig einfüllen, zusammendrücken und glattstreichen. Dick mit Sesam bestreuen; den Topf hin- und herschütteln, so legt sich gleichmäßig Korn an Korn. Den Sesamsamen mit einem nassen Löffel festdrücken. Abwiegen und das Gewicht notieren. Das Brot mit dem Deckel zugedeckt gehen lassen, bis Risse im Teig sichtbar sind. Den Römertopf auf der untersten Leiste in den kalten Backofen schieben. Die Abzugsöffnungen mit Alufolie verschließen, wie nebenstehend beschrieben. Das Brot 1 Stunde bei 220° C, dann 2 Stunden bei 100° C backen (so schmeckt es besonders würzig). Den Deckel abnehmen, die Alufolie entfernen und bei 200° C noch etwa 1½ Stunden backen, bis der Teig 12% leichter geworden ist. Das Brot auf einem Kuchengitter 1 Stunde abkühlen lassen; dann läßt es sich ganz einfach aus der Form stürzen.

Besondere Kuchen und Torten

Von unseren Freunden und Bekannten weiß ich: wer »glücklicher« Besitzer einer Getreidemühle ist, denkt meist zuerst ans Kuchenbacken. Kein Wunder, denn das frisch gemahlene duftende Vollkornmehl gibt allen Kuchen und Torten den besonderen nußartigen Geschmack. Ob Glarner Pastete oder Rosettenkuchen, ob Nougatsahnetorte oder Vollkornwindbeutel, in diesem Kapitel finden Sie viele köstliche Kuchen und Tortenrezepte, die sicher gelingen und das Backen zum Vergnügen machen.

• Weizen

Süßer Hefeteig – Grundrezept

Zutaten für 1 Backblech oder 2 Springformen (26 cm Ø):
130 g Milch • 40 g Hefe • 100 g weiche Butter • 100 g Honig • 3 Eigelb • abgeriebene Schale von 1 Zitrone (unbehandelt) • 500 g Weizen
Insgesamt etwa 13 220 Joule / 3125 Kalorien

- Zubereitungszeit: 15 Minuten
- Ruhezeit für den Teig: etwa 50–60 Minuten

So wird's gemacht: Die Milch auf 30° C (lauwarm) erwärmen. Die Hefe hineinbröseln und verquirlen. • Die Butter mit dem Honig und den Eigelb schaumig rühren und die Zitronenschale beifügen. • Den Weizen mehlfein mahlen. Das Vollkornmehl abwechselnd mit der Hefemilch unter die Butter arbeiten. Den ziemlich weichen Teig mit der Küchenmaschine kurz und kräftig durchkneten. Zugedeckt an einem kühlen Platz (etwa bei 12° C) auf das Doppelte aufgehen lassen. Der Teig wird während des Gehens noch fester und kann dann – den einzelnen Rezepten entsprechend – weiterverarbeitet werden.

Mein Tip: Hefegebäck wird besonders locker, wenn man den Teig 2–3mal gehen läßt und zwischendurch kurz durchknetet.

• Weizen

Glarner Pastete

Die Idee für dieses dekorative Gebäck stammt aus der Schweiz. Die Füllung aus süßer Mandelmasse und säuerlichem Zwetschgenmus paßt besonders gut zum Hefeteig aus Vollkornmehl. Da gekauftes Pflaumenmus viel zu süß ist, koche ich im Herbst einige Gläser dickes, ungesüßtes Zwetschgenmus für die Glarner Pastete ein.

Zutaten für den Teigmantel:
Süßer Hefeteig (Rezept nebenstehend) aus 500 g Weizen • Reformmargarine und Vollkornmehl für das Blech • 1 Eigelb und 1 Eßl. Milch zum Bestreichen • 16 geschälte Mandeln zum Verzieren
Für die Füllung: 250 g ungesüßtes Zwetschgenmus • 2½ Eßl. Honig • ½ Teel. Zimt • 2 Eßl. Zwetschgenwasser (Zwetschgengeist) • 75 g süße Mandeln • 8 bittere Mandeln • 25 g Haselnüsse • 40 g Butter • 2 Eßl. Sahne • abgeriebene Schale von 1 Zitrone (unbehandelt) • Saft von ½ Zitrone
Insgesamt etwa 21 670 Joule / 5160 Kalorien

- Zubereitungszeit: 70 Minuten (einschließlich Teigbereitung)
- Backzeit: 35 Minuten

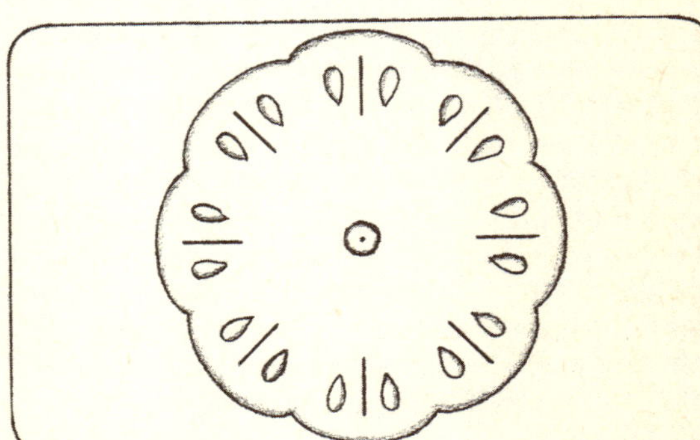

Schablone für die Glarner Pastete: Aus Papier einen Kreis von 30 cm Ø mit 8 gleichen Randbögen schneiden, in Bogenmitte 8 senkrechte Einschnitte von 4–5 cm, in Kreismitte ein kleines Loch. Auf der Teigplatte dann neben die Einschnitte je eine Mandel legen.

So wird's gemacht: Zuerst den Hefeteig zubereiten und gehen lassen. • Das Zwetschgenmus mit 1 Eßlöffel Honig, dem Zimt und dem Zwetschgenwasser verrühren. • Die Mandeln mit der Schale fein mahlen. Die Nüsse grob hacken und beides mischen. Die Butter zerlassen, die Sahne, den restlichen Honig, die Zitronenschale und den -saft hineinrühren. Die Nuß-Mandel-Mischung dazugeben. • Den gut gegangenen Hefeteig kurz durchkneten. Die Hälfte des Teiges dünn ausrollen. Nach der Zeichnung auf Seite 91 eine Papierschablone schneiden. Diese auflegen und in Schablonengröße den Pastetenboden mit den Bögen mit einem spitzen Messer ausschneiden. Auf das gefettete, bemehlte Backblech legen. Auf die eine Hälfte die Mandelmasse, auf die andere das Zwetschgenmus verteilen und glattstreichen. Dabei einen ½ cm breiten Rand frei lassen. • Den restlichen Teig dünn ausrollen und den Teigdeckel mit den Randbögen nach der Schablone schneiden. Mit einer Nadel durch den Mittelpunkt der Schablone stechen und so die Mitte markieren. In der Mitte ein kleines rundes Loch ausstechen. • Die Teigplatte zur Hälfte zusammenklappen, über die Füllung legen und auseinanderfalten. Die Teigränder fest zusammendrücken. Jeden Bogeneinschnitt mit dem Messer 1 cm tief einkerben und den Bogen mit den Fingern etwas nachformen. Mit einem spitzen Messer 8 Schlitze (5 cm lang) in den Teigdeckel schneiden. • Die Pastete bei Zimmertemperatur etwa 30 Minuten gehen lassen. Den Backofen auf 200° C vorheizen. Gleichzeitig eine flache Metallschale mit kaltem Wasser auf den Herdboden stellen. • Das Eigelb mit der Milch verquirlen und die Pastete damit bestreichen. (Die Schlitze nicht überstreichen, sonst kleben sie zusammen.) Zwischen die Schlitze je 2 Mandeln auflegen. • Das Blech auf der unteren Leiste in den Backofen schieben. Die Pastete bei 200° C in etwa 35 Minuten goldbraun backen.

Mein Tip: Vom Teig bleibt noch ein Rest übrig. Füllen Sie ihn beliebig oder backen Sie Brötchen davon.

• Weizen

Gefüllter Russenzopf

Der Russenzopf ist eine österreichische Spezialität. Er sieht – goldbraun gebacken – sehr dekorativ aus und duftet verführerisch. Frisch gebakken schmeckt er natürlich am besten!

Zutaten für 1 großen Zopf:
Süßer Hefeteig (Rezept Seite 91) aus 500 g Weizen • Reformmargarine und Vollkornmehl für das Blech • 1 Eigelb und 1 Eßl. Milch zum Bestreichen • 2 Eßl. gehackte Walnüsse
Für die Füllung: 150 g Walnußkerne • 200 g dick eingekochtes, ungesüßtes Zwetschgenmus • 60 g Honig • 3 Eßl. Zwetschgenwasser (Zwetschgengeist) • 1 Teel. Zimt
Insgesamt etwa 24 845 Joule / 5930 Kalorien

- Zubereitungszeit: 90 Minuten (einschließlich Teigbereitung)
- Backzeit: 30–40 Minuten

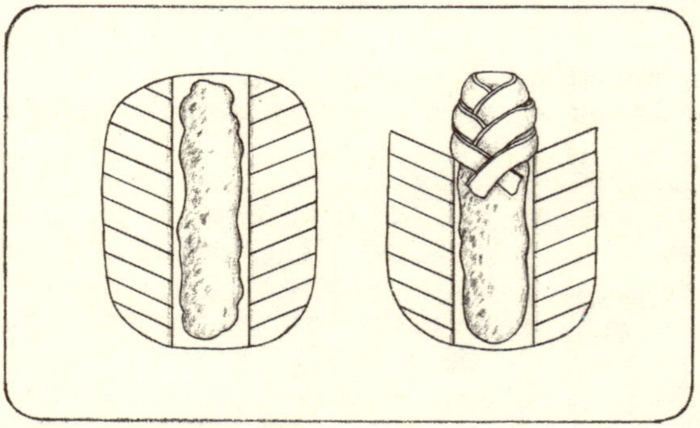

Die Teigplatte für den Russenzopf rechts und links in schräge Streifen schneiden. Die Füllung auf die Teigmitte geben und die Streifen darüber flechten.

So wird's gemacht: Zuerst den Hefeteig zubereiten und gehen lassen. Das Backblech einfetten und mit Mehl bestäuben. • Für die Füllung die Walnüsse grob reiben und mit dem Zwetschgenmus, dem Honig, dem Zwetschgenwasser und dem Zimt gründlich verrühren. • Den gut gegangenen Hefeteig zu einem Rechteck von etwa 36 × 44 cm ausrollen und auf das Blech legen. Auf der Teigplatte längs 3 Streifen – je 12 cm breit – vorsichtig markieren. Die beiden Außenseiten mit dem Backrädchen schräg in 3½ cm breite Streifen unterteilen (Zeichnung links). Die Zwetschgenfüllung in der Mitte gleichmäßig verteilen. Die Teigstreifen abwechselnd von beiden Seiten über die Füllung legen, dabei den Teig gleichzeitig etwas dehnen und flechten, um einen festen Laib zu formen (Zeichnung rechts). Den Russenzopf etwa 20 Minuten gehen lassen. • Inzwischen den Backofen auf 200° C vorheizen. Gleichzeitig eine flache Metallschale mit kaltem Wasser auf den Herdboden stellen. • Das Eigelb mit der Milch verquirlen. Den schön aufgegangenen Hefezopf mit Eigelb bestreichen und mit den gehackten Nüssen bestreuen. • Das Backblech auf der mittleren Leiste in den Herd schieben. Bei 200° C etwa 40 Minuten backen.

• Weizen

Rosettenkuchen

Bild Seite 97

Zutaten für 1 Springform (26 cm Ø):
Süßer Hefeteig (Rezept Seite 91) aus 500 g Weizen • Reformmargarine und Vollkornmehl für das Blech
Für die Füllung: 50 g Korinthen • 2 Eßl. Rum • ⅛ l Milch • 60 g Butter • 190 g Honig • 300 g gemahlener Mohn • 100 g ungeschälte süße Mandeln • 10 bittere Mandeln • 25 g Orangeat • 25 g Vollkorngrieß • ½ Teel. Zimt • 2 Eiweiß
Insgesamt etwa 28 690 Joule / 6830 Kalorien

- Zubereitungszeit: 90 Minuten (einschließlich Teigbereitung)
- Backzeit: 40 Minuten

So wird's gemacht: Zuerst den Hefeteig zubereiten und gehen lassen. Das Backblech einfetten und mit Mehl bestäuben. Einen Springformrand (26 cm Ø) ebenfalls fetten. • Die Korinthen mit dem Rum übergießen und zugedeckt ziehen lassen. • Die Milch, die Butter und den Honig aufkochen und den Mohn hineinrühren. Den Topf von der Herdplatte nehmen. Die Mandeln mit dem Orangeat zusammen fein reiben und unter die Mohnmasse mischen. Den Grieß, die gequollenen Korinthen und den Zimt beifügen. Die Eiweiß zu festem Schnee schlagen und unter die abgekühlte Füllung ziehen. • Den gut gegangenen Teig auf dem bemehlten Backbrett zu einem Rechteck von 45 × 40 cm ausrollen. Die Mohnfüllung gleichmäßig auf der Teigplatte verteilen und glattstreichen. Dabei am oberen Längsrand einen 2 cm breiten Streifen frei lassen. Den Teig vom unteren Rand her locker aufrollen. Den oberen Rand fest andrücken. Die Teigrolle mit einem scharfen Messer in 15 etwa 3 cm breite Stücke schneiden. • Den Springformrand aufs Backblech stellen und die Teigschnecken mit der Schnittfläche nach oben nebeneinander hineinsetzen. Den Backofen auf 200° C vorheizen. Gleichzeitig eine flache Schale mit kaltem Wasser auf den Herdboden stellen. Den Rosettenkuchen noch etwa 20 Minuten gehen lassen. • Das Blech auf der mittleren Leiste in den Backofen schieben. Den Kuchen bei 200° C etwa 40 Minuten backen.

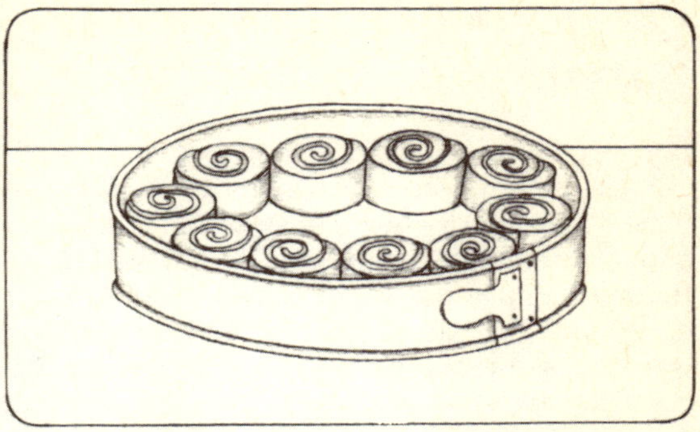

Der gebackene Rosettenkuchen läßt sich vom Blech leicht herunterschieben, wenn man den Springformrand abgenommen hat.

Mein Tip: Gemahlenen Mohn kann man beim Bäcker bekommen – eventuell am Tag vorher bestellen.

• Weizen • Hirse

Rosinengugelhupf

Der Gugelhupf verdankt seinen Namen dem lateinischen Wort »cucullus«, was soviel wie »Kapuze« oder »Sack« heißt. In einem solchen Sack aus feinerem Stoff, dem »Gugel«, verstauten die Bäuerinnen aus der Gegend von Wien ihre Geschenke, wenn sie zum Geburtstag eingeladen waren. Was brachten die Frauen damals als Geburtstagsüberraschung mit? Nun, das ist leicht zu erraten: einen feinen selbstgebackenen Kuchen natürlich! Den packten sie, wenn sie beim Geburtstagskind angelangt waren, aus – sie ließen ihn aus dem Gugel hüpfen. Und daher hat der weltberühmte Wiener Gugelhupf, der auch heute noch in vielen Variationen aus süßem Hefeteig oder Rührteig gebacken wird, seinen Namen.

Zutaten für 1 Gugelhupfform (Napfkuchenform; 22–24 cm ∅):
100 g kalifornische Weinbeeren oder Korinthen • 3 Eßl. Rum • 150 g Milch • 1 Würfel Hefe • 75 g weiche Butter • 100 g Honig • 2 Eier • abgeriebene Schale von 1 Zitrone (unbehandelt) • 400 g Weizen • 100 g Hirse • Reformmargarine und Vollkornmehl für die Form
Insgesamt etwa 13085 Joule / 3115 Kalorien

- Zubereitungszeit: 15 Minuten
- Ruhezeit für den Teig: 50–60 Minuten
- Backzeit: 50 Minuten

So wird's gemacht: Die Weinbeeren oder die Korinthen in dem Rum zugedeckt ziehen lassen. • Die Milch auf 30° C erwärmen. Die Hefe hineinbröckeln und verquirlen. • Die Butter mit dem Honig und den Eiern schaumig rühren. Die Zitronenschale beifügen. • Den Weizen und die Hirse mehlfein mahlen. Das Vollkornmehl abwechselnd mit der Hefemilch unter die Buttermischung rühren. Den Teig mit der Küchenmaschine kurz und kräftig durcharbeiten. Zugedeckt bei Zimmertemperatur auf das Doppelte aufgehen lassen (etwa 30 Minuten). • Eine Gugelhupfform einfetten und leicht mit Mehl ausstreuen. Die Weinbeeren oder die Korinthen unter den Teig mischen. Den Teig in die Form füllen, sie darf nur zu ⅔ voll werden. Nochmals zugedeckt 20 Minuten gehen lassen. • Inzwischen den Backofen auf 200° C vorheizen. Gleichzeitig eine flache Schale mit Wasser auf den Backofenboden stellen. • Den Kuchen auf der untersten Leiste in den Ofen schieben und 50 Minuten backen. • Herausnehmen, 10 Minuten abkühlen lassen, dann auf ein Kuchengitter stürzen.

• Weizen

Quarkstollen

Zutaten für 1 Kastenform (30 cm lang):
150 g ungeschwefelte Sultaninen • 6 Eßl. Rum • 100 g Mandeln • 165 g Milch • 1 Würfel Hefe • 75 g weiche Butter • 250 g Magerquark • 100 g Honig • 2 große Eier • 100 g gewürfeltes Zitronat • 50 g gewürfeltes Orangeat • abgeriebene Schale von ½ Zitrone (unbehandelt) • je 1 Prise Zimt, Muskatblüte und Kardamom • 420 g Weizen • 1 Eigelb • 2 Eßl. Milch • Butter oder Reformmargarine für die Form
Insgesamt etwa 16985 Joule / 4045 Kalorien

- Zubereitungszeit: 50 Minuten
- Ruhezeit für den Teig: 50–60 Minuten
- Backzeit: 1 Stunde

So wird's gemacht: Die Sultaninen im Rum zugedeckt ziehen lassen. • Die Mandeln kurz in kochendes Wasser legen und abziehen. 10 Mandeln zum Garnieren blättrig schneiden und beiseite stellen; die übrigen grob hacken. • 165 g Milch auf 30° C erwärmen. Die Hefe hineinbrökkeln und verquirlen. • Die Butter und den Quark schaumig rühren. Den Honig, die Eier, das Zitronat, das Orangeat, die Zitronenschale, die Gewürze und die gehackten Mandeln unterarbeiten. • Den Weizen mehlfein mahlen und abwechselnd mit der Hefemilch unter den Teig rühren. Mit der Küchenmaschine kräftig durchkneten.

Zugedeckt auf das Doppelte aufgehen lassen (etwa 40 Minuten). • Die Kastenform einfetten. Die Sultaninen unter den Teig mischen, diesen in die Form füllen und glattstreichen. Zugedeckt nochmals etwa 20–30 Minuten gehen lassen. • Das Eigelb mit 2 Eßlöffeln Milch verquirlen. Den Backofen auf 200° C vorheizen, gleichzeitig eine flache Schale mit Wasser auf den Backofenboden stellen. • Den Stollen vorsichtig mit der Eimilch bestreichen und mit den Mandelblättchen bestreuen. Auf der untersten Leiste einschieben. 20 Minuten bei 200° C, weitere 40 Minuten bei 180° C backen. • 10 Minuten abkühlen lassen, dann auf ein Kuchengitter stürzen.

Mein Tip: Lassen Sie den Quarkstollen 2 Tage in einem kühlen Raum durchziehen. Er schmeckt dann würziger und läßt sich besser schneiden.

• Weizen

Mürbteig – Grundrezept

Zutaten für 1 Springform (26 cm Ø):
125 g Butter oder Reformmargarine • 2 Eigelb • 130 g Honig • 1/4 Teel. gemahlener Anis • 350 g Weizen
Insgesamt etwa 10540 Joule / 2510 Kalorien

- Zubereitungszeit: 15 Minuten
- Ruhezeit: 30 Minuten

So wird's gemacht: Die weiche Butter oder die Margarine mit dem Eigelb, dem Honig und dem Anis schaumig rühren. • Den Weizen mehlfein mahlen und 50 g von der groben Kleie absieben, so daß noch 300 g feines Weizenmehl zum Bakken übrig bleiben. (Dadurch wird der Teig geschmeidiger und ist weniger brüchig.) • Das Mehl nach und nach unter die Buttermasse rühren. Den weichen Teig mindestens 30 Minuten im Kühlschrank zugedeckt ruhen lassen, ehe er weiterverwendet wird.

• Weizen

Rhabarbertorte

Wenn bei uns im Frühling der erste Rhabarber auf den Tisch kommt, entbrennt immer wieder die Streitfrage, ob der Rhabarber eine Obstart ist oder ob er zu den Staudengemüsen zählt. Nun, wie dem auch sei, genießen wir die ersten zarten Stengel und lassen wir uns den Rhabarber in den vielfältigsten Zubereitungen schmecken. Glücklicherweise sind die neuen rotstieligen Züchtungen milder und aromatischer im Geschmack als die früheren Sorten.

Zutaten für 1 Springform (26 cm Ø):
Mürbteig (Rezept nebenstehend) aus 350 g Weizen • Reformmargarine für die Form
Für den Belag: 500 g zarter Rhabarber • 6 Eiweiß • 150 g Honig • 2 Teel. abgeriebene Orangenschale (unbehandelt) • 2 Eßl. Rum • 100 g Weizen • 200 g Kokosraspeln
Insgesamt etwa 21175 Joule / 5040 Kalorien

- Zubereitungszeit: 50 Minuten (einschließlich Teigbereitung)
- Backzeit: 45 Minuten

So wird's gemacht: Zuerst den Mürbteig zubereiten und im Kühlschrank ruhen lassen. • Inzwischen die Rhabarberstangen gründlich waschen und ungeschält in 3 cm lange Stücke schneiden. • Die Eiweiß steif schlagen, den Honig, die Orangenschale und den Rum hineinrühren. • Den Weizen mehlfein mahlen und mit den Kokosraspeln unter den Eiweißschaum mengen. • Den Backofen auf 200° C vorheizen. Den Mürbteig ausrollen und die gefettete Springform damit auslegen. Einen Rand von 3 cm formen. • Die Hälfte der Kokosmasse auf dem Teigboden verteilen. Dicht mit den Rhabarberabschnitten belegen. Die restliche Masse darüberfüllen. • Auf der untersten Leiste in den Backofen schieben. 45 Minuten bei 200° C backen. • Die erkaltete Torte aus der Form nehmen und einen Tag durchziehen lassen, ehe sie gegessen wird, denn dann schmeckt sie am besten.

Eine köstliche Überraschung zum Kaffee ist der ▷
gefüllte Rosettenkuchen aus Hefeteig. Rezept Seite 93.

• Weizen

Schweizer Nuß-Apfel-Torte

Dieses Rezept ist ein »Urlaubsmitbringsel« aus der Schweiz. Es schmeckt einmal anders als die üblichen Apfelkuchen – mehr nach Nüssen als nach Äpfeln.

Zutaten für 1 Springform (26 cm ∅):
Mürbteig (Rezept Seite 95) aus 350 g Weizen • Reformmargarine für die Form
Für die Füllung: 100 g Walnußkerne • 50 g Haselnüsse • 10 bittere Mandeln • 550 g Äpfel • abgeriebene Schale und Saft von 1 Zitrone (unbehandelt) • 1 Teel. Zimt • 2 Eßl. Himbeergeist • 50 g Butter • 75 g Honig • 1 Eigelb
Zum Garnieren: ¼ l Schlagsahne
Insgesamt etwa 22 745 Joule / 5415 Kalorien

- Zubereitungszeit: 1 Stunde (einschließlich Teigbereitung)
- Backzeit: 1 Stunde

So wird's gemacht: Zuerst den Mürbteig zubereiten und im Kühlschrank ruhen lassen. • Die Walnüsse grob, die Haselnüsse und die bitteren Mandeln fein reiben. Die Äpfel waschen, das Kernhaus ausschneiden, die Äpfel mit der Schale möglichst fein reiben. Die Äpfel mit den Nüssen, der Zitronenschale und dem -saft, dem Zimt und dem Himbeergeist mischen. • Die Butter zerlassen, mit dem Honig und dem Eigelb unter die Nußfüllung rühren, so daß eine feste, aber streichfähige Masse entsteht. • Den Backofen auf 180° C vorheizen. Die gefettete Springform mit dem Mürbteig dünn auslegen, dabei den Rand etwa 2½ cm hochziehen. Aus dem restlichen Teig schmale Streifen ausrädeln. • Die Füllung auf dem Teigboden verteilen und glattstreichen. Die Teigstreifen im Gittermuster auflegen. • Die Form auf der mittleren Leiste in den Backofen schieben. Die Torte bei 180° C etwa 60 Minuten backen. • Die Torte noch einen Tag durchziehen lassen und vor dem Servieren mit der Schlagsahne garnieren.

Variante
Wenn keine Walnüsse vorhanden sind, kann man sie durch Haselnüsse ersetzen und die gemahlenen Nüsse in der Pfanne etwas rösten.

• Hafer

Mazedonischer Dattelkuchen

Bild auf dem Einband

Zutaten für 1 Springform (26 cm ∅):
Mürbteig (Rezept Seite 95) aus 350 g Weizen • Reformmargarine für die Form
Für die Füllung: 500 g Äpfel • 200 g Datteln • ½ Teel. Zimt • 1 Eßl. Rum • abgeriebene Schale und Saft von ½ Zitrone (unbehandelt)
Für den Hafer-Nuß-Belag: 80 g Nackthafer • 200 g Haselnüsse • 2 Eiweiß • 2 Eßl. Honig • Saft von ½ Zitrone • 2 Eigelb
Insgesamt etwa 24505 Joule / 5595 Kalorien

- Zubereitungszeit: 1 Stunde (einschließlich Teigbereitung)
- Backzeit: 45–50 Minuten

So wird's gemacht: Zuerst den Mürbteig zubereiten und im Kühlschrank ruhen lassen. • Die Äpfel waschen, das Kernhaus herausschneiden und die Äpfel mit der Schale fein reiben. Die Datteln entkernen, kleinwürfeln und mit den Äpfeln mischen. Den Zimt, den Rum, die Zitronenschale und den Zitronensaft dazugeben. • Den Backofen auf 200° C vorheizen. Die gefettete Form mit dem Mürbteig auslegen und einen Rand formen. Die Apfelmasse auf dem Boden verteilen. • Den Kuchen bei 200° C auf der mittleren Leiste 20 Minuten backen. • Inzwischen den Hafer mittelgrob schroten und die Nüsse reiben. Die Eiweiß steif schlagen. Den Honig, den Zitronensaft und die Eigelb nacheinander unter den Eischnee ziehen. Das Haferschrot und die Nüsse unterheben. • Den Belag auf dem vorgebackenen Kuchen verteilen und diesen in 25–30 Minuten fertigbacken. • Den Kuchen einen Tag durchziehen lassen und dann erst anschneiden.

Getreidemühle

◁ Feine weiche Honiglebkuchen gehören unbedingt auf den Weihnachtsteller. Rezept Seite 106.

• Weizen

Biskuitteig – Grundrezept

Teig I (für einen Tortenboden von 26 cm ⌀):
4 Eigelb • 100 g Honig • abgeriebene Schale von 1 Zitrone (unbehandelt) oder ½ Teel. gemahlene Vanille • 150 g Weizen • 4 Eßl. kaltes kohlensäurereiches Mineralwasser • 1 Eßl. Rum • Reformmargarine für die Form • 4 Eiweiß
Insgesamt etwa 5020 Joule / 1195 Kalorien

Teig II (für eine Biskuittorte von 26 cm ⌀):
5 Eigelb • 125 g Honig • abgeriebene Schale von 1 Zitrone (unbehandelt) oder ½ Teel. gemahlene Vanille • 190 g Weizen • 5 Eßl. kaltes kohlensäurereiches Mineralwasser • 2 Eßl. Rum • Reformmargarine für die Form • 5 Eiweiß
Insgesamt etwa 6275 Joule / 1495 Kalorien

- Zubereitungszeit: 20 Minuten
- Quellzeit: 20 Minuten
- Backzeit: 35–45 Minuten

So wird's gemacht: Die Eigelb mit dem Honig, der Zitronenschale oder dem Vanillepulver schaumig schlagen. • Den Weizen mehlfein mahlen. Das Mineralwasser, den Rum und das Vollkornmehl in die Schaummasse einrühren. Den Teig 20 Minuten quellen lassen. • Inzwischen den Springformboden mit Pergamentpapier auslegen. Nur den Boden fetten. Den Backofen auf 180° C vorheizen. • Die Eiweiß steif schlagen und unter den Teig heben. Die Biskuitmasse in die Form füllen. Auf der mittleren Leiste in den Backofen schieben. Den Kuchen bei 180° C etwa 35 Minuten (Teig II 45 Minuten) backen. • Das Biskuit nach 10 Minuten aus der Form nehmen, auf ein Tortengitter stürzen und das Pergamentpapier sofort abziehen. Die hohe Biskuittorte erst am nächsten Tag durchschneiden und nach Belieben füllen.

Variante – Schokoladenbiskuit
1 Eßlöffel Kakao, 1 Prise Zimt und 1 Eßlöffel Honig unter den Teig ziehen.

• Weizen

Nougatsahnetorte

Zutaten für 1 Torte (26 cm ⌀):
1 Biskuittortenboden (Teig II, Rezept nebenstehend)
Für die Füllung: 150 g Nougatcreme (Rezept Seite 127 • 2 Teel. Kakao • 2 Eßl. Honig • ⅜ l Sahne • 2 Päckchen Sahnesteif
Insgesamt etwa 13900 Joule / 3310 Kalorien

- Zubereitungszeit: 25 Minuten

So wird's gemacht: Den hohen Biskuittortenboden einmal quer durchschneiden. • Die Nougatcreme mit dem Kakao und dem Honig verrühren. • Die Sahne steif schlagen. Das Steifungsmittel nach Vorschrift zugeben. 4 Eßlöffel von der Sahne in eine Tortenspritze füllen und in den Kühlschrank legen. Die restliche Sahne unter die Nougatcreme ziehen. • Die Torte mit ⅔ der Creme füllen. Zusammensetzen und den Rand mit der restlichen Creme bestreichen. Mit Sahnetupfern verzieren. • Die Torte 1 Stunde im Kühlschrank oder 25 Minuten im Gefriergerät durchkühlen lassen.

• Weizen

Quarkblätterteig für süßes Gebäck

Zutaten:
250 g weiche Butter oder Reformmargarine • 250 g trockener Quark • 1 Eßl. fettarmes Sojamehl • 1 Prise Meersalz • je 1 Prise gemahlener Anis und Ingwer • 250 g Weizen
Insgesamt etwa 12700 Joule / 3025 Kalorien

- Zubereitungszeit: 15 Minuten
- Ruhezeit: 4–12 Stunden

So wird's gemacht: Die Butter oder die Margarine mit dem Quark gründlich verrühren. Das Sojamehl, das Salz und die Gewürze beifügen. • Den Weizen mehlfein mahlen und daruntерarbeiten. Den weichen Teig mindestens 4 Stunden, besser über Nacht, im Kühlschrank zugedeckt oder in Folie verpackt ruhen lassen, ehe er weiterverarbeitet wird. • Das »Touren-Rollen« wie beim echten Blätterteig ist nicht unbedingt notwendig. Die im Quark enthaltene Milchsäure treibt den Teig genügend in die Höhe.

Mein Tip: Der Quarkblätterteig kann beliebig gefüllt werden, zum Beispiel mit einer Zwetschgenmus-Nuß-Füllung, mit einer Mohnfüllung wie beim Rosettenkuchen (Rezept Seite 93), es genügt die Hälfte der dort angegebenen Menge, mit einer Dörrobstfüllung wie beim Früchtebrot (Rezept Seite 123), die Nüsse müssen in diesem Fall gerieben werden. Oder Sie können Apfelkrapfen daraus backen.

• Weizen

Apfelkrapfen

Die Apfelkrapfen schmecken uns frisch – gerade abgekühlt – am besten, weil dann der Teig noch knusprig ist. Die Füllung sollte etwas süßer sein als gewohnt, weil der Quarkblätterteig nicht gesüßt wird.

Zutaten für 20–25 Krapfen:
Quarkblätterteig (Rezept Seite 99) aus 250 g Weizen
Für die Füllung: 2 Eßl. Korinthen • 2 Eßl. Rum • 100 g Haselnüsse • 250 g Äpfel • 40 g Honig • abgeriebene Schale von 1 Orange (unbehandelt) • 1 Eßl. Zitronensaft (bei sauren Äpfeln weglassen) • ½ Teel. Delifrut
Für den Belag: 1 Eigelb • 1 Eßl. Milch • gerösteter Sesam
Pro Stück etwa 690 Joule / 165 Kalorien (bei 25 Apfelkrapfen)

• Zubereitungszeit: 30 Minuten
• Backzeit: 25–30 Minuten

So wird's gemacht: Den Quarkblätterteig am Vortag zubereiten und in Folie verpackt im Kühlschrank aufbewahren. • Die Korinthen mit dem Rum übergießen und zugedeckt quellen lassen. • Die Nüsse grob mahlen und in der Pfanne etwas rösten. • Die Äpfel waschen, das Kernhaus ausschneiden und die Äpfel mit der Schale fein reiben. Die Nüsse, den Honig, die Korinthen, die Orangenschale, den Zitronensaft und das Delifrut unter die Äpfel mischen. • Den Quarkblätterteig auf dem bemehlten Backbrett dünn ausrollen. Den Backofen auf 220° C vorheizen. • Runde Plätzchen von etwa 8 cm Ø ausstechen. Die Hälfte davon in der Mitte mit der Füllung belegen. Mit den übrigen Plätzchen bedecken und die Ränder fest zusammendrücken. • Das Eigelb mit der Milch verquirlen, die Krapfen damit bestreichen und mit Sesam bestreuen. Auf das gefettete Blech legen. • Die Apfelkrapfen auf der mittleren Leiste in den Backofen schieben. Bei 220° C etwa 25–30 Minuten backen.

• Weizen • Hirse • Buchweizen

Rüeblitorte

Die Rüeblitorte ist eine sehr bekannte Schweizer Spezialität, die ursprünglich wohl aus dem Kanton Aargau stammt. Für unsere Küche habe ich das Originalrezept etwas abgeändert. Wir finden nämlich, daß das nußartige Aroma des frisch gemahlenen Vollkornmehls besonders gut mit den Nüssen und den Möhren harmoniert.

Zutaten für 1 Springform (26 cm Ø):
4 Eigelb • 150 g Honig • ½ Teel. Zimt • ½ Teel. Delifrut • abgeriebene Schale von 1 Zitrone (unbehandelt) • 2 Eßl. Himbeergeist • 75 g Weizen • 25 g Hirse • 50 g Buchweizen • 2 Teel. Backpulver • 100 g Haselnüsse • 250 g Möhren/Karotten (geputzt gewogen) • Reformmargarine und feine Vollkornbrösel für die Form • 4 Eiweiß

Zum Garnieren: ¼ l Schlagsahne · 2 Eßl. gehackte Nüsse
Insgesamt etwa 13400 Joule / 3190 Kalorien

- Zubereitungszeit: 45 Minuten
- Backzeit: 75–90 Minuten

So wird's gemacht: Die Eigelb mit dem Honig, dem Zimt und dem Delifrut schaumig rühren. Die Zitronenschale und den Himbeergeist beifügen. • Den Weizen, die Hirse und den Buchweizen mehlfein mahlen. Das Backpulver daruntermischen. Die Nüsse fein reiben. Mit dem Mehl zusammen unter den Eierschaum rühren. • Den Backofen auf 175° C vorheizen. Die Möhren unter fließendem Wasser sauber abbürsten und putzen. Mit der Schale fein reiben und unter den Teig mischen. • Die Springform einfetten und mit feinen Vollkornbröseln ausstreuen. Die Eiweiß steif schlagen und unter den Teig heben. Die Schaummasse in die Form füllen und glattstreichen. Auf der untersten Leiste in den Backofen schieben. Bei 175° C 1 Stunde backen. • Dann die Oberhitze reduzieren oder die Form mit Pergamentpapier abdecken, damit die Rüeblitorte nicht zu braun wird. Noch 15 Minuten bei 175° C backen. Danach die Torte weitere 15 Minuten im ausgeschalteten Herd lassen. • Herausnehmen, auf einem Tortengitter abkühlen lassen und vorsichtig aus der Form nehmen. • Zum Garnieren die Sahne steif schlagen. Den Rand mit Sahne bestreichen und mit den Nüssen bestreuen, oben auf die Torte ein Sahnegitter spritzen.

Mein Tip: Lassen Sie die Torte 1–2 Tage unter der Tortenhaube durchziehen (natürlich ohne Sahne), damit sich die Gewürze richtig entfalten können.

• Mais • Weizen

Slowenische Pflaumenpogatscha – Maiskuchen

In Slowenien schätzt man auch heute noch die alten Nationalgerichte. Meistens sind dies einfache, sehr schmackhafte Mahlzeiten mit viel Gemüse. Auch Mehlspeisen wie Nockerl aus Mais-, Weizen- oder Buchweizenmehl, Hefeteigstrudel und Obstkuchen sind dort sehr beliebt.

Zutaten für 1 Springform (26 cm ∅):
4 Eigelb · 150 g Honig · 1 Eßl. Rum · 2 Eßl. kohlensäurereiches Mineralwasser · 250 g Mais · ½ Päckchen Backpulver · Reformmargarine für die Form · 4 Eiweiß
Für den Belag: 500 g Pflaumen · 100 g Hasel- oder Walnüsse · 50 g Weizen · 3 Eßl. Honig · 2 Eßl. Zwetschgenwasser · 50 g zerlassene Butter · ½ Teel. Zimt
Insgesamt etwa 15310 Joule / 3465 Kalorien

- Zubereitungszeit: 50 Minuten
- Backzeit: 1 Stunde

So wird's gemacht: Die Eigelb mit dem Honig schaumig rühren. Den Rum und das Mineralwasser beifügen. • Den Mais mehlfein mahlen, das Backpulver untermischen. Mit dem Teig verrühren. • Für den Belag die Pflaumen waschen und entsteinen. Die Nüsse mittelfein reiben. Den Weizen mehlfein mahlen. Beides in einer Schüssel mischen. Den Honig darüberträufeln. Mit einem Löffel untermengen. Das Zwetschgenwasser und die Butter langsam dazugeben und mit dem Löffel zu einer krümeligen Streuselmasse vermischen. • Die Form einfetten. Den Backofen auf 180° C vorheizen. • Die Eiweiß steif schlagen und unter den Teig heben. Den Teig in die Form füllen. Die Pflaumen mit der Wölbung nach oben auflegen. Mit dem Zimt bestreuen. Die Streuselmasse darüber verteilen. • Den Kuchen auf der untersten Leiste in den Ofen schieben und 60 Minuten backen. • Den Maiskuchen in der Form etwas abkühlen lassen, danach auf eine Tortenplatte setzen.

• Weizen

Kirschtorte mit Quark-Mandel-Guß

Zutaten für 1 Springform (26 cm ∅):
120 g Reformmargarine • 160 g Honig • 3 Eigelb • 1 Teel. Zimt • 220 g Weizen • 1 Teel. Backpulver • 400–500 g Süß- oder Sauerkirschen • Reformmargarine für die Form
Für den Guß: 125 g Quark • 50 g Butter • 100 g Honig • 1 Eigelb • abgeriebene Schale von 1 Zitrone (unbehandelt) • 60 g Weizen • 80 g geschälte, grobgehackte Mandeln • 4 Eiweiß
Insgesamt etwa 7475 Joule / 1780 Kalorien

- Zubereitungszeit: 50 Minuten
- Backzeit: 70 Minuten

So wird's gemacht: Die Margarine mit dem Honig, den Eigelb und dem Zimt schaumig rühren. • Den Weizen mehlfein mahlen. Das Backpulver daruntermischen. Alles zu einem Rührteig verarbeiten. • Die Kirschen entkernen. Den Backofen auf 200° C vorheizen. • Den Teig in eine gefettete Springform füllen und mit den Kirschen belegen. Auf der untersten Leiste in den Backofen schieben. Bei 200° C 40 Minuten backen. • Inzwischen für den Guß den Quark mit der Butter, dem Honig, dem Eigelb und der Zitronenschale cremig rühren. • Den Weizen mehlfein mahlen. Mit den Mandeln unter die Quarkcreme mischen. Die Eiweiß steif schlagen und unterheben. • Den Guß auf dem vorgebackenen Kuchen verteilen und glattstreichen. Bei 200° C auf der untersten Leiste in 30 Minuten fertigbacken.

• Weizen

Vollkornwindbeutel

Zutaten für etwa 16 Stück:
¼ l Wasser • 70 g Butter oder Reformmargarine • 150 g Weizen • 4 mittelgroße Eier • Reformmargarine für das Blech
Für die Füllung: ¼ l Sahne • 1 Päckchen Sahnesteif • 1 Eßl. Honig • je nach Geschmack 1 Teel. Kakao oder ½ Teel. gemahlene Vanille oder frisches Obst oder Rumfrüchte
Insgesamt etwa 9330 Joule / 2220 Kalorien

- Zubereitungszeit: 30 Minuten
- Backzeit: 30 Minuten

So wird's gemacht: Das Wasser mit der Butter oder der Margarine in einem kleinen Topf aufkochen. • Inzwischen den Weizen mehlfein mahlen. Das Vollkornmehl auf einmal in die kochende Flüssigkeit schütten und mit dem Holzlöffel tüchtig rühren, bis sich der Teig als glatter Kloß vom Topfboden löst. Den Topf vom Herd nehmen und etwas abkühlen lassen. • 3 Eier nacheinander hineinrühren. Das vierte Ei verquirlen und noch so viel davon zugeben, bis der Teig goldgelb glänzt und in langen Spitzen vom Rührlöffel abreißt. (Wenn der Teig zu flüssig ist, läuft das Gebäck breit). • Den Backofen auf 220° C vorheizen. • Gut walnußgroße Teighäufchen mit etwas Abstand auf das gut gefettete Backblech setzen. Falls vom letzten Ei noch ein Rest übrig ist, diesen mit 1 Teelöffel Wasser verrühren und die Windbeutel vorsichtig damit bestreichen. • Das Blech auf der mittleren Leiste in den Backofen schieben. Die Windbeutel 30 Minuten bei 220° C backen. • Sofort nach dem Backen die Windbeutel mit einem spitzen Messer aufschneiden und auf dem Tortengitter auskühlen lassen. • Für die Füllung die Sahne steif schlagen, das Steifungsmittel nach Vorschrift zugeben, den Honig und die Geschmackszutaten oder die Früchte darunterrühren. Die unteren Hälften der Windbeutel füllen und die Deckelchen aufsetzen.

Variante
Auch mit einer Quark-Sahne-Creme kann man die Windbeutel füllen.

Beliebtes Kleingebäck

Schon in der Antike war feines, kunstvolles Gebäck in vielerlei Formen sehr beliebt. Man süßte es mit Honig und getrockneten Früchten; Mandeln und Nüsse, Gewürze und duftende Essenzen aus dem Orient gaben ihm den ausgeprägten Geschmack. Unsere Lebkuchen, Früchtebrote und Gewürzplätzchen haben also eine alte Tradition. Doch Selbstgebackenes schmeckt nicht nur zur Weihnachtszeit, knuspriges Kleingebäck aus Vollkornmehl hat immer Saison!

• Weizen • Hirse

Sylter Honigriegel

Dieses schnelle Rezept stammt von meiner Mutter. Durch die verschiedenen Geschmackszutaten ist es sehr variabel. Die Honigriegel haben nur einen Nachteil: sie schmecken so gut, daß man zuviel davon ißt.

Zutaten für 1 Backblech:
250 g Butter • 500 g Honig • 5 Eßl. Sahne • 4 Eßl. Rum • abgeriebene Schale von 1 Zitrone (unbehandelt) • 4 Teel. Zitronensaft • 4 Teel. Zimt • 250 g Walnußkerne oder Haselnüsse • 500 g Weizen • 250 g Hirse • Reformmargarine für das Blech
Insgesamt etwa 36 020 Joule / 8575 Kalorien

- Zubereitungszeit: 25 Minuten
- Quellzeit: 10 Stunden
- Backzeit: 45 Minuten

So wird's gemacht: Die Butter zerlassen. Den Honig, die Sahne, den Rum, die Zitronenschale und den -saft sowie den Zimt einrühren. • Die Nüsse fein reiben. Den Weizen und die Hirse mehlfein mahlen. Alles nacheinander unter die Buttermischung arbeiten. Über Nacht zugedeckt quellen lassen. • Den Backofen auf 175° C vorheizen. Den Teig mit einem nassen Löffel 1 cm dick auf das gefettete Blech streichen. • Das Blech auf der mittleren Leiste in den Backofen schieben. Die Teigplatte bei 175° C etwa 45 Minuten backen. • Sofort nach dem Backen in Quadrate oder Streifen schneiden. • Die Honigriegel in einer Dose aufbewahren. Nach 3–4 Tagen haben sie ihr volles Aroma und schmekken am besten.

• Hirse • Weizen

Sesamplätzchen

Zutaten für 1 Backblech (etwa 30 Stück):
100 g Sesamsamen • 70 g weiche Butter • 120 g Honig • 1 Ei • 1 Eigelb • 1/2 Teel. frisch geriebene Muskatnuß • 3 Eßl. Himbeergeist • 100 g ungeschwefelte Rosinen • 80 g Hirse • 100 g Weizen
Pro Stück etwa 345 Joule / 80 Kalorien

- Zubereitungszeit: 20 Minuten
- Quellzeit: 20 Minuten
- Backzeit: 20 Minuten

So wird's gemacht: Den Sesam unter Rühren in einer Pfanne goldgelb rösten. • Die Butter mit dem Honig, dem Ei und dem Eigelb schaumig rühren. Den Sesam, die Muskatnuß, den Himbeergeist und die Rosinen zugeben. • Die Hirse und den Weizen mehlfein mahlen. Mit der Sesammischung verrühren. Den Teig 20 Minuten quellen lassen. • Danach den Backofen auf 180° C vorheizen. Mit einem Teelöffel flache Teighäufchen mit etwas Abstand auf das ungefettete Blech setzen. Die Plätzchen auf der mittleren Leiste goldgelb backen.

• Weizen

Weizenkleie-Nuß-Makronen

Zutaten für 1 Backblech:
250 g Haselnüsse • 3 Eiweiß • 100 g Honig • 1/2 Teel. Zimt • 2 Teel. abgeriebene Orangenschale (unbehandelt) • Saft von 1 Zitrone • 40 g ausgesiebte Weizenkleie (ersatzweise frisch ge-

mahlenes Weizenmehl) • Reformmargarine und Vollkornmehl für das Blech oder Backoblaten von 5 cm ∅
Insgesamt etwa 8900 Joule / 2120 Kalorien

- Zubereitungszeit: 20 Minuten
- Backzeit: 20 Minuten

So wird's gemacht: Von den Nüssen etwa 50 g hacken, die übrigen fein mahlen. • Die Eiweiß sehr steif schlagen. Den Honig langsam dazugeben. Den Zimt, die Orangenschale und den Zitronensaft vorsichtig unter die Schaummasse rühren. Die Weizenkleie und alle Nüsse unterheben. • Den Backofen auf 180° C vorheizen. • Mit 2 Teelöffeln kleine Häufchen auf das gefettete und mit Mehl bestäubte Backblech oder auf Oblaten setzen. Das Blech auf der mittleren Leiste in den Backofen schieben und die Weizenkleie-Nuß-Makronen bei 180° C etwa 20 Minuten backen.

Variante
Mischen Sie zur Abwechslung 2 Teelöffel frische feingeriebene Ingwerwurzel statt Orangenschale unter den Teig.

- Weizen

Honigbrötchen

Zutaten für etwa 30 Stück:
4 Eiweiß • 120 g Honig • abgeriebene Schale und Saft von 1 Zitrone (unbehandelt) • 2 Eßl. Rum • 100 g Weizen • 200 g Kokosraspeln • 50 g Butter • Reformmargarine und Vollkornmehl für das Blech
Insgesamt etwa 8615 Joule / 2050 Kalorien

- Zubereitungszeit: 20 Minuten
- Backzeit: 25 Minuten

So wird's gemacht: Die Eiweiß steif schlagen. Den Honig, die Zitronenschale und den -saft sowie den Rum damit verrühren. • Den Weizen mehlfein mahlen. Mit den Kokosraspeln unter den Eiweißschaum mischen. Die Butter zerlassen und unterziehen. • Aus der Kokosmasse ovale Brötchen formen und auf ein gefettetes, bemehltes Backblech legen. Auf der mittleren Leiste in den Backofen schieben. Bei 180° C in etwa 25 Minuten goldgelb backen.

- Weizen

Fruchthäufchen mit Weizenkleie

Bei der Zubereitung von Vollkornnudeln, Strudelteig oder Mürbteig muß die Weizenkleie etwas ausgesiebt werden. Wir backen leckere Fruchthäufchen davon. Wenn keine Kleie vorhanden ist, kann man sie durch mittelfein geschroteten Nackthafer und Weizen ersetzen.

Zutaten für etwa 20 Stück:
75 g gedörrte Aprikosen • 75 g Dörrzwetschgen ohne Stein • 125 g Wasser • 2–3 Eßl. Sahne • 150 g Weizenkleie • 1 Eßl. Zitronensaft • 1 Eßl. Honig • 2 Eßl. Rum • 2 Eßl. frischer, feingeriebener Ingwer • 2 Eiweiß • 50 g Haselnüsse • je 25 g Zitronat und Orangeat • Reformmargarine und Vollkornmehl für die Form
Zum Verzieren: ganze Haselnüsse • gewürfeltes Zitronat
Insgesamt etwa 5525 Joule / 1315 Kalorien

- Zubereitungszeit: 30 Minuten
- Quellzeit für das Dörrobst: 2–4 Stunden
- Quellzeit für den Teig: 1 Stunde
- Backzeit: 35 Minuten

So wird's gemacht: Das Dörrobst 2–4 Stunden (je nachdem, wie stark es getrocknet ist) mit dem Wasser bedeckt quellen lassen. • Das Einweichwasser abgießen und mit der Sahne auf 125 g ergänzen. Mit der Kleie verrühren. Den Zitronensaft, den Honig, den Rum und den Ingwer beifügen. 1 Stunde quellen lassen. • Danach den Backofen auf 180° C vorheizen. Die Eiweiß steif schlagen und mit den kleingehackten Dörrfrüchten unter den Teig heben. • Auf das gefettete und bemehlte Blech kleine Häufchen setzen. Jedes mit Haselnuß oder Zitronatwürfel verzieren. Das Blech auf der mittleren Leiste in den Backofen schieben. Die Fruchthäufchen bei 180° C etwa 35 Minuten backen.

Variante
Wenn Sie keinen Ingwer mögen, dann würzen Sie die Fruchthäufchen mit Delifrut oder mit Zimt und Nelkenpulver.

• Weizen

Schokoherzen und Mandelsterne

Das Rezept für dieses feine Butterspritzgebäck fand ich in Großmutters Kochbuch. Ich habe es ein wenig abgeändert, so daß eine gesunde Schlemmerei daraus geworden ist. Aus einem Grundteig werden gleichzeitig zwei Sorten Plätzchen gebacken: Schokoherzen und Mandelsterne.

Zutaten für 2 Backbleche:
300 g weiche Butter • 4 Eigelb • 350 g Honig • 2 Eßl. Rum • 4 Eßl. Sahne • 1/4 Teel. gemahlener Anis • 1/2 Teel. gemahlene Vanille • 1 Prise Kardamom • 500 g Weizen
Für Schokoherzen zusätzlich (für die halbe Teigmenge): 1 Eßl. Kakao • 1/4 Teel. Zimt • 1 Teel. abgeriebene Orangenschale (unbehandelt)
Für Mandelsterne zusätzlich (für die halbe Teigmenge): 100 g süße Mandeln • 4 bittere Mandeln, jeweils geschält und feingerieben
Insgesamt 25 780 Joule / 6140 Kalorien

- Zubereitungszeit: 20 Minuten
- Ruhezeit: 1 Stunde
- Backzeit (für 2 Bleche): 40 Minuten

So wird's gemacht: Die Butter mit den Eigelb und dem Honig schaumig rühren. Den Rum, die Sahne und die Gewürze beifügen. • Den Weizen mehlfein mahlen, das Vollkornmehl nach und nach unter die Eimasse arbeiten. Den Teig in 2 Hälften teilen. • Für die Schokoherzen den Kakao, den Zimt und die Orangenschale mit der einen Hälfte des Teiges verrühren. • Für die Mandelsterne die Mandeln unter die andere Teighälfte mischen. • Beide Teige 1 Stunde kalt stellen. • Danach den Backofen auf 180° C vorheizen. Mit der Gebäckspritze Herzen und Sterne aufs ungefettete Blech spritzen. • Das Backblech auf der mittleren Leiste in den Ofen schieben. Die Plätzchen bei 180° C etwa 15–20 Minuten backen. • In einer gut schließenden Dose aufbewahren. Das Gebäck bekommt erst nach 4–5 Tagen sein volles Aroma.

• Hafer • Weizen

Nürnberger Lebkuchen

Für das folgende Rezept verwende ich die ausgesiebte Weizenkleie, die bei der Bereitung von Nudeln, Strudel oder Mürbteig anfällt. Natürlich kann man die Lebkuchen auch mit frisch gemahlenem Weizenmehl statt mit Kleie backen.

Zutaten für 1 Backblech:
4 Eier • 250 g Honig • 2 Eßl. Rum • 1 Eßl. Zitronensaft • abgeriebene Schale von 2 Zitronen (unbehandelt) • 2 Teel. Zimt • 1 Teel. Lebkuchengewürz • 1 Prise frisch geriebene Muskatnuß • je 125 g gewürfeltes Zitronat und Orangeat • 250 g Haselnüsse • 50 g Nackthafer • 200 g ausgesiebte Weizenkleie • Backoblaten von 5 cm ∅
Zum Verzieren: Haselnüsse, Zitronat, Orangeat
Insgesamt etwa 17 270 Joule / 4110 Kalorien

- Zubereitungszeit: 30 Minuten
- Ruhezeit: 12 Stunden
- Backzeit: 20–25 Minuten

So wird's gemacht: Die Eier mit dem Honig schaumig rühren. Den Rum, den Zitronensaft und die -schale, die Gewürze, das Zitronat und das Orangeat beifügen. • Die Nüsse reiben, den Hafer mehlfein mahlen. Mit der Kleie unter den Teig rühren. Über Nacht ruhen lassen. • Danach kleine Häufchen auf die Oblaten setzen und mit Nüssen oder mit Zitronat und Orangeat verzieren. • Das Blech auf der mittleren Leiste in den Backofen schieben. Die Lebkuchen bei 180° C etwa 20–25 Minuten backen. Sie sollen innen noch etwas feucht sein.

• Weizen

Feine weiche Honiglebkuchen

Bild Seite 98

Zutaten für 1 Backblech:
700 g Weizen • 1½ Päckchen Backpulver • 850 g Honig • 70 g Butter • 100 g Sahne • 150 g Haselnüsse • je 100 g gewürfeltes Zitronat und Orangeat • 1 Päckchen Lebkuchengewürz • ½ Teel. Delifrut • 2 große Eier • Reformmargarine für das Blech
Zum Verzieren: Walnüsse oder geschälte Mandeln, Zitronat, Rosinen, eventuell halbierte Belegkirschen
Insgesamt etwa 32 210 Joule / 7670 Kalorien

- Zubereitungszeit: 30 Minuten
- Ruhezeit für den Teig: 3 Stunden
- Backzeit: 45 Minuten

So wird's gemacht: Den Weizen mehlfein mahlen. Das Backpulver unter die Hälfte des Vollkornmehls mischen. • Den Honig, die Butter und die Sahne erhitzen, bis die Butter geschmolzen ist, und noch heiß über das mit dem Triebmittel gemischte Mehl schütten. Gut verrühren. • Die Nüsse fein mahlen und mit dem Zitronat, dem Orangeat, den Gewürzen und den Eiern unter den Teig rühren. Zuletzt das restliche Mehl unterarbeiten. • Den weichen Teig 3 Stunden zugedeckt im Kühlschrank ruhen lassen. • Danach den Backofen auf 180° C vorheizen. Das Blech einfetten. Den Teig mit einem Teigschaber auf das gefettete Blech streichen (Den Teigschaber dabei immer wieder ins Wasser tauchen.) Auf der Teigplatte mit einem Messer 7 × 7 cm große Quadrate markieren und nach Belieben verzieren. • Das Blech auf der untersten Leiste in den Backofen schieben und die Lebkuchen bei 180° C etwa 45 Minuten backen. • Das Blech herausnehmen, einige Minuten abkühlen lassen und die Lebkuchen in Quadrate schneiden. Auf einem Kuchengitter abkühlen lassen und in einer Blechdose aufbewahren.

• Weizen

Süße Vollkornwaffeln

Sonntagsfrühstück für Genießer: goldbraune frische Vollkornwaffeln mit Zwetschgenmus bestreichen zum Kaffee oder Tee. Oder die abgekühlten Waffeln mit frischen Erdbeeren oder Himbeeren und mit steifer Schlagsahne servieren.

Zutaten für 8 Waffeln:
200 g Weizen oder 200 g kleinblättrige Vollkornhaferflocken • 1 Teel. Trockenhefe • 2 Tassen Milch • 60 g Butter • 1–2 Eßl. Honig • abgeriebene Schale und Saft von 1 Zitrone (unbehandelt) oder 1 Teel. Zimt • 2 Eiweiß • 2 Eigelb • Reformmargarine für das Waffeleisen
Pro Stück etwa 825 Joule / 195 Kalorien

- Zubereitungszeit: 30 Minuten
- Quellzeit: 1 Stunde

So wird's gemacht: Den Weizen mehlfein mahlen. Das Vollkornmehl (oder die Haferflocken) mit der Trockenhefe mischen. • Die Milch leicht erwärmen, die Butter darin zergehen lassen. Den Honig beifügen. Lauwarm mit dem Mehl verrühren. 1 Stunde quellen lassen. • Mit der Zitronenschale und dem -saft oder mit dem Zimt würzen. • Die Eiweiß halbsteif schlagen, die Eigelb kurz darunterschlagen. Unter die Mehlmischung rühren. • Den Waffelautomaten einfetten. Auf Stufe 3 anheizen. Jeweils 3½ Eßlöffel Teig in das Waffeleisen geben und backen, bis die Kontrollampe erlischt.

Wenn Sie Ihrer Familie und Ihren Gästen etwas Besonderes bieten wollen, finden Sie hier die richtigen Rezepte für pikante Spezialitäten. Man kann sie zu den verschiedensten Anlässen servieren: zum Mittagessen, zum Abendessen, zum Picknick, zur Party oder als Imbiß zu einem Glas Bier oder Wein. Mit Vollkornmehl schmecken sie besonders herzhaft und würzig.

• Weizen

Sylter Sonnenrad

Unser Sylter Ferienrezept! Die knusprigen Waffeln kann man statt Toastbrot essen oder als Pizza mit einem pikanten Belag servieren. Als Kräcker schmecken sie gut mit Butter, Quark oder Käse oder mit einem pikanten Dip.

Zutaten für 4 große Waffeln oder 20 Kräcker (Waffelherzen):
300 g Weizen (oder 150 g Weizen, 75 g Reis und 75 g Nacktgerste) · 1 Teel. Kräutersalz · 1 gehäufter Eßl. Kümmelkörner · 1 Päckchen Trockenhefe oder 20 g frische Hefe · 1 Tasse Wasser · 3/4 Tasse Sonnenblumenöl
Für den Pizzabelag: 150 g magerer Räucherbauch/Bauchspeck · 375 g Lauch/Porree (nur die grünen Teile) · 2 rote Paprikaschoten · 3 Knoblauchzehen · 2 Tomaten · eventuell 1 Eßl. Hefeflocken · 2 gehäufte Teel. gekörnte Gemüsebrühe · 3/4 Teel. Curry · 2 Eßl. gehackte Kräuter (Petersilie, Liebstöckel/Maggikraut, Oregano, Basilikum) · 100 g Käse
Pro Pizzawaffel etwa 2835 Joule / 675 Kalorien; pro Waffelherz ohne Belag etwa 420 Joule / 100 Kalorien

- Zubereitungszeit: 30 Minuten
- Garzeit für das Gemüse: 20–30 Minuten
- Back- und Grillzeit: etwa 15 Minuten

So wird's gemacht: Das Getreide mehlfein mahlen und mit dem Kräutersalz, dem Kümmel und der Trockenhefe mischen. Das Wasser leicht erwärmen (frische Hefe im Wasser auflösen). • Das Wasser und das Öl unter die Mehlmischung rühren und zu einem weichen Teig verarbeiten. 30–60 Minuten zugedeckt gehen lassen. • Inzwischen für den Belag den Bauchspeck fein würfeln und in der Pfanne langsam knusprig braten. • Das Lauchgrün in feine Streifen schneiden. Die Paprikaschoten vierteln, die weißen Innenwände und die Kerne entfernen, die Schoten in feine Streifen schneiden. Den Knoblauch fein hacken. Die Tomaten würfeln. • Die Speckwürfel aus der Pfanne nehmen und das Gemüse im verbliebenen Fett 20–30 Minuten zugedeckt dünsten. • Falls notwendig mit den Hefeflocken binden. Mit der gekörnten Brühe, dem Curry und den Kräutern abschmecken. Warm stellen. • Aus dem Teig 4 Kugeln formen, mit dem Handballen flachdrücken, bis sie Waffeleisengröße haben. • Den Waffelautomaten auf Stufe 3½ aufheizen (nicht einfetten). Den Teig einlegen und die Griffe des Waffeleisens einige Sekunden zusammendrücken. Backen, bis die Kontrollampe erlischt (etwa 5 Minuten). • Den Pizzabelag auf den Waffeln verteilen. Die Speckwürfel darüberstreuen. Den Käse in feine Streifen schneiden und strahlenförmig auf die Pizza legen. Dicht unter den Elektrogrill stellen und etwa 8 Minuten überbacken, bis der Käse zerlaufen ist.

Das paßt dazu: Kopfsalat, Endiviensalat, Feldsalat.

Variante – Kräcker
Für Kräcker aus dem Teig 20 Kugeln formen, etwas plattdrücken und jedes der fünf Waffelherzen mit einer Kugel belegen. Wie oben backen.

• Weizen • Hirse • Gerste

Knusprige Fladenbrötchen zum Frischessen

Dies ist eines meiner Lieblingsrezepte, denn die Fladenbrötchen sind im Handumdrehen gemacht. Sie passen für viele Gelegenheiten: zum

Abendessen oder als Imbiß zu Wein oder Bier, wenn Gäste eingeladen sind. Zusammen mit einer Lauchcreme- oder Tomatensuppe ergeben sie eine vollwertige Mittagsmahlzeit. Auch Leute mit empfindlichem Magen vertragen die Brötchen sehr gut, denn als Triebmittel dient hier nur eiskaltes Mineralwasser mit möglichst viel Kohlensäure.

Zutaten für 20–25 Brötchen (1 Backblech):
250 g Weizen • 50 g Hirse • 50 g Nacktgerste • 1 gehäufter Teel. Kümmel • je 1 Teel. Koriander und Fenchel • 1 Teel. Meersalz • 2 Eßl. Hefeflocken oder 50–100 g geriebener Käse • 350 g sehr kohlensäurereiches Mineralwasser • 3 Eßl. Sonnenblumenöl • Reformmargarine und Vollkornmehl für das Blech
Für den Belag: Sesamsamen, geschälte Sonnenblumenkerne, Haselnüsse, 30–50 g magerer Räucherspeck, Kümmelkörner, Mohn
Pro Stück etwa 240 Joule / 60 Kalorien

- Zubereitungszeit: 20 Minuten
- Quellzeit: 2–4 Stunden
- Backzeit: 30 Minuten

So wird's gemacht: Den Weizen, die Hirse, die Gerste und die Gewürzkörner fein schroten. • Das Meersalz und die Hefeflocken oder den Reibkäse mit dem Vollkornschrot mischen. Das Mineralwasser und das Öl hineinrühren. Zugedeckt 2–4 Stunden quellen lassen. • Inzwischen das Backblech sorgfältig mit Reformmargarine einfetten und mit Mehl bestäuben, sonst lassen sich die Fladenbrötchen nach dem Backen schlecht ablösen. • Sesam und Sonnenblumenkerne getrennt in einer Pfanne unter Umrühren etwas rösten. • Nüsse in Scheiben und Räucherspeck in Würfel schneiden. Den Backofen auf 220° C vorheizen. • Von dem gut gequollenen Teig mit einem Eßlöffel flache Häufchen auf das Backblech setzen. Nach Belieben mit ganzen Kümmelkörnern, Mohn, Sesam, Sonnenblumenkernen, Nüssen oder Speckwürfeln bestreuen. Den Belag mit einem Löffel etwas andrücken. Das Blech auf der mittleren Leiste in den Backofen schieben. Die Brötchen bei 220° C etwa 30 Minuten backen. • Gleich nach dem Backen servieren, denn die Fladenbrötchen schmecken warm am besten.

Das paßt dazu: Butter, auch Kräuterbutter, Frischkäse oder Quarkcreme (Rezept Seite 126).

Variante – Zwiebelbrötchen
Backen Sie von der Hälfte des Teiges zur Abwechslung würzige Zwiebelbrötchen. Zunächst wie vorher beschrieben 10 Fladen aufs Blech setzen. Unter den restlichen Teig 2 Eßlöffel feine Zwiebelwürfel und 1 große zerdrückte Knoblauchzehe mischen. Mit Speckwürfeln und ein wenig Kümmel bestreut schmecken uns die Zwiebelbrötchen am besten.

> *Mein Tip: Je dünner die Fladen auf dem Blech ausgestrichen wurden, desto knuspriger werden sie nach dem Backen. Wir mögen sie am liebsten, wenn sie nicht ganz so dünn, außen knusprig, aber innen noch etwas weich sind. Aber das ist Geschmackssache – daher bitte selbst ausprobieren! • Übriggebliebene Fladenbrötchen bestreiche ich am nächsten Tag mit Wasser und backe sie im vorgeheizten Backofen bei 200° C etwa 10 Minuten auf.*

• Weizen

Quarkblätterteig für pikantes Gebäck

Zutaten:
200 g weiche Butter oder Reformmargarine • 250 g trockener Quark • 2 Eßl. Hefeflocken • 1 Teel. Kräutersalz • je 1 Prise Curry und Rosenpaprikapulver oder je $^1/_4$ Teel. gemahlener Kümmel und Koriander • 250 g Weizen
Insgesamt etwa 12 950 Joule / 3085 Kalorien

- Zubereitungszeit: 15 Minuten
- Ruhezeit: 4–12 Stunden

So wird's gemacht: Die Butter oder die Margarine mit dem Quark gründlich verrühren. Die Hefeflocken, das Kräutersalz und die Gewürze beifügen. • Den Weizen mehlfein mahlen und daruntergrbeiten. Den weichen Teig mindestens 4 Stunden, besser über Nacht, im Kühlschrank zugedeckt ruhen lassen, ehe er weiterverarbeitet wird. • Das »Touren-Rollen« wie beim echten Blätterteig ist nicht unbedingt notwendig. Die im Quark enthaltene Milchsäure treibt genügend.

• Weizen

Zartes Käsegebäck mit Quarkblätterteig

Zutaten für 15–18 Stück:
Quarkblätterteig (Rezept nebenstehend) aus 250 g Weizen · 125 g feingeriebener alter Gouda · 1 Eigelb · 1 Eßl. Wasser · Kümmel, Mohn, gerösteter Sesam, geröstete Sonnenblumenkerne, Haselnüsse, in Scheiben geschnitten zum Bestreuen · Reformmargarine für das Blech
Insgesamt etwa 15 305 Joule / 3645 Kalorien

- Zubereitungszeit: 20 Minuten
- Ruhezeit: 30 Minuten
- Backzeit: 25 Minuten

So wird's gemacht: Den Quarkblätterteig am Vortag zubereiten und zugedeckt im Kühlschrank aufbewahren. • Den gut gekühlten Teig zu einem Rechteck ausrollen, und zwar stets in einer Richtung. Mit ¾ des Käses bestreuen und mit der Nudelrolle gut andrücken. Das rechte Teigdrittel nach der Mitte klappen, das linke Drittel darüberlegen (siehe Zeichnung). Das Teigstück in der Mitte quer durchschneiden. Eine der beiden Hälften mit dem restlichen Käse bestreuen, die andere darauflegen. Mit der Nudelrolle etwas zusammendrücken. In Alufolie verpackt im Kühlschrank 30 Minuten ruhen lassen. • Danach den Backofen auf 200° C vorheizen. Den Teig auf dem bemehlten Backbrett ausrollen

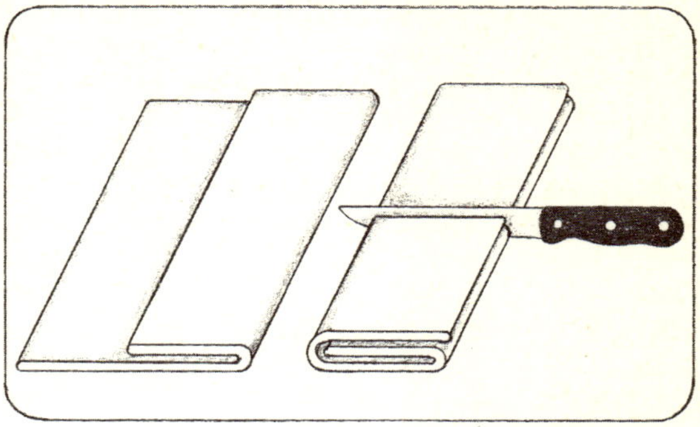

Durch das mehrfache Falten des Blätterteigs verteilt sich die Füllung besser und das Käsegebäck wird blättriger.

(nur in einer Richtung). Beliebige Formen ausstechen oder Stangen ausrädeln. • Das Eigelb mit dem Wasser verquirlen und das Gebäck damit bestreichen. Mit den Gewürzkörnern oder den Nüssen bestreuen. Auf ein gefettetes Backblech legen und auf der mittleren Leiste in den Backofen schieben. Bei 200° C in 20–25 Minuten goldgelb backen.

• Weizen

Appenzeller Käsetaschen

Eine sehr pikante Überraschung zum Wein, wenn Sie Gäste haben

Zutaten für etwa 20 Stück:
Quarkblätterteig (Rezept nebenstehend) aus 250 g Weizen · 1 Eigelb · 1 Eßl. Wasser · Reformmargarine für das Blech
Für die Käsefüllung: 40 g weiche Butter · 1 Knoblauchzehe · 2 Eigelb · 3 Teel. würziger Weißwein · 2 Eßl. feingehackte Kräuter (Petersilie, Majoran, Liebstöckel/Maggikraut, Thymian, Basilikum) · 100 g Appenzeller Käse · ¼ Teel. Delikata · frisch geriebene Muskatnuß · 1 Prise Kräutersalz · 2 Eiweiß
Insgesamt etwa 16 690 Joule / 3975 Kalorien

- Zubereitungszeit: 25 Minuten
- Ruhezeit für die Käsetaschen: 1 Stunde
- Backzeit: 20–25 Minuten

So wird's gemacht: Den Quarkblätterteig am Vortag zubereiten und zugedeckt im Kühlschrank aufbewahren. • Für die Füllung die Butter schaumig rühren. Die Knoblauchzehe schälen und zerdrücken. Den Knoblauch, die Eigelb, den Wein und die Kräuter mit der Butter gründlich mischen. • Den Käse fein reiben und der Buttermischung beifügen. Mit den Gewürzen und dem Salz herzhaft abschmecken. Die Eiweiß steif schlagen und unter die Käsemasse heben. • Den gut gekühlten Blätterteig messerrückendick ausrollen. Mit dem Backrädchen Rechtekke, etwa 7 × 12 cm groß, ausrädeln. Die Füllung auf eine Längsseite geben. Die Taschen zusammenklappen und die Ränder gut festdrücken. 1 Stunde kalt stellen. Danach den Backofen auf 200° C vorheizen. Das Eigelb mit dem Wasser verquirlen und die Käsetaschen damit bestreichen. • Das Gebäck auf ein gefettetes Backblech legen. Auf der mittleren Leiste in den Backofen schieben. Bei 200° C in etwa 20–25 Minuten goldgelb backen.

Das paßt dazu: ein fruchtiger, frischer Frankenwein.

• Weizen • Hirse

Pikanter Hefeteig – Grundrezept

Diesen Teig verwende ich für alle Arten von pikantem Gebäck, auch als herzhafte Unterlage für eine Pizza (Rezept nebenstehend), einen Zwiebelkuchen, (Rezept nebenstehend), auch für die Dänische Lauchtorte (Rezept Seite 112) oder den Lothringer Käsekuchen (Rezept Seite 112). Die Hirse macht den Teig besonders knusprig. Zur Abwechslung kann man sie durch Nacktgerste oder Roggen ersetzen. Wenn Sie nur eine Springform (von etwa 26 cm ∅) auslegen wollen, genügt die halbe Menge der Zutaten.

Zutaten für 1 Backblech:
30 g Hefe • 1 Teel. Meersalz • 300 g kaltes Wasser • 420 g Weizen • 180 g Hirse • 1 Teel. Koriander • 1 Teel. Kümmel • 60 g weiche Butter oder Reformmargarine
Insgesamt etwa 11050 Joule / 2630 Kalorien

- Zubereitungszeit: 15 Minuten
- Ruhezeit: 20 Minuten

So wird's gemacht: Die Hefe und das Salz im Wasser auflösen. • Den Weizen, die Hirse, den Koriander und den Kümmel mehlfein mahlen. • Die Butter oder die Margarine schaumig rühren. Das Hefewasser und das Vollkornmehl abwechselnd unterarbeiten. Den Teig mit der Küchenmaschine 5 Minuten gründlich kneten. Danach mit einem Tuch bedeckt kühl stellen und gehen lassen. • Nach 15–20 Minuten ist der Teig gut aufgegangen und fester geworden. Er kann den einzelnen Rezepten entsprechend verwendet werden. • Besonders locker wird das fertige Gebäck, wenn man den Teig noch 2–3mal zusammenknetet und zwischendurch wieder gehen läßt.

• Weizen • Hirse

Sommerliche Pizza

Sonnenreife, aromatische Tomaten, würzige Kräuter (Oregano, Basilikum, Thymian) – möglichst frisch vom Beet – dazu der herzhafte Vollkornteig machen diese Pizza im Sommer zu einer Delikatesse!

Zutaten für 1 Backblech:
Pikanter Hefeteig (Rezept nebenstehend) aus 600 g Weizen und Hirse • Reformmargarine und Vollkornmehl für das Blech • 50 g geriebener Käse zum Bestreuen
Für die Sauce: 150 g Zwiebeln • 3 große Knoblauchzehen • 100 g magerer Räucherspeck • 400 g Tomaten • 1 Lorbeerblatt • 150 g Tomatenmark • 1 Teel. Vitam-Steinpilzbrühe • 300 g Käse, möglichst bunt gemischt (Resteverwer-

tung!) • 3 Eßl. gehackte Kräuter (Basilikum, Majoran oder Oregano, Thymian, Bohnenkraut, wenig Salbei und Rosmarin) • frisch gemahlener Pfeffer oder Picata
Insgesamt etwa 30 300 Joule / 7215 Kalorien

- Zubereitungszeit: 75 Minuten (einschließlich Teigbereitung)
- Backzeit: 35 Minuten

So wird's gemacht: Den Hefeteig zubereiten und gehen lassen. • Den Teig dünn ausrollen und das gut gefettete und bemehlte Blech damit belegen. • Für die Sauce die Zwiebeln und die Knoblauchzehen schälen und fein hacken. Den Räucherspeck würfeln. In einem Topf etwas anbraten. Die Zwiebeln sowie den Knoblauch zugeben und goldgelb rösten. • Die Tomaten kurz in kochendes Wasser tauchen, die Haut abziehen und die Tomaten grob hacken. Zu den Zwiebeln geben. Das Lorbeerblatt beifügen. Im offenen Topf kochen lassen, bis der Saft etwas eingedampft ist. Dabei gelegentlich umrühren. • Das Lorbeerblatt herausnehmen. Das Tomatenmark und die Steinpilzbrühe hineinrühren. Abkühlen lassen. • Den Backofen auf 200° C vorheizen. Den Käse grob raspeln und mit den Kräutern unter die dicke Sauce mischen. Mit Pfeffer oder Picata würzen. • Die Sauce auf dem Teigboden verteilen und glattstreichen. Den geriebenen Käse darüberstreuen. Das Blech auf der mittleren Leiste in den Backofen schieben. Die Pizza bei 200° C etwa 35 Minuten backen.

Das paßt dazu: Kopfsalat oder Endiviensalat.

Mein Tip: Die abgekühlte Pizza kann man – in Alufolie verpackt – gut einfrieren. Zum Auftauen den Backofen auf 200° C vorheizen und die Pizza in der geschlossenen Folie für 20 Minuten in den Herd schieben.

• Roggen • Weizen

Zwiebelkuchen

Als unsere Bauern ihr Brot in den alten gewölbten Steinbacköfen noch selbst gebacken haben, gab es am Backtag meistens einen Zwiebelkuchen: Ein Blech, mit Brotteig und Zwiebeln belegt und mit Salz und Pfeffer gewürzt, wurde in den noch warmen Backofen geschoben, und der köstliche duftende Zwiebelkuchen machte den Backtag jedesmal zu einem Fest. Wir müssen nicht unbedingt den großen Steinbackofen mit riesigen Buchenholzscheiten anheizen, um in den Genuß des Zwiebelkuchens zu kommen – im Elektro- oder Gasbackofen gelingt er auch!

Zutaten für 1 Springform (26 cm ∅):
Pikanter Hefeteig (Rezept nebenstehend) aus 100 g Roggen und 200 g Weizen • Reformmargarine und Vollkornmehl für die Form • 50 g geriebener Käse zum Bestreuen
Für den Belag: 400 g Zwiebeln • 20 g Butter • ½ Gemüsebrühwürfel • 1 kleine Dose Granovita Sandwich-Creme (80 g) • 1 Eigelb • 1 Eßl. herber Weißwein • 2 Eßl. gehackte Kräuter (Majoran, Thymian, Liebstöckel/Maggikraut, Petersilie) • 1 Teel. Kümmel
Insgesamt etwa 8630 Joule / 2055 Kalorien

- Zubereitungszeit: 75 Minuten (einschließlich Teigbereitung)
- Backzeit: 45 Minuten

So wird's gemacht: Den Hefeteig zubereiten und gehen lassen. • Die Zwiebeln schälen und grob raspeln. Die Butter im Kochtopf erhitzen und die Zwiebeln 5 Minuten darin dünsten. • Den Brühwürfel und die Sandwich-Creme mit den heißen Zwiebeln verrühren. Abkühlen lassen. • Inzwischen den Hefeteig ausrollen. Die gefettete und bemehlte Springform damit auslegen und einen Teigrand von 2½ cm hochziehen. Den Backofen auf 200° C vorheizen. • Das Eigelb mit dem Wein verquirlen. Mit den Kräutern und dem Kümmel unter die Zwiebelmasse mischen. Die Mischung auf dem Teigboden verteilen und mit dem geriebenen Käse bestreuen. • Die Form auf der unteren Leiste in den Backofen schieben. Den Kuchen bei 200° C in 45 Minuten goldbraun backen. • Warm aus dem Ofen schmeckt der Zwiebelkuchen am besten.

Das paßt dazu: Endiviensalat mit Tomaten oder Feldsalat und im Herbst »Federweißer« (neuer Wein).

Mein Tip: Wenn's schnell gehen soll, Scheiben vom Weizenvollkornbrot (Rezept Seite 118) leicht buttern, mit der Zwiebelmasse belegen, mit Käse bestreuen und im Backofen überbacken.

• Weizen • Hirse

Dänische Lauchtorte

Zutaten für 1 Springform (26 cm ∅):
Pikanter Hefeteig (Rezept Seite 110) aus 300 g Weizen und Hirse • Reformmargarine und Vollkornmehl für die Form
Für den Belag: 300 g Lauch/Porree • 2 Eßl. Sonnenblumenöl • 2 Eßl. Wasser • 30 g Butter • 1/2 Gemüsebrühwürfel • 2 Eßl. gehackte Kräuter (Petersilie, Majoran, Liebstöckel/Maggikraut, Selleriegrün) • 1/2 Teel. Curry • 1/2 Teel. edelsüßes Paprikapulver • 4 Eßl. Tomatenketchup • 130 g geriebener Käse
Für den Guß: 2 Eier • 100 g saure Sahne • 2 Eßl. herber Weißwein • 1 Teel. Speisestärke • 1/2 Teel. Pastetengewürz • 1/4 Teel. Kräutersalz
Insgesamt etwa 12705 Joule / 3025 Kalorien

- Zubereitungszeit: 75 Minuten (einschließlich Teigbereitung)
- Backzeit: 40 Minuten

So wird's gemacht: Den Hefeteig zubereiten und gehen lassen. • Die Lauchstangen putzen, gründlich waschen und in 1 cm breite Ringe schneiden. (Auch die zarten grünen Teile mitverwenden). • Das Öl mit dem Wasser erhitzen und den Lauch darin halbweich dünsten. • Inzwischen 3/4 des Hefeteigs ausrollen und die gefettete und bemehlte Springform damit auslegen. Dabei einen Teigrand von 3 cm hochziehen. Den restlichen Teig dünn ausrollen und mit dem Backrädchen schmale Streifen ausrädeln. • Die Butter und den Brühwürfel zum gekochten Lauch geben. Mit den Kräutern und Gewürzen herzhaft abschmecken. Abkühlen lassen. • Den Backofen auf 200° C vorheizen. Den Teigboden mit dem Tomatenketchup bestreichen und den Lauch darüberfüllen. Mit dem geriebenen Käse bestreuen. • Alle Zutaten für den Guß gründlich verquirlen und über die Lauchfüllung gießen (1 Eßlöffel Guß zurücklassen). Die Teigstreifen im Gittermuster auflegen und mit dem restlichen Guß bestreichen. • Die Lauchtorte auf der unteren Leiste in den Backofen schieben. Bei 200° C in etwa 40 Minuten goldgelb backen. Warm servieren.

Das paßt dazu: Tomatensalat oder grüner Salat.

• Weizen • Hirse

Lothringer Käsekuchen

Zutaten für eine Springform (26 cm ∅):
Hefeteig (Rezept Seite 110) aus 300 g Weizen und Hirse • Reformmargarine für die Form
Für den Belag: 1 große grüne Paprikaschote • 1 große Zwiebel • 2 Eßl. Sonnenblumenöl • 5 mittelgroße Tomaten • 150 g Emmentaler Käse • 1 große Knoblauchzehe • 3 Eßl. gehackte Kräuter (Petersilie, Liebstöckel/Maggikraut, Majoran, Thymian, Ysop, Weinraute) • 1/4 Teel. Kräutersalz • 150 g Danga Schlemmerpastete • 50 g geriebener Käse
Für den Guß: 3 Eier • je 1 Prise Delikata und Picata • Kräutersalz
Insgesamt etwa 13 460 Joule / 3200 Kalorien

- Zubereitungszeit: 70 Minuten (einschließlich Teigbereitung)
- Backzeit: 40 Minuten

So wird's gemacht: Den Hefeteig zubereiten und gehen lassen. • Die Springform gut fetten und dünn mit dem Hefeteig auslegen. Dabei einen Teigrand von 2½ cm hochziehen. • Die Paprikaschote in Viertel schneiden, die weißen Innenwände und die Kerne entfernen. Die Zwiebel schälen. Paprika und Zwiebel grob hacken und in dem heißen Öl einige Minuten dünsten. • Die Tomaten waschen, das weiche Innere herausnehmen. (Es wird nicht mitverwendet). Das feste Tomatenfleisch in Würfel schneiden. Den Käse grob reiben. Die Knoblauchzehe schälen und fein hacken. Alles unter die etwas abgekühlte Paprika-Zwiebelmasse mischen. Die Kräuter beifügen und mit dem Kräutersalz abschmecken. Den Backofen auf 200° C vorheizen. • Die Schlemmerpastete in dünne Scheiben schneiden und den Teigboden damit belegen. Die Füllung darüber verteilen. Mit dem geriebenen Käse bestreuen. • Für den Guß die Eier mit den Gewürzen und mit Kräutersalz verquirlen und über den pikanten Kuchen gießen. Die Form auf der mittleren Leiste in den Backofen schieben. Den Käsekuchen bei 200° C etwa 40 Minuten backen.

Das paßt dazu: Kopf-, Eisberg- oder Endiviensalat.

Mein Tip: Sehr hübsch sieht der Käsekuchen aus, wenn er in einer Pizzaform gebacken und gleich in der dekorativen Form auf den Tisch gebracht wird.

• Weizen • Roggen

Norwegisches Fladenbrot

Die Idee für das Fladenbrot brachten wir von einer Schiffsreise nach Norwegen mit. Mit Butter oder einer pikanten Quarkcreme bestrichen (Rezept Seite 126) paßt es ausgezeichnet zu einem Glas kühlen Bier oder einem spritzigen Weißwein. Uns schmeckt es am besten, wenn es 3–4 Stunden vor dem Essen gebacken wurde.

Zutaten für 4 Fladenbrote:
Pikanter Hefeteig (Rezept Seite 110) aus 425 g Weizen und 175 g Roggen • Reformmargarine und Vollkornmehl für das Blech • 1 Eigelb • 2 Eßl. Wasser
Belag (je nach vorhandenen Vorräten): Kümmel und grobes Salz • Zwiebeln, in dünne Scheiben geschnitten, mit flüssiger Butter beträufelt und mit Kümmel oder Delikata bestreut • magerer Räucherspeck, gewürfelt • Haselnüsse, in Scheiben geschnitten • gerösteter Sesam • geröstete Sonnenblumenkerne • Mohn
Pro Fladen etwa 2930 Joule / 700 Kalorien

- Zubereitungszeit: 45 Minuten (einschließlich Teigbereitung)
- Backzeit: 30–35 Minuten

So wird's gemacht: Den gut gegangenen Hefeteig in 4 gleichgroße Stücke teilen und zu Fladen von etwa 15 cm ∅ ausrollen. Diese auf das gefettete und bemehlte Blech legen. • Den Backofen auf 200° C vorheizen. Gleichzeitig eine flache Schale mit kaltem Wasser auf den Backofenboden stellen. • Das Eigelb mit dem Wasser verquirlen und die Fladen damit bestreichen. Die Oberfläche rautenförmig einschneiden und mit Kümmel und Salz (oder nach Belieben) bestreuen. 10–15 Minuten gehen lassen. • Die Brote auf der mittleren Leiste 30–35 Minuten backen.

• Weizen

Käserondellen

Bild Seite 115

Zutaten für 1 Backblech:
180 g Wasser • 115 g Öl • 1 Teel. Kräutersalz • 500 g Weizen • 1 Teel. Kümmel • Reformmargarine für das Blech
Für den Belag: 300 g Appenzeller Käse oder eine andere würzige Sorte • ⅛ l saure Sahne • 3 Eßl. herber Weißwein • 1 Ei • 1 Teel. getrockneter Majoran • ½ Teel. getrockneter Schabziegerklee • ½ Teel. Curry • 1 Prise Kräutersalz •

Bild rechts: Käserondellen lassen sich vielfältig ▷
variieren. Rezept Seite 113.
Zum Bild auf Seite 116: Weizenvollkornbrot mit Hefe.
Rezept Seite 118.

1 Knoblauchzehe • 2 Eßl. feingehackter Lauch/Porree oder Schnittlauch • 100 g Räucherspeck nach Belieben
Insgesamt etwa 33 335 Joule / 7935 Kalorien

- Zubereitungszeit: 45 Minuten
- Backzeit: 25 Minuten

So wird's gemacht: Das Wasser mit dem Öl und dem Salz gründlich verquirlen. • Den Weizen zusammen mit dem Kümmel mehlfein mahlen. Das Vollkornmehl nach und nach unterarbeiten und den Teig tüchtig kneten. Zugedeckt ruhen lassen, bis der Belag zubereitet ist. • Für den Belag den Käse fein reiben. Die saure Sahne mit dem Wein, dem Ei, den Gewürzen und dem Kräutersalz verquirlen. Unter den Käse mengen. • Den Knoblauch schälen und fein hacken und mit dem Lauch oder dem Schnittlauch der Käsemasse beifügen. • Den Teig 3 mm dick ausrollen und Plätzchen von 8 cm ∅ ausstechen. • Den Backofen auf 200° C vorheizen. Die Teigstücke mit der Füllung bestreichen (nicht ganz bis zum Rand, denn die Käsemasse läuft beim Backen noch etwas). Nach Belieben mit Speckwürfeln bestreuen. • Die Käserondellen auf ein gefettetes Blech legen. Auf der unteren Leiste in den Backofen schieben, bei 200° C in etwa 25 Minuten goldgelb backen und warm servieren.

Das paßt dazu: Wein oder Bier oder auch Gemüsebouillon (Rezept Seite 37) oder Tomatencremesuppe.

Varianten
Für den pikanten Belag gibt es viele Möglichkeiten. Einige Anregungen dazu: Pilze, in Scheiben geschnitten und in Butter gedämpft. Mit Vitam-Steinpilzbrühe, gehackter Petersilie und 1 Prise Pfeffer gewürzt. • Käsestreifen, dazwischen Tomaten- und Olivenscheiben, Zwiebelringe. Mit Pfeffer und Oregano gewürzt und mit Petersilie und Butterflöckchen bestreut. • Vegetabile Pastete (in verschiedenen Geschmacksrichtungen im Reformhaus erhältlich) in dünnen Scheiben, darüber feine Zwiebelringe, mit Delikata und Kräutersalz gewürzt.

JUPITER

Brot aus echtem Schrot und Korn

Das Brotbacken beschreibt Johann Amos Comenius, der Begründer der modernen Pädagogik im 17. Jahrhundert, in einem damals weit verbreiteten Schulbuch so: »Der Becker beutelt das Meel mit dem Meelsieb, und schüttet es in den Backtrog; alsdann giesset er Wasser zu; macht einen Taig, und knetet ihn mit dem Knetscheid; Darnach formet er Brodlaibe, Kuchen, Semmeln, Brezeln u. d. gl. Nach diesem legt er sie auf die Backschaufel, und schiesset sie in den Backofen durch das Ofenloch; doch zuvor scharret er heraus mit der Ofenkrücke das Feuer und die Kohlen, die er unten zusammen wirft. Und also wird Brod gebacken, welches aussen hat eine Rinde, und innen die Brosam.«

So einfach ist also das Brotbacken! Doch auch dabei muß man seine eigenen Erfahrungen machen. Am Anfang unserer Brotbäckerei probierte ich die verschiedensten Rezepte aus, sie waren aber für Vollkornmehl nicht so recht geeignet. Unser Brot blieb fest und kleinporig und bröselte leicht, obwohl wir den Teig mit vereinten Kräften lange kneteten! Erst allmählich wurde mir klar, daß das Vollkornmehl mehr Flüssigkeit braucht als gewöhnliches Auszugsmehl.

Inzwischen hatte ich auch das »Backferment« entdeckt, aus dem man ganz einfach einen sehr aromatischen Sauerteig bereiten kann. (Mehr darüber lesen Sie im Brotrezept.) Seitdem ist unser Brot herrlich locker und es schmeckt so gut, daß wir von unseren Gästen oft nach dem Rezept gefragt werden. Im übrigen macht es weniger Arbeit, Brot zu backen als einen Kuchen auf den Tisch zu bringen; und der köstliche Duft vom frisch gebackenen Brot, der das ganze Haus durchzieht, macht jeden Backtag zum Fest!

Praktische Tips fürs Brotbacken:

• Zur Teigbereitung verwendet man am besten einen großen Holzrührlöffel und eine große Backschüssel. Sie sollte möglichst aus Steingut sein, dann hat sie einen festeren Stand. Legen Sie ein feuchtes Tuch darunter, damit sie nicht wegrutscht. • Eine Küchenmaschine ist zum Teigrühren nicht unbedingt notwendig. Die kleinen Handrührer sind für eine größere Teigmenge ohnehin zu schwach.

• Als Backformen sind alle im Haushalt vorhandenen Kuchenformen zu gebrauchen. Einfache Blechformen müssen mit Alufolie ausgelegt werden, sonst bekommt das Brot einen unangenehmen Blechgeschmack. • Ich verwende Kastenformen aus Aluminium (30 × 12 cm). In einen Haushaltsbackofen passen 4 dieser Formen.

• Durch Abwiegen stellt man fest, ob das Brot schon fertiggebacken ist. Füllen Sie gleichgroße Formen jeweils mit der gleichen Teigmenge, dann müssen Sie nur eine der Formen zur Probe abwiegen (siehe Seite 90).

• Achten Sie bitte darauf, daß alle Zutaten sowie die Backschüssel und die Backformen Zimmertemperatur haben.

• Wiegen Sie alle Zutaten genau ab.

• Zum Verschenken backe ich die Brote in Großmutters alten kupfernen Kuchenformen – so sehen sie besonders dekorativ aus.

So bleibt das Brot lange frisch:

• Richtig durchgebackenes Brot schimmelt nicht, wenn man es kühl und luftig lagert – zum Beispiel auf einem Kuchengitter in einem gut gelüfteten Keller.

• Niemals darf man das Brot in Plastiktüten oder einem luftdichten Behälter aufbewahren; denn sobald die Rinde von innen heraus durchfeuchtet wird, siedeln sich auf dem Brot Schimmelpilze an.

• Im Kühlschrank wird das Brot besonders schnell altbacken.

• Dagegen bleibt es in einem Steinguttopf – mit der Schnittfläche nach unten – längere Zeit frisch. Das Gefäß muß alle 1–2 Wochen gründlich mit Essigwasser ausgewaschen und gut nachgetrocknet werden.

• Brot kann man auch einfrieren. Vollkornbrot wird ziemlich feucht gebacken und verliert das »zuviel« an Feuchtigkeit, wenn man es erst am Tag nach dem Backen einfriert. Nach dem Backen – im Gegensatz zu üblichen Backwaren – abkühlen lassen und in Alufolie einpacken. In der Kühltruhe bleibt der Nährwert des Brotes voll erhalten. Bei Zimmertemperatur in etwa 6 Stunden auftauen lassen.

• Je mehr Roggen ein Brot enthält, desto länger

bleibt es frisch. Backen Sie deshalb besonders im Sommer Brote mit hohem Roggenanteil.
- Man kann das Brot auffrischen, wenn es einmal trocken geworden ist. Den Brotlaib mit Wasser bestreichen, in Alufolie wickeln und im Backofen aufbacken.
- Aus trocken gewordenem Brot kann man noch sehr wohlschmeckende Speisen zubereiten. Probieren Sie einmal die Rezepte Pain de légumes – Französischer Gemüseauflauf (Seite 55), Basler Kirschenauflauf (Seite 70), Bäuerliche Brotsuppe (Seite 37) oder Gemüsebouillon mit Goldwürfelchen (Seite 40).

- Weizen

Weizenvollkornbrot mit Hefe

Bild Seite 116

Im Gegensatz zum Roggenbrot bleibt das Weizenbrot nur kurze Zeit wirklich frisch. Man sollte es also – am besten in Alufolie gewickelt – kühl aufbewahren und innerhalb von 3–4 Tagen verbrauchen. Wir essen dieses würzige Vollkornbrot am liebsten mit Butter und Honig oder mit einem selbstgemachten süßen Brotaufstrich (Rezepte Seite 127).

Zutaten für einen Brotlaib:
400 g kaltes Wasser • 35 g Hefe • 2 gestrichene Teel. Meersalz • 730 g Weizen • Gewürzkörner nach Geschmack: 2 Teel. Koriander, 1 Teel. Anis, 1 Teel. Fenchel oder (für ein herzhafteres Brot) 2 Teel. Kümmel • Reformmargarine und Vollkornmehl für das Blech • 1 Eigelb • 2 Eßl. Wasser
Pro 100 g Brot etwa 1060 Joule / 250 Kalorien

- Zubereitungszeit (einschließlich Ruhezeit für den Teig): 1 Stunde
- Backzeit: 90–110 Minuten

So wird's gemacht: Das Wasser abwiegen. Die Hefe hineinbröckeln und mit dem Meersalz im Wasser auflösen. • Den Weizen mit den Gewürzen mehlfein mahlen. • Das Vollkornmehl mit dem Hefewasser zu einem Teig verarbeiten. Den Teig noch 10–15 Minuten gründlich kneten, damit das Brot später nicht krümelt. 20 Minuten zugedeckt gehen lassen. (Der Teig wird während des Gehens noch fester. Deshalb sollte nicht mehr Mehl verwendet werden, als im Rezept angegeben ist). • Danach nochmals 5 Minuten kneten und wiederum gehen lassen. Inzwischen das Backblech fetten und mit Mehl bestreuen. • Den gut gegangenen Teig kurz durchkneten, abwiegen und das Gewicht notieren. Einen glatten länglichen Laib formen und auf das Blech legen. • Den Backofen auf 220° C vorheizen. Gleichzeitig eine flache Schale mit kaltem Wasser auf den Backofenboden stellen. Das Brot noch 10–20 Minuten gehen lassen, bis an der Oberfläche kleine Löcher (durch geplatzte Gärbläschen entstanden) sichtbar sind. • Das Eigelb mit dem Wasser verquirlen und das Brot damit bestreichen, dann auf der untersten Leiste in den Backofen schieben. 20 Minuten bei 220° C backen. Danach bei 180° C weitere 70–90 Minuten backen, bis das Brot etwa 12% leichter geworden ist. (Nach etwa 60 Minuten das Brot kurz aus dem Backofen nehmen und zur Kontrolle auf die Waage legen.) • Das Brot herausnehmen und auf einem Kuchengitter auskühlen lassen.

Variante – Rosinenzopf
Für einen Rosinenzopf knetet man 150 g ungeschwefelte Rosinen und 100 g grob gehackte Haselnüsse unter den Teig. Einen Zopf flechten, mit verquirltem Eigelb bestreichen und mit in Scheiben geschnittenen Nüssen bestreuen.

Mein Tip: Je länger und gründlicher der Teig geknetet wird, desto lockerer werden das Hefebrot und vor allem die Vollkornbrötchen!

• Weizen • Roggen

Vollkornbrötchen

Brötchenbacken – das große Backvergnügen! Auch Kinder machen hier begeistert mit, denn aus dem Vollkornteig kann man – je nach Lust und Laune – die hübschesten und originellsten Brötchen formen – einen ganzen Brotkorb voll, der unwiderstehlich zum Zulangen verlockt! Hier sind zwei Vorschläge: für aromatisch-delikate Weizenvollkornbrötchen und herzhaft-rustikale Roggenmischbrötchen. Probieren Sie aus, was Ihnen besser schmeckt – oder wechseln Sie öfters ab!

Zutaten für 20 Weizenvollkornbrötchen:
350 g kaltes Wasser (etwa 15° C) • 30 g Hefe • 2 Teel. Meersalz (15 g) • 600 g Weizen • ½ Teel. Anis • ½ Teel. Fenchel • Reformmargarine und Vollkornmehl für das Blech
Für den Belag: 1 Eigelb • 2 Eßl. Wasser • Kümmel, Mohn, grobgehackte Nüsse, gerösteter Sesam, geröstete Sonnenblumenkerne

Zutaten für 20 Roggenmischbrötchen:
350 g kaltes Wasser (etwa 15° C) • 30 g Hefe • 2 Teel. Meersalz (15 g) • 200 g Roggen • 400 g Weizen • 1 Teel. Koriander • 1 Teel. Kümmel • Reformmargarine und Vollkornmehl für das Blech
Für den Belag: 1 Eigelb • 2 Eßl. Wasser • Kümmel, Mohn, grob gehackte Nüsse, gerösteter Sesam, geröstete Sonnenblumenkerne
Pro Stück etwa 455 Joule / 110 Kalorien

- Zubereitungszeit: 75 Minuten (einschließlich Ruhezeit für den Teig)
- Backzeit: 30 Minuten

So wird's gemacht: Der Teig für beide Brötchensorten wird auf die gleiche Weise bereitet wie beim Weizenvollkornbrot (Rezept nebenstehend). Allerdings muß der Teig noch etwas feuchter sein, weil das kleine Gebäck schneller hart wird als ein großes Brot. • Während der Teigruhe wird folgendes vorbereitet: Das Backblech sehr gut einfetten und mit Mehl bestäuben. • Damit die Brötchen beim Backen hoch aufgehen und die Kruste knusprig, aber nicht hart wird, muß im Herd reichlich Wasserdampf vorhanden sein. Deshalb die Abzugsöffnung (sie ist an der Rückwand des Backofens oder im Griff oder Ofentür) mit Alufolie verschließen und ein flaches Metallgefäß mit kaltem Wasser auf den Backofenboden stellen. • Das Eigelb mit dem Wasser verquirlen.

So wird der Teig schnell geteilt (gleichgroße Stücke von je 50 g Gewicht): Das Backbrett mit Mehl bestreuen. Den gut gegangenen Teig kurz zusammenkneten. Eine Walze daraus rollen und 5 gleichgroße Stücke von 200 g abschneiden. Jedes Stück zu einer Kugel rollen und diese in Viertel teilen.

So werden runde Brötchen geformt: 2 Teigstükke auf das bemehlte Brett legen und mit den Handflächen darauf kreisen, so daß sich jeweils eine glatte, runde Teigkugel bildet. Sie darf keine Risse haben, sonst ist der Teig zu fest geraten. • Die runden Brötchen mit etwas Abstand aufs Blech legen. • Den Backofen auf 220° C vorheizen, wenn die ersten 10 Brötchen ausgeformt sind. • Alle Brötchen zum Schluß mit dem verquirlten Eigelb bestreichen. Nach Wunsch mit Gewürzkörnern oder Nüssen bestreuen und diese vorsichtig andrücken. • Wenn der Teig vorher gut gegangen war, kann das Blech jetzt in den Backofen geschoben werden. Der richtige Zeitpunkt ist etwa dann gekommen, wenn die Brötchen schön rund aufgegangen sind. Ist der Teig zu kurz gegangen, reißen die Brötchen beim Backen auf. War die Gärzeit zu lange, werden sie flach. Mit etwas Übung kann man nach kurzer Zeit beurteilen, wann die Brötchen in den Backofen müssen. • Das Blech auf der mittleren Leiste in den Backofen schieben. Gleichzeitig den Temperaturregler auf 250° C schalten. • Nach 20 Minuten auf 200° C zurückschalten und die Brötchen in etwa 15 Minuten fertigbacken. • Richtig gebackene runde Brötchen haben eine hohe Form und eine goldbraune, glatte Kruste. Die Krume soll locker und luftig sein. • Am besten kann man sie mit einem feinen Sägemesser aufschneiden.

Brot aus echtem Schrot und Korn

Mit diesen Zutaten können Sie variieren:

Vollkornbrötchen rustikal: Mit verquirltem Eigelb bestreichen und mit Roggenmehl bestreuen.

Kümmelbrötchen: Unter 200 g Teig 1 gehäuften Teel. Kümmel kneten. Brötchen formen, mit Eigelb bestreichen und mit Kümmel bestreuen.

Leinsamenbrötchen: Unter 200 g Teig 1 gehäuften Eßl. ganzen Leinsamen kneten.

Sonnenblumenbrötchen: Unter 200 g Teig 25 g geröstete Sonnenblumenkerne kneten. Brötchen formen, mit Eigelb bestreichen und mit gerösteten Sonnenblumenkernen bestreuen.

Nußbrötchen: Unter 200 g Teig 40 g grob gehackte Nüsse kneten.

Korinthenbrötchen: Unter 200 g Teig 25 g Korinthen und 25 g gehackte Haselnüsse kneten.

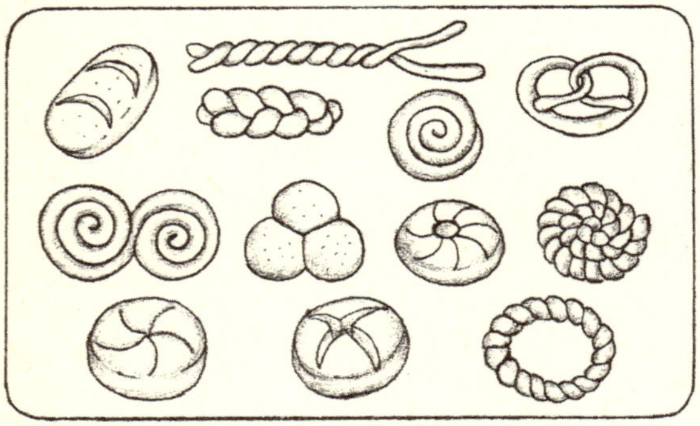

Beim Brötchenbacken sind Ihrer Phantasie keine Grenzen gesetzt. Sie können jedesmal neue Überraschungen formen und verzieren.

So hübsch können Sie die Brötchen formen:

Minibrot: Den Teig zu länglichen Brotlaibchen formen und zweimal quer einschneiden.

Kümmelstange: 2 Rollen von je 16 cm Länge formen, die eine um die andere schlingen. Mit verquirltem Eigelb bestreichen und mit Kümmel bestreuen.

Zopfbrötchen: 3 Rollen von je 12 cm Länge formen und flechten.

Brezel: Eine Rolle von 25 cm Länge formen und zur Brezel schlingen.

Schnecke: Eine Rolle von 20 cm Länge formen und zur Schnecke einrollen.

Spiralbrötchen: Eine Rolle von 20 cm Länge formen und diese von beiden Seiten her aufrollen.

Kleeblattbrötchen: 3 gleichgroße Kugeln formen und wie ein Kleeblatt aneinanderdrücken.

Blumenbrötchen: 2 Rollen von je 20 cm Länge umeinanderschlingen und aufrollen.

Margaritenbrötchen: Eine glatte Kugel rollen und etwas flachdrücken. In der Mitte ein kleines rundes Ausstechförmchen eindrücken. Mit einem spitzen Messer von innen nach außen 7 schräge Einschnitte machen.

Kaisersemmel: Ein rundes Brötchen formen. Von der Mitte aus mit einem spitzen Messer ein sternförmiges Muster einschneiden (5 Einschnitte insgesamt), das sich beim Backen öffnet. Mit Mohn bestreut (vorher mit Eigelb bestreichen), besonders hübsch.

Viereckbrötchen: Ein rundes Brötchen mit einem spitzen Messer über Kreuz einschneiden. Die Ecken öffnen sich beim Backen.

Sesamkränzchen: 2 Rollen von je 20 cm Länge formen. Die eine um die andere schlingen. Mit verquirltem Eigelb bestreichen und mit Sesam bestreuen.

Alle Brötchen vor dem Backen mit verquirltem Eigelb bestreichen, damit sie eine hübsche goldbraune Kruste bekommen. Bei eingeschnittenen Brötchen die Einschnitte nicht überstreichen, sonst kleben sie beim Backen zusammen.

Mein Tip: Die Brötchen schmecken auch am nächsten Tag – aufgebacken – noch wie frisch, wenn Sie sie kurz vor dem Essen mit Wasser einpinseln. Den Backofen auf 150° C vorheizen. Die Brötchen auf dem Rost auf der mittleren Leiste einschieben und etwa 10 Minuten backen, bis die Kruste wieder knusprig ist. • Eingefrorene Brötchen werden aufgebacken, indem man den Backofen auf 200° C vorheizt, die gefrorenen Brötchen auf dem Rost in der Mitte einschiebt und sie bei 200° C etwa 10–15 Minuten bäckt.

• Weizen

Vollkornbrot mit Sauerteig

Das Brotbacken mit Sauerteig geht sehr schnell. Außerdem ist es kinderleicht – die Schulfreundinnen unserer vierzehnjährigen Tochter kommen oft zu uns, um sich ihr Brot selbst zu backen und es gelingt ihnen – ganz ohne meine Hilfe – wunderbar.

Als Triebmittel für das Vollkornbrot verwende ich einen Spezialsauerteig. Grundstoff dafür ist das Sekowa-Spezial-Backferment (Bezugsquelle Seite 128), das ohne künstliche Zusätze aus Honig und verschiedenen Getreidearten gewonnen wird. Es ist ein trockenes Granulat, das in einem gut verschlossenen Schraubglas jahrelang haltbar ist. Durch Zufügen von Wasser und frisch gemahlenem Weizen entsteht daraus nach entsprechender Gärzeit der Grundansatz, eben der Spezialsauerteig. Das Backen ist damit viel einfacher und problemloser als mit dem üblichen Sauerteig. Die mit Backferment gebackenen Brote schmecken nicht nur besonders aromatisch, sondern sie sind auch sehr bekömmlich und bleiben lange frisch.

Die Anleitung für die Grundansatz-Bereitung habe ich sinngemäß einem Merkblatt der Vertriebsfirma des Backferments (Backtechnik GmbH., Florstadt) entnommen. Die dort angegebenen Mengen sind meiner Erfahrung nach allerdings für den Normalhaushalt zu groß. Ich finde es daher praktischer, eine kleinere Menge zu bereiten.

Das ist wichtig für den Grundansatz:

• Für die Grundansatz-Bereitung eignet sich am besten ein schmales, hohes Gefäß (zum Beispiel ein Gurkenglas mit Schraubdeckel = etwa 700 ccm Inhalt), da in einem breiten Gefäß der Teig verläuft und die Gärung dadurch beeinträchtigt wird.

• Die Teigoberfläche darf während des ganzen Gärvorgangs nicht trocken werden. Deshalb muß das Gefäß mit einem Deckel, einem Teller oder mit Frischhaltefolie abgedeckt werden.

• Die günstigste Temperatur für die Grundansatzbereitung liegt bei etwa 30° C (20° C dürfen auf keinen Fall unterschritten werden). Man kann das Gefäß in die Nähe der Heizung oder in die Kochkiste stellen oder eine Wärmflasche verwenden.

• Der fertige Grundansatz hält sich im Kühlschrank (am besten in einem Schraubglas) mehrere Monate. Da der Grundansatz auch im Kühlschrank noch etwas gärt, darf das Glas höchstens zu ³/₄ gefüllt werden.

• Bei längerer Lagerung zeigt sich an der Oberfläche manchmal eine graue Verfärbung. Sie rührt von arteigenen Hefezellen her, die von Natur aus eine graue Farbe haben. Die Gärfähigkeit des Grundansatzes wird dadurch nicht beeinträchtigt.

• Wenn der erste Grundansatz zur Neige geht, nehme ich beim Brotbacken jedesmal 1–2 Eßl. vom Vorteig ab und hebe ihn als Grundansatz fürs nächste Backen auf.

• Da die Gärkraft des Grundansatzes nach einiger Zeit nachläßt, sollte er wenigstens einmal jährlich frisch zubereitet werden. Zwischendurch frischt man ihn wie folgt auf: 2 Eßl. Grundansatz mit 1 Teel. Backferment und mit 40 g warmem Wasser (40° C) verrühren. 2 Eßlöffel feingeschroteten Weizen untermengen, so daß ein dikker Brei entsteht. Über Nacht bei Zimmertemperatur zugedeckt gären lassen. Am nächsten Tag ist der Grundansatz gebrauchsfertig.

Die Zubereitung des Grundansatzes:
Sie vollzieht sich in zwei Stufen

• 1. Stufe: 40 g Wasser • 1 gehäufter Teel. Backferment • 30–40 g Weizen

Das Wasser auf 40° C erwärmen und das Backferment darin verrühren. • Den Weizen fein schroten und so viel davon ins Wasser rühren, daß ein ziemlich weicher Teig entsteht. Dabei soll sich aber kein Wasser absetzen. Das Gefäß zudecken und bei etwa 30° C gären lassen.

• Nach 15–24 Stunden ist der Teig reif. Man erkennt dies an vielen Gärbläschen.

• 2. Stufe: 50 g Wasser • 70–80 g Weizen

Das Wasser auf 40° C erwärmen. Den Weizen fein schroten. Beides mit dem ersten Ansatz zu einem mittelfesten Teig vermengen. Zugedeckt bei etwa 30° C gären lassen, bis der Teig sich innerhalb der nächsten 24 Stunden um das Dreifache vermehrt hat und eine lebhafte Gärung zu beobachten ist. • Dann ist der Grundansatz gebrauchsfertig; ein späteres Zusammenfallen mindert die Qualität nicht.

• Weizen • Gerste • Roggen

Dreikornbrot

Zutaten für 2 Kastenformen 30 × 12 cm:
Für den Vorteig: 360 g Weizen · 280 g Gerste · 550 g Wasser · 1½ Eßl. Grundansatz (siehe Seite 121) · 1 gestrichener Teel. Backferment
Für den Hauptteig: 770 g Roggen · 500 g Wasser · 20 g Salz · Reformmargarine für die Formen
Pro 100 g Brot etwa 945 Joule /225 Kalorien

- Zubereitungszeit: 70 Minuten
- Gärzeit: etwa 16 Stunden
- Backzeit: 2–5 Stunden (je nach Backverfahren)

So wird der Vorteig bereitet: Abends ansetzen, er muß mindestens 12 Stunden (also über Nacht) gehen. Eine längere Gärzeit schadet nichts, das Brot schmeckt dann etwas säuerlicher. • Den Weizen und die Gerste mehlfein mahlen. Das Wasser auf 40° C erwärmen. • Den Grundansatz und das Backferment in der Backschüssel mischen. Mit etwas Wasser anrühren. Das Vollkornmehl und das restliche Wasser abwechselnd zufügen. Alles gründlich vermengen. • Als Grundansatz fürs nächste Brotbacken 1½ Eßl. davon abnehmen. • Den Teig glattstreichen. Mit einem feuchten Tuch und eventuell einer Plastikfolie bedecken. (Die Oberfläche darf während der Teigbereitung nicht austrocknen.) Bei Zimmertemperatur gehen lassen.

So wird der Hauptteig bereitet: Am nächsten Morgen muß der Teig ausgereift sein, das heißt er steigt nicht mehr hoch, sondern fällt etwas zurück. Wenn man die obere Schicht aufreißt, werden viele Gärbläschen sichtbar. • Den Roggen mehlfein mahlen. Das Wasser auf 40° C erwärmen und das Salz darin auflösen. • Das Roggenmehl und das Wasser abwechselnd unter den Vorteig rühren. Den zähen Teig kräftig durcharbeiten und glattstreichen. Mit einem feuchten Tuch bedecken. 70–90 Minuten bei Zimmertemperatur gehen lassen. • Danach soll der Teig gut aufgegangen und gelockert sein. Nochmals kräftig durcharbeiten, glattstreichen und mit einem feuchten Tuch bedeckt weitere 30 Minuten gehen lassen. (Durch das wiederholte Durcharbeiten geht das Brot gleichmäßiger auf.) • Inzwischen die Backformen sorgfältig mit Reformmargarine einfetten. Die leeren Formen abwiegen und das Gewicht notieren. • Zum letztenmal den Teig kurz durcharbeiten und in die Formen füllen. (Nur zu 2/3 füllen, damit der Teig genügend Platz zum Gehen hat.) Den Teig mit einem nassen Löffel gut zusammendrücken und glattstreichen. Mit einem feuchten Tuch bedeckt weitere 60–90 Minuten gehen lassen. • Die Gärzeit ist beendet, wenn der Teig gut aufgegangen ist und an der Oberfläche kleine, durch geplatzte Gärbläschen entstandene Löcher zu sehen sind. • Brote mit richtiger Gare sind nach dem Backen abgeflacht. Brote mit Übergare fallen in der Mitte etwas ein. (Das ist aber kein Qualitätsmangel, die Brote schmecken genauso gut.) • Die Angaben über die Gärzeit sind nur ein ungefährer Anhaltspunkt. Sie kann – je nach Witterung und Raumtemperatur – sehr unterschiedlich sein. Mit einiger Erfahrung lernt man schnell zu beurteilen, wann das Brot genügend gegangen ist.

So wird das Brot gebacken: Den Backofen auf 220° C vorheizen. • Die Backformen mit dem Teig abwiegen und das Gesamtgewicht notieren. Mit gefetteter Alufolie abdecken, dabei etwas Luft über dem Teig lassen. • Die Brote auf der untersten Leiste in den Ofen einschieben. 60 Minuten bei 220° C backen. • Danach die Folie abnehmen und die Brote noch so lange backen (etwa 60 Minuten), bis der *Teig* 12% leichter geworden ist. Ein Beispiel für die Berechnung bei der Garprobe finden Sie auf Seite 90.

Variante – Brot auf Pumpernickelart
Zur Abwechslung können wir unser Brot auch auf Pumpernickelart backen. Echter Pumpernikkel wird in Spezialbacköfen, die keine Feuchtigkeit entweichen lassen, 16–24 Stunden bei absinkender Temperatur (160–100° C) gebacken. Während dieser langen Backzeit vermälzt das Getreide. Dadurch entsteht der echte Pumpernickelgeschmack. • Den Backofen auf 200° C vorheizen. Die Formen mit gefetteter Alufolie sorgfältig abdecken. Die Brote auf der untersten Leiste einschieben. 1 Stunde bei 200° C, dann 2½ Stunden bei 100° C backen. • Danach die Folie abnehmen. Bei 200° C so lange weiterbakken (etwa 90 Minuten), bis der *Teig* 12% leichter geworden ist. • Die Brote aus dem Backofen nehmen. 20 Minuten auf einem Kuchengitter abkühlen lassen. Den Rand leicht mit einem Messer lösen und die Brote auf das Kuchengitter stürzen. Wenn Sie eine besonders knusprige Rinde bevorzugen, dann legen Sie die Brote ohne Form einige Zeit in den ausgeschalteten, aber noch heißen Backofen. • Das Brot 2–3 Tage kühl und luftig lagern, ehe es geschnitten wird.

Mein Tip: Auch nach den folgenden Rezept-Varianten können Sie wohlschmekkende Brote backen. Und durch Gewürze und andere Zutaten bringen Sie weitere Abwechslung in Ihre Brot-Bäckerei.

Variante – Weizen-Roggen-Mischbrot
Das Weizen-Roggen-Mischbrot ist mild im Geschmack. Für den Vorteig: 670 g Weizen • 530 g Wasser • 1½ Eßl. Grundansatz • 1 gestrichener Teel. Backferment. Für den Hauptteig: 800 g Roggen • 400 g Wasser • 20 g Salz.

Variante – Roggenbrot
Das Roggenbrot schmeckt sehr kräftig und bleibt lange frisch. Für den Vorteig: 300 g Roggen • 340 g Nacktgerste • 550 g Wasser • 1½ Eßl. Grundansatz • 1 gestrichener Teel. Backferment. Für den Hauptteig: 770 g Roggen • 500 g Wasser • 20 g Salz.

Variante – Fränkisches Gewürzbrot
Je 1½ Eßl. Kümmel und Koriander, je 2 Teel. Anis und Fenchel entweder mit dem Getreide für den Hauptteig mahlen oder die ganzen Gewürzkörner untermengen. Nachdem der Teig in die Formen gefüllt wurde, kann man die Brote auch mit Gewürzkörnern oder geröstetem Sesam bestreuen (gut festdrücken).

Variante – Leinsamenbrot
Am Vorabend 125 g Leinsamen in 125 g Wasser einweichen und unter den Hauptteig mengen.

Variante – Sonnenblumenbrot
Unter den Hauptteig 200 g geschälte, leicht geröstete Sonnenblumenkerne mengen. Nach Wunsch die Brote nach dem Einfüllen in die Form mit Sonnenblumenkernen bestreuen.

Variante – Kräuterbrot
2 Eßl. frisches, feingehacktes Bohnenkraut oder frischen Thymian unter den Hauptteig mischen.

Variante – Schrotbrot
Für Schrotbrote wird das Getreide nicht mehlfein gemahlen, sondern gröber geschrotet.

• Weizen • Roggen

Früchtebrot

Dörrobst und Nüsse waren früher in jedem Haushalt als wertvoller Wintervorrat geschätzt. Und so ist es kein Wunder, daß gerade die Fruchtbrote, Birnenweggen und Gewürzkuchen zu traditionellen Weihnachts- und Neujahrsgebäcken geworden sind. Man denke nur an das bekannte »Schwäbische Hutzelbrot« oder die Schweizer »Birnenweggen«, die außer anderen guten Zutaten auch eine gehörige Portion »Hutzeln«, das sind getrocknete Birnen, enthalten.

Probieren Sie einmal das folgende Rezept und zaubern Sie ein bißchen Weihnachtsduft und Vorfreude ins Haus! Doch ein Rat zuvor: Kaufen Sie die Dörrfrüchte nicht vor Mitte November, denn erst dann ist das Dörrobst vom letzten Sommer in den Läden zu haben. Vorher gibt's meist nur überlagerte Ware vom Vorjahr. Achten Sie beim Einkauf darauf, daß die Früchte möglichst ungeschwefelt sind und ohne Konservierungsmittel haltbar gemacht wurden, auch wenn sie auf den ersten Blick nicht so attraktiv aussehen. (Fragen Sie eventuell im Reformhaus danach.) Ideal ist natürlich das selbstgedörrte Obst.

Zum Backen können alle im Haushalt vorhandenen Formen verwendet werden. Gewöhnliche Blechformen bitte vorher mit Alufolie auslegen, sonst bekommt das fertige Früchtebrot einen unangenehmen Beigeschmack. Kleine Portionen kann man auch in Tiefkühlformen aus starker Alufolie backen.

Zutaten:
400 g dunkle kalifornische Weinbeeren • 100 g Rum • 400 g Feigen • 400 g getrocknete Birnen • 400 g getrocknete Zwetschgen ohne Stein • 200 g getrocknete Aprikosen oder Äpfel • je 125 g gewürfeltes Orangeat und Zitronat • 400 g Haselnüsse • 20 g Zimt • 2 Teel. Lebkuchengewürz
Für den Vorteig: 2 Eßl. Grundansatz • 1 gehäufter Teel. Backferment • 500 g Wasser (das Einweichwasser vom Dörrobst mitverwenden) • 660 g Weizen
Für den Hauptteig: 300 g Wasser • 2 Teel. Meersalz • 3 Eßl. Honig • 500 g Roggen • 100 g Weizen • Reformmargarine für die Form
Zum Garnieren: halbierte Walnußkerne oder geschälte Mandeln
Insgesamt etwa 43 675 Joule / 10 400 Kalorien

- Quellzeit: 6–8 Stunden
- Gärzeit: etwa 12 Stunden
- Zubereitungszeit: 2 Stunden
- Backzeit: etwa 2½–3 Stunden

So wird's gemacht: Die Weinbeeren mit dem Rum übergießen und zugedeckt ziehen lassen. • Die Dörrfrüchte mit Wasser bedeckt etwa 6 Stunden quellen lassen. (Sie sollen nicht zu weich werden). • Das Einweichwasser abgießen. Das Obst in kleine Würfel schneiden. • Die Dörrfrüchte, die Weinbeeren, das Zitronat und das Orangeat, die ganzen Nüsse, den Zimt und das Lebkuchengewürz in einer großen Schüssel gründlich mischen. Über Nacht zugedeckt durchziehen lassen. • Noch am selben Abend den Vorteig ansetzen. Die Teigbereitung ist die gleiche wie beim Vollkornbrot mit Sauerteig (Rezept Seite 121). Das Einweichwasser der Dörrfrüchte mitverwenden. Beim Hauptteig den Honig nicht vergessen! • Die Backformen sorgfältig einfetten. Abwiegen und das Gewicht notieren. • Die Dörrfrüchte unter den gut aufgegangenen Hauptteig mengen. Eventuell noch etwas frisch gemahlenen Weizen (bis zu 50 g) unterarbeiten, falls der Teig sehr feucht sein sollte. (Durch das Dörrobst ist er an sich feuchter als gewöhnlicher Brotteig.) • Den Teig in die Backformen füllen. Mit einem nassen Eßlöffel gut zusammendrükken und glattstreichen. Die Brote mit halbierten Walnußkernen oder geschälten Mandeln verzieren. • Die gefüllten Formen wiegen und das Gewicht notieren. Mit einem feuchten Tuch bedecken. Die Brote an einem warmen Ort gehen lassen. Die Gärzeit ist wegen des schwereren Teiges länger als beim gewöhnlichen Brot (etwa 3–4 Stunden) • Den Backofen auf 200° C vorheizen, wenn der Teig genügend aufgegangen ist. Die Formen mit gefetteter Alufolie abdecken. Dabei über dem Teig noch etwas Luft lassen. • Die Früchtebrote auf der untersten Leiste in den Ofen schieben. 1 Stunde bei 200° C backen. • Die Alufolie abnehmen. Bei 180° C noch so lange backen, bis sich das Gewicht des *Teiges* um etwa 10% verringert hat. (Ein genaues Beispiel für die Berechnung finden Sie auf Seite 90). • Die Formen aus dem Herd nehmen. 15 Minuten auf einem Kuchengitter abkühlen lassen. • Dann die Brote aus der Form nehmen und auf dem Drahtgitter auskühlen lassen. 2 Tage kühl und luftig lagern. • Danach in Alufolie verpacken. Kalt aufbewahrt (Speicher) bleibt das Früchtebrot 2–3 Monate frisch.

Abwechslungsreiche Brotaufstriche

Es muß nicht immer Wurst sein . . . unser Vollkornbrot ist auch mit einem einfachen Belag ein Genuß. Butterbrote, mit Hefeextrakt bestrichen und mit Rohkost belegt, sind erfrischend und vitaminreich, und sie machen nicht dick! Wir nehmen dazu, was uns der Garten gerade bietet: Radieschen und Rettiche, Tomatenscheiben und Paprikastreifen, frische Zwiebeln, in dünne Ringe geschnitten, feingehackte Kräuter oder Gartenkresse, die mit etwas Essig und Öl angemacht ist. Doch vielleicht probieren Sie einmal einen pikanten oder süßen Brotaufstrich oder selbstgemachten Quark? Die folgenden Rezepte sollen Ihnen einige Anregungen dazu geben!

Käsecreme

Die pikante Käsecreme schmeckt nicht nur auf dem selbstgebackenen Pumpernickelbrot. Auch als Füllung für Plätzchen aus Quarkblätterteig (Rezept Seite 109) oder für Cräcker delikat.

Zutaten:
25 g weiche Butter • 60 g Quark • 2 Teel. herber Weißwein • ½ Teel. Hefeextrakt • 1 Knoblauchzehe • 100 g alter Gouda • 50 g Walnußkerne • 1 Eßl. feingehacktes Fenchelkraut oder Kerbel oder Petersilie • ½ Teel. getrockneter Schabziegerklee • 1 Prise frisch gemahlener Pfeffer • Kräutersalz
Insgesamt etwa 4180 Joule / 995 Kalorien

• Zubereitungszeit: 15 Minuten

So wird's gemacht: Die Butter mit dem Quark, dem Wein und dem Hefeextrakt schaumig rühren. • Die Knoblauchzehe schälen und zerdrükken. Den Käse fein reiben. Die Nüsse hacken. • Alles unter die Quarkcreme mischen. Die Kräuter beifügen. Mit den Gewürzen und Kräutersalz abschmecken.

Variante
Mischen Sie einmal feingeriebenen rohen Sellerie und etwas Delikata unter die Käsecreme.

Quark und Joghurt selbstgemacht

Stellen Sie zum selbstgebackenen Brot auch einmal köstlichen selbstgemachten Quark auf den Eßtisch – alle werden begeistert sein! Dabei ist er ganz leicht herzustellen. Am besten eignet sich dazu frische Kuhmilch. Vielleicht wohnen Sie auf dem Lande oder können beim nächsten Ausflug ein paar Liter mit nach Hause nehmen? Dann probieren Sie es unbedingt einmal! Praktische Elektrogeräte für die Joghurt- und Quarkbereitung sind im Fachhandel erhältlich.

So wird's gemacht: 2 l frische, nicht pasteurisierte Milch über Nacht in einem Emailtopf (kein Aluminium) zugedeckt stehen lassen. • Am nächsten Morgen den dicken Rahm vorsichtig mit einem Löffel abnehmen. Die Milch unter Umrühren auf 30° C erhitzen. 2 Eßlöffel Sanoghurt hineinquirlen. Den Topf in die Kochkiste stellen. • Nach 20–24 Stunden ist die Milch dick.

So geht's auch mit pasteurisierter Milch: 2 l pasteurisierte Milch in einem Emailtopf unter Umrühren aufkochen. • Den Topf ins kalte Wasser stellen und schnell auf 30° C herunterkühlen. 3 Eßlöffel Sanoghurt hineinquirlen. Den Topf in die Kochkiste stellen, bis die Milch dick ist. • An warmen Sommertagen geht's auch ohne Kochkiste. Dann genügt schon die normale Lufttemperatur.

So wird der Quark hergestellt: Einen großen Kaffeefilter mit 2 Filtertüten auslegen. Die geronnene Milch hineinschöpfen. Zugedeckt stehenlassen, bis die Molke nach etwa 6 Stunden abgetropft ist und im Filter die trockene Quarkmasse zurückbleibt. • Der Quark sollte ruhig etwas feuchter sein als der gekaufte, er läßt sich dann leichter cremig rühren.

Darauf sollten Sie besonders achten: Die frische Milch darf nie über 30° C erhitzt werden, weil bei höheren Temperaturen das wertvolle Milcheiweiß geschädigt wird. • Die Milch und alle

Frischmilchprodukte müssen vor Licht geschützt werden, weil sie sonst einen unangenehmen bitteren Beigeschmack bekommen.

Mein Tip: Die abgetropfte Molke sollten Sie auf keinen Fall wegschütten. Sie ist besonders wertvoll, weil sie viele wichtige Vitamine (zum Beispiel A, B 1, B 2, B 6, B 12, C, E, H), Spurenelemente und Aminosäuren enthält. Dank ihres hohen Gehaltes an Milchsäure und Milchzucker wirkt sie regenerierend auf die Darmflora und damit auf den ganzen Organismus.

So können Sie die Molke verwenden: Gekühlt als erfrischendes Getränk servieren, auch mit frisch gepreßtem Apfelsaft gemischt. • 1–2 Eßlöffel Molke unter Rohkostsalate mischen. • Für Vollkornpfannkuchen statt Milch Molke zum Teig nehmen. • Beim Brotbacken anstelle von Wasser verwenden. • Als Zusatz zum Bade- und Waschwasser nehmen. Viele teure Schönheitsbäder und Badezusätze enthalten Molke.

Pikanter Quark auf fränkische Art

In einem fränkischen Landgasthof wurde uns als Mittelpunkt einer großen Käseplatte ein sehr pikanter Quark serviert. Die nette Wirtin verriet mir nachher das Rezept. Wichtig ist, daß man einen Frankenwein bester Qualität – also keine billige Sorte – dazu verwendet.

Zutaten:
250 g selbstgemachter Quark (Rezept Seite 125) • etwa 4 Eßl. Sahne • etwa 4 Eßl. Frankenwein • 1 Knoblauchzehe • 1 Teel. Kümmel • Salz
Insgesamt etwa 2370 Joule / 565 Kalorien

• Zubereitungszeit: 10 Minuten

So wird's gemacht: Den Quark mit der Sahne und dem Frankenwein zu einer dicken Creme rühren; gleiche Menge Sahne und Wein. • Den Knoblauch schälen und fein zerdrücken. Zusammen mit dem Kümmel der Quarkcreme beifügen. Mit Salz abschmecken.

Delikate Hefeflockencreme

Dieser Brotaufstrich ist vor allem reich an wertvollem Milch- und Pflanzeneiweiß, an Spurenelementen, Mineralien und besonders an B-Vitaminen. Sehr zu empfehlen fürs Schulfrühstück!

Zutaten:
50 g Hefeflocken • ½ Teel. Delikata • 40 g Butter • 20 g Reformmargarine • 1 Eßl. Quark • 1 Teel. Hefeextrakt • 2 Eßl. feingeschnittene Kresse oder Schnittlauch
Insgesamt etwa 2850 Joule / 680 Kalorien

• Zubereitungszeit: 15 Minuten

So wird's gemacht: Die Hefeflocken in einer trockenen Pfanne unter Rühren hellbraun rösten. Das Delikata zum Schluß noch etwas mitrösten. Abkühlen lassen. • Die weiche Butter mit der Margarine, dem Quark und dem Hefeextrakt cremig rühren. • Die Hefeflocken beifügen. Die Kresse oder den Schnittlauch einrühren. In den Kühlschrank stellen, damit die Masse fest wird.

Tomatenmix

Dieser rassig-pikante Brotaufstrich ist immer noch »die letzte Rettung«, wenn im Kühlschrank gar nichts mehr zu finden ist!

Zutaten:
50 g Reformmargarine • 4 Teel. Tomatenmark • 1–2 Teel. frisch geriebener Meerrettich • 2 Prisen edelsüßes Paprikapulver
Insgesamt etwa 1720 Joule / 410 Kalorien

- Zubereitungszeit: 10 Minuten

So wird's gemacht: Alle Zutaten zu einer Creme verrühren und im Kühlschrank aufbewahren.

Meerrettichquark

Der rohe, frisch geriebene Meerrettich oder Kren regt den Kreislauf an und fördert die Verdauung. Wie der Knoblauch, die Gartenkresse und die Kapuzinerkresse enthält auch er pflanzliche Antibiotika, also Abwehrstoffe gegen Bakterien. Gerade in Grippe- und Erkältungszeiten sollte der rohe Meerrettich möglichst oft auf den Tisch kommen.

Zutaten:
3 Eßl. Quark • 4 Eßl. Sahne • 1 Teel. Zitronensaft • 2–4 Teel. frischer, feingeriebener Meerrettich • 1 mittelgroßer Apfel • Kräutersalz
Insgesamt etwa 2100 Joule / 500 Kalorien

- Zubereitungszeit: 10 Minuten

So wird's gemacht: Den Quark mit der Sahne schaumig schlagen. Den Zitronensaft und den Meerrettich darunterrühren. • Den Apfel gut abwaschen. Möglichst mit der Schale sehr fein reiben und sofort unter den Meerrettichquark mischen. Mit Kräutersalz abschmecken und gut gekühlt servieren.

Nougatcreme

Süße Verführung für große und kleine Schleckermäuler! Streichen Sie die Creme nicht nur aufs Brot – füllen Sie zur Abwechslung Vollkornkekse damit! Oder wie wär's mit einer Nougatsahnetorte? (Rezept Seite 99).

Zutaten:
80 g Honig • 3 Eßl. starker schwarzer Kaffee • 2 Eßl. Wasser • 2 Teel. Kakao • 1/2 Teel. gemahlene Vanille • 1/2 Teel. Zimt • 200 g Haselnüsse
Insgesamt etwa 6755 Joule / 1610 Kalorien

- Zubereitungszeit: 10 Minuten

So wird's gemacht: Den Honig mit dem Kaffee und dem Wasser verquirlen. Den Kakao, das Vanillepulver und den Zimt beifügen. • Die Nüsse mit der Moulinette mehlfein zerkleinern oder zweimal durch die Mandelmühle drehen. Gründlich mit der Honigmischung verrühren. Die Nougatcreme in einem Schraubglas aufbewahren.

Selbsteingekochtes Zwetschgenmus

Machen wir's unseren Großmüttern nach, denn das selbst eingekochte Zwetschgenmus ist nicht nur ein leckerer Brotaufstrich, auch als Füllung für allerlei Gebäck ist es durch nichts anderes zu ersetzen. Richtig reif und süß müssen die Zwetschgen aber sein, wenn wir ein köstlich-aromatisches Mus haben wollen, das auch ohne Zucker gut schmeckt. Auch ohne stundenlanges Rühren kann man Zwetschgenmus einkochen. Probieren Sie es einmal auf die folgende Art.

So wird's gemacht: Die Zwetschgen entkernen. Einen breiten Emailletopf zur Hälfte damit füllen. Zugedeckt einmal gut aufkochen lassen. Bei kleiner Einstellung im offenen Topf 1 Stunde leise kochen lassen. • Die Früchte mit dem Schneidstab des Handrührgeräts im Kochtopf zerkleinern. Bei kleinster Einstellung eindampfen lassen. Gelegentlich mit dem Holzlöffel einmal umrühren. Das Einkochen kann – je nach Menge der Früchte – 10 bis 12 Stunden dauern. • Das dicke, feste Mus nochmals umrühren. Kochendheiß in gut gereinigte Schraubgläser randvoll füllen und sofort verschließen. Kühl aufbewahren. • Erst unmittelbar vor dem Verbrauch, falls notwendig, mit etwas Honig süßen. • Auch mit grob geriebenen Walnüssen und etwas Zimt schmeckt es köstlich.

Wichtige Adressen und Bücher

Bezugsquellen

• Backferment, Backofenlampe:
Backtechnik GmbH, Postfach 80, 6364 Florstadt 1.
Bio-Quelle Klaus Lösch, Haager Str. 44a, A-4400 Steyr/Österr.
VANADIS. St. Johanns-Vorstadt 62, CH-4000 Basel/Schweiz.

• »Biosnacky«-Keimapparat:
Reformhäuser und Versandhandel. Ein ähnliches Gerät ist bei Garten-Quelle, Fürth, zu beziehen.

• »Chi-go« Chinesischer Dampftopf:
Paul Schrader & Co., Postfach 10 78 29, 2800 Bremen.

• Getreide aus biologischem Anbau
– Adressen von biologisch wirtschaftenden Betrieben durch:
Demeter-Bund e. V., Wellingstr. 24, 7000 Stuttgart.
Fördergemeinschaft organisch-biologischer Landbau e. V., 7326 Heiningen.

• Getreidemühlen oder Informationsmaterial erhältlich in Reformhäusern, Elektro- und Haushaltswarengeschäften oder durch folgende Lieferanten:
Ludwig Bartsch, 6380 Bad Homburg v. d. H.
G. Bauknecht GmbH, Postfach 983, 7000 Stuttgart 1.
Bio-Dienst, Brandströmstr. 5/3, 7290 Freudenstadt.
Bösen Getreidemühle, System Dr. H. Burggrabe, Vertrieb durch Reformhäuser.
Elektro-as GmbH, Holsteiner Chaussee 283, 2000 Hamburg 61.
Werner Ganter, Buchenweg 32, 7742 St. Georgen.
Otto F. Hülter-Hassler, Postfach 850, 7831 Königsschaffhausen (Elsässer-Getreidemühle).
Lüder Automation GmbH, 7742 St. Georgen.
Wilfried Messerschmidt, August-Heisler-Weg 6, 7744 Königsfeld 1 (Getreidemühlen und Mahlwerkvorsätze für Bosch-, Jupiter-, Bauknecht-Küchenmaschinen u. a).
Green Hausmühlenbau, A-9991 Iselsberg 39/Österreich.
Schnitzer KG, Feldbergstr. 11, 7742 St. Georgen.
Schnoor Teestübchen H. Weyh, Wüstestätte 1, 2800 Bremen 1.
Spessart-Mühle, G + M Eizenhöfer, Kardinal-Faulhaber Str. 6, 8752 Kleinostheim.

• Getreidemühlen, Getreide und Gemüse aus biologischem Anbau, Dörrapparat, Backferment, biolog. Gartenbedarf:
Bildungs- und Gesundheitszentrum, Waldhof Krüdersheide, 5650 Solingen 11.
Bio-Gartenmarkt Fritz Keller, Konradstr. 17, 7800 Freiburg/Br.
Bio-Service Karl F. Weber, Postfach 2221, 7730 Villingen.
Karl Blankenburg, Postfach 122, 4920 Lemgo.
Peter Böhmer, Hafermühle, Postfach 1102, 5779 Eslohe.
Ernst-Otto Cohrs, Postfach 1165, 2130 Rotenburg/Wümme.
Der grüne Baum, mv Manufaktur-Vertrieb, Reformversand, Postfach 101 765, 4630 Bochum 1.
Fachdienst Gesundheit, Postfach 120 140, 7530 Pforzheim.
Heinrich Geisel, Ludwigstr. 70, 8510 Fürth.
Fried Gebler, Fasanenweg 9, 5144 Wegberg-Arsbeck.
gesundleben GmbH, Postfach 33, 8959 Hopferau-Heimen Nr. 50 (ausführliche Broschüre über die gängigsten Getreidemühlen gegen DM 1,50 Kostenersatz).
Grell Nachf. KG, Johannisstr. 7, 2353 Nortorf/Holstein.
Haus und Heim, Elsbeth Tillmanns, bio-Abt. »Die Jungmühle«, Breite Str. 82, 4150 Krefeld.
Josephus Heemskerk, Wideystr. 56, 5810 Witten.
Hans Heyer, Sonnenweg 11, 5064 Rösrath 3 (-Forsbach).
Kornblume, Hauptstr. 60, 8520 Erlangen (Versand nach auswärts, u. a. auch Dinkel).
Edm. Mockenhaupt KG, Hauptstr. 5, 5241 Harbach ü. Betzdorf.
Schnitzer KG, Feldbergstr. 11, 7742 St. Georgen.
Wilhelm Süss, Bruchsaler Str. 21, 7504 Weingarten.
Peter Visser, Hildesheimer Str. 16, 3209 Bettmar-Schellerten.
Weiling, Erlenweg 134, 4420 Coesfeld

• Küchenkräuter, Gewürzpflanzen, Gemüsesamen aus biologischem Anbau:
Heinrich Bornträger, 6521 Offstein.

• Besondere Zutaten:
Reformhaus Rahlstedt Friedrich Bein, Postfach 730 124, 2000 Hamburg 73 (Versand auch ins Ausland).

• Vollwert-Koch- und Backkurse – Auskunft durch unsere Kontaktstelle: Zeitschrift »Natürlich und Gesund«, Eberhard Cölle, Postf. 700 118, 7000 Stuttgart 70 (Freiumschlag). –

Empfehlenswerte Bücher

• Bezugsquellen für Alternatives. Ein Verzeichnis. Zu beziehen durch: Verein für ein erweitertes Heilwesen e. V., Johannes-Kepler-Str. 58, 7263 Bad Liebenzell-Ul.
• Bircher, Dr. med. Ralph, Gesünder durch weniger Eiweiß. Edition Wendepunkt, Bad Homburg v. d. H./Erlenbach-Zürich
• Bommer, Prof. Dr. S., und Dr. Lisa Bommer-Lotzin, Die Gabe der Demeter. Die Geschichte der griechisch-römischen Ernährung. Wirtschaftsverlag M. Klug, München
• Brecht, Eduard A., Brecht-Kochbuch. Eduard A. Brecht Verlag, Karlsruhe
• Bruker, Dr. M. O., Gesund durch richtiges Essen. Econ Verlag, Düsseldorf
• Bruker, Dr. O., Krank durch Zucker. Helfer-Verlag E. Schwabe, Bad Homburg v. d. H.
• Bruker, Dr. O., Unsere Nahrung, unser Schicksal. Verlag gesundleben, Dreieich
• Cremer, Prof. Dr. med. H.-D., Die GU-Nährwert-Tabelle. Die Kalorien/Joule- und Nährstoffgehalte unserer Lebensmittel auf einen Blick. Gräfe und Unzer Verlag München
• Friedl, Paul, Himmel, erhalt uns das Bauernbrot. Rosenheimer Verlagshaus, Rosenheim
• Fritzsche, Helga, Küchenkräuter selbst gezogen – am Fenster, auf dem Balkon und im Garten. Gräfe und Unzer Verlag
• Gamerith, Dr. Anni, Lebendiges Ganzkorn. Neue Sicht zur Getreidefrage. Verlag Neues Leben, Bad Goisern/Oberösterr.
• Handbuch der Haushalts-Getreidemühlen, Verlag Natürlich und Gesund, Postfach 700 118, 7000 Stuttgart 70
• Klevers Kalorien-Joule-Kompaß. Mit über 3500 Werten. Gräfe und Unzer Verlag
• Koerber/Männle/Leitzmann, Vollwert-Ernährung. Grundlagen einer vernünftigen Ernährungsweise. Haug Verlag, Heidelberg
• Renzenbrink, Dr. U., Ernährung unserer Kinder. Zu beziehen durch: Arbeitskreis für Ernährungsforschung e. V., Zwerweg 19, 7263 Bad Liebenzell 3

Rezept- und Sachregister

Kursiv gesetzte Seitenzahlen verweisen auf Abbildungen.

Rezept- und Sachregister

Rezept- und Sachregister